权威·前沿·原创

皮书系列为
"十二五""十三五"国家重点图书出版规划项目

BLUE BOOK

智 库 成 果 出 版 与 传 播 平 台

吉林蓝皮书
BLUE BOOK OF JILIN

2022年吉林经济社会形势分析与预测

ANALYSIS AND FORECAST ON ECONOMY AND SOCIETY OF JILIN (2022)

主　编／王　颖
副主编／郭连强　张丽娜

社会科学文献出版社
SOCIAL SCIENCES ACADEMIC PRESS（CHINA）

图书在版编目（CIP）数据

2022 年吉林经济社会形势分析与预测/王颖主编
. −−北京：社会科学文献出版社，2021. 12
（吉林蓝皮书）
ISBN 978 − 7 − 5201 − 9559 − 1

Ⅰ. ①2… Ⅱ. ①王… Ⅲ. ①区域经济 − 经济分析 −
吉林 −2022②社会分析 − 吉林 − 2022③区域经济 − 经济预
测 − 吉林 −2022④社会预测 − 吉林 − 2022 Ⅳ.
①F127. 34

中国版本图书馆 CIP 数据核字（2021）第 270771 号

吉林蓝皮书
2022 年吉林经济社会形势分析与预测

主 编/王 颖
副 主 编/郭连强 张丽娜

出 版 人/王利民
组稿编辑/任文武
责任编辑/连凌云
文稿编辑/王 娇
责任印制/王京美

出 版/社会科学文献出版社·城市和绿色发展分社（010）59367143
地址：北京市北三环中路甲 29 号院华龙大厦 邮编：100029
网址：www. ssap. com. cn
发 行/市场营销中心（010）59367081 59367083
印 装/天津千鹤文化传播有限公司

规 格/开 本：787mm × 1092mm 1/16
印 张：22. 25 字 数：330 千字
版 次/2021 年 12 月第 1 版 2021 年 12 月第 1 次印刷
书 号/ISBN 978 − 7 − 5201 − 9559 − 1
定 价/128. 00 元

编　委　会

主　　编　王　颖

副 主 编　郭连强　张丽娜

编　　委　孙志明　崔岳春　陈姝宏　赵光远　邢宜哲

主要编撰者简介

王　颖　吉林省社会科学界联合会专职副主席，吉林省社会科学院院长，研究员，经济学博士，应用经济学博士后。主要研究方向为经济学、文化学。

郭连强　吉林省社会科学院副院长，研究员，经济学博士。国家社科基金评审专家，吉林省社会科学重点领域（吉林省省情）研究基地负责人。主要研究方向为金融学、产业经济学。主持各类科研项目20余项，出版专著、编著7部，发表论文近50篇，多篇研究报告获得省部级以上领导肯定性批示。

张丽娜　吉林省社会科学院软科学开发研究所所长，研究员，管理学博士。国家社科基金评审专家。主要研究方向为宏观经济学、产业经济学。主持各类项目20余项，出版专著、编著6部，公开发表学术论文30余篇，多篇报告获省部级以上领导批示。

摘　要

2021 年全球政治经济形势复杂多变，我国经济社会发展的外部压力显著上升，吉林省经济发展也面临诸多挑战。"吉林蓝皮书"以"一主六双"高质量发展战略为统领，准确把握、科学剖析吉林省经济社会发展现状与存在的问题，认真总结、客观评判外部环境的新特征、新趋势，深入探讨了吉林经济社会高质量发展的路径与对策。

报告指出，2021 年，吉林省认真贯彻落实党中央、国务院决策部署，科学统筹新冠肺炎疫情防控和经济社会发展，积极应对汽车"缺芯"、煤电紧张等重大困难挑战，经济社会继续保持恢复性增长，经济基础稳中加固，产业发展稳中提质，就业、物价总体稳定，主要宏观指标处于合理区间。前三季度，经济增速保持在 7.8%，居全国第 24 位，两年平均增长 4.6%，在东北板块领先（辽宁 3.1%、黑龙江 2.9%）。三次产业结构调整为 7.3∶36.6∶56.1。

报告指出，农业发展达历年来最好水平，农林牧渔业增速连续 3 个季度保持在 7% 以上，粮食总产量首次突破 800 亿斤，为国家粮食安全保障做出了突出贡献。受新冠肺炎疫情及原材料价格上涨、能源供给紧张、芯片短缺等影响，吉林省工业增速稳中放缓，前三季度，全省规模以上工业增加值增长 6.1%。吉林省服务业发展水平稳步提升，前三季度增加值同比增长 8.6%，增速在全国 31 个省区市中居第 21 位，比上半年前移 8 位，在东北板块居第 1 位（辽宁 8.3%、黑龙江 8.1%），占全省地区生产总值的比重为 56.1%，成为经济增长的主要支撑。经济增长动力结构有所调整，固定资产投资快速增长，前三季度，吉林省固定资产投资额（不含农户）同比增长

13.8%，增速较全国平均水平高6.5个百分点，居全国第3位。对外贸易因势上扬，进出口贸易增速高位运行，前三季度，外贸进出口总额1187.7亿元，同比增长27.7%，在全国居第15位，在东北三省居第1位。就业形势总体稳定，人才政策效应释放，截至9月初，吉林省2021届高校毕业生（含研究生）留省就业近9万人，留省就业率达到53.6%。民生保障进一步加强，前三季度，吉林省全省教育、卫生健康、农林水利、住房保障等财政支出实现较快增长，增速分别达到6.7%、9.6%、3.0%、5.5%。

报告指出，2022年，世界经济发展的不确定性不稳定性将明显增加。但在国家宏观政策的有效调控下，我国经济发展稳中有进的态势仍将持续，新发展格局的特征逐渐形成。吉林省经济社会发展机遇与挑战并存，重点需稳字当头，以"六新产业"和"四新设施"为主攻方向和建设重点，以高水平创新推动高质量发展，融入发展新格局，重塑竞争新优势，预计2022年经济增长仍会保持一定的上涨趋势。

关键词： 经济形势　社会发展　吉林省

Abstract

In 2021, China's economic and social development is under significantly mounting external pressure amid changing global political and economic situation, and the economic development of Jilin Province is also facing many challenges. Guided by the high-quality development strategy of "One Master Planning and Six Doubles", "Blue Book of Jilin" accurate grasp and scientifically analyzes the present situation and existing problems of economic and social development in Jilin Province, conscientiously reviews and objectively judges the new features and trends of development, and explores the paths and solutions for the high-quality economic and social development in Jilin Province.

According to the report, in 2021, Jilin Province has conscientiously implemented the decisions and arrangements of the CPC Central Committee and the State Council, scientifically coordinated the prevention and control of COVID-19 and economic and social development, positive response major difficulties and challenges such as chip shortage in the automobile industry and tight coal and electricity supply. Therefore, the economy and society continue the resilient growth, the economic foundation is stable and consolidated, the industrial quality and efficiency improve gradually, the employment and prices are stable in general, and main macro indicators are in an appropriate range. In the first three quarters, the economic growth rate of Jilin Province remained at 7.8%, ranking the 24th in China, and the two-year average growth rate reached 4.6%, ranking first in Northeast China (Liaoning is 3.1%, Heilongjiang is 2.9%). The tertiary industrial structure was adjusted to 7.3 : 36.6 : 56.1.

According to the report, the agricultural development has achieved the best results over the years. The growth rate of agriculture, forestry, animal husbandry

and fishery industries remained above 7% for three consecutive quarters, and the total grain output will exceed 80 billion jin for the first time, which makes an outstanding contribution to national food security. As a result of COVID-19, rising raw material prices, tight energy supply and chip shortage, the industrial growth rate of Jilin Province slowed down yet remained stable. In the first three quarters, the value added of industrial enterprises above designated size increased by 6.1%. The service industry in Jilin Province improved steadily, and its value added in the first three quarters went up by 8.6% year-on-year. The growth rate ranks the 21st among 31 provinces, autonomous regions and municipalities in China, moving forward by eight places compared with that in the first half of the year, and the 1st in Northeast China (Liaoning is 8.3%, Heilongjiang is 8.1%). The value added of service industry accounts for 56.1% of Jilin Province's GDP, indicating the service industry became a major support for economic growth. The structure of driving forces of economic growth has been adjusted. The fixed-asset investment increased rapidly. In the first three quarters, the fixed-asset investment (excluding farmers) in Jilin Province went up by 13.8% year-on-year, 6.5 percentage points higher than the national average and ranking the third in China. Foreign trade is thriving with high growth rates for import and export trade due to the favorable environment. In the first three quarters, the total foreign trade volume reached 118.77 billion yuan, up 27.7% year-on-year and ranking the 15th in China and the 1st in the three provinces in Northeast China. The employment situation is generally stable, and talent policies are effective. As of the beginning of September, nearly 90000 college graduates (including postgraduates) of Jilin Province in 2021 worked in the province, accounting for 53.6% of the total. People's livelihood security has been further strengthened. In the first three quarters, the financial expenditures on education, health, agriculture, forestry, water conservancy and housing security in Jilin Province increased rapidly, with growth rates of 6.7%, 9.6%, 3.0% and 5.5% respectively.

According to the report, in 2022, the uncertainty and instability in global economic development will be obviously aggravated. With the effective control of national macro-policies, however, China's economy will continue to develop steadily, and the characteristics of the new development paradigm are gradually taking shape. Opportunities and challenges coexist in the economic and social development of Jilin Province. The key needs to be steady. With "Six New Industries" and "Four New Facilities" as the main direction and construction focus, Jilin Province will promote high-quality development with high-level innovation, integrate into the new development pattern and reshape new competitive advantages. It is expected that the economic growth will still maintain a certain upward trend in 2022.

Keywords: Economic Situation; Social Development; Jilin Province

目 录 ⟲

Ⅰ 总报告

Ⅱ 产业振兴篇

Ⅲ 创新开放篇

皮书数据库阅读 **使用指南**

CONTENTS ↖

Ⅰ General Report

Ⅱ Industrial Revitalization

Ⅲ Innovation and Opening

Ⅳ Regional Coordination

V People's Livelihood Security

VI Special Reports

总 报 告
General Report

B.1

2021~2022年吉林省经济
形势分析与预测*

张丽娜　徐卓顺**

摘　要： 2021年，国内外环境依然严峻，吉林省认真贯彻落实党中央、
国务院决策部署，科学统筹疫情防控和经济社会发展，坚持稳中
求进工作总基调，立足新发展阶段，克服汽车"缺芯"、煤电紧
张等重大困难，国民经济继续保持恢复性增长，经济基础稳中加
固，产业质量效益逐步提升。但长期积累的结构性问题叠加疫情
防控常态化产生的新变化对经济发展产生了深刻影响，吉林省仍
需稳固经济增长的态势，围绕"一主六双"高质量发展战略要
求，加快优化产业空间布局与结构，积蓄新动能，重塑新优势，

　＊　本报告为吉林省哲学社会科学智库基金委托项目"'十四五'时期吉林省服务业转型升级的
路径研究"（项目编号：2021JLSKZKWT001）阶段性成果。
＊＊　张丽娜，吉林省社会科学院软科学开发研究所所长，研究员，管理学博士，研究方向为宏观
经济学、产业经济学；徐卓顺，吉林省社会科学院软科学开发研究所副所长，研究员，数量
经济学博士，研究方向为数量经济与宏观经济。

形成吉林全面振兴的良好局面。

关键词： 经济形势　经济指标　吉林省

一　2021年吉林省经济运行分析

2021年前三季度吉林省经济总体运行平稳，呈现恢复性增长势头，经济结构持续优化，就业、物价总体稳定，质量效益稳步提高，增长动能不断集聚，主要宏观指标处于合理区间。

（一）经济保持恢复性增长

2021年以来，吉林省GDP保持了正向增长，第一季度开局良好，GDP增速较快，达到了14.9%，两年平均增长3.6%，相较于2019年的经济水平增长了7.3%。上半年吉林省生产需求继续回升，新动能不断增长，质量效益稳步提高，呈现稳中加固、趋好态势，经济增速达到了10.7%，两年平均增长5.0%，比2019年上半年增长3.8%。前三季度吉林省经济结构持续优化，发展韧性明显增强，经济增速保持在7.8%，两年平均增长4.6%，比2019年前三季度增长了5.3%（见图1）。与全国其他地区比较，前三季度，吉林省GDP居全国第24位，平均增速较全国平均水平低2.0个百分点，在东北板块领先（辽宁3.1%、黑龙江2.9%）。分产业看，吉林省产业结构明显调整，服务业增长迅速，领跑地区经济增长，三次产业结构呈"三、二、一"格局。前三季度，吉林省第一、二、三产业依次增长6.1%、7.0%、8.6%，两年平均增速分别达到了3.9%、6.0%和3.6%，三次产业结构调整为7.3∶36.6∶56.1。

（二）经济发展的基础稳步巩固

1. 产业支撑稳中加固

农业生产稳定增长。2021年，吉林省强化现代农业政策举措，先后出

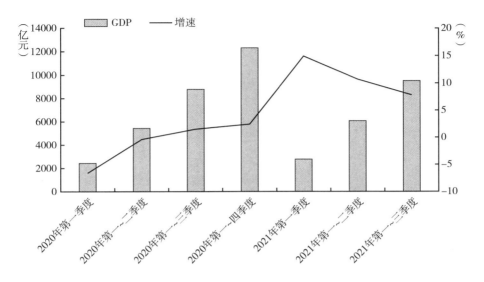

图1　2020年第一季度至2021年前三季度吉林省GDP及其增速

资料来源：吉林省统计局。

台"加强粮食生产30条""现代种业创新发展18条""做大做强肉牛产业
10条"等政策措施，农林牧渔业增速连续3个季度保持在7%以上，达近年
来最好水平，保持了农业发展的良好势头。前三季度，吉林省农林牧渔业总
产值1422.65亿元，同比增长7.2%。其中，种植业产值249.61亿元，同比
增长5.2%。吉林省作为全国粮食安全战略基地重要的黑土地之乡，与中
国科学院共同启动实施"黑土粮仓"科技会战，打造万亿级农产品加工业
和食品产业基础工程、百万亩棚膜建设工程等项目建设，为国家粮食安全
保障做出了突出贡献。截至10月中旬，吉林省秋粮收获68.3%。粮食作
物播种面积、单产、总产实现"三增加"，玉米、水稻单产增幅分别为7%
和4%以上，粮食总产量首次突破800亿斤，粮食品质逐步提升，600亿斤
玉米超9成达到一等品质。畜禽供应充足。2021年以来，吉林省畜牧局坚
持把生猪稳产保供作为重要政治任务，强化措施，狠抓落实，促进生猪产能
持续回升。生猪饲养总量2445.3万头，其中，存栏1138.6万头，增长
28.2%，超额完成国家下达目标任务的25.1%；出栏1306.7万头，增长

27.9%。但猪肉价格在 10 月份之前持续走低，养殖户普遍亏损，10 月份猪肉价格略有回调，但猪粮价格比仍高于 6，致使外购仔猪的养殖场（户）仍有亏损，自繁自育的养殖场（户）盈利微小，130 公斤重肥猪盈利仅在 70 元左右，导致中小散养户养殖积极性有所下降。牛羊禽出栏量稳步增长，分别为 171.4 万头、569 万只和 2.9 亿只，同比分别增长 27.7%、11.4% 和 7.1%，平均盈利分别为 2500 元/头、120 元/只和 3.1 元/只。园艺特产业和渔业稳中有进。园艺特产业总产值达到 1150 亿元，同比增长 4.5%。其中，棚膜经济新建规模园区 44 个，棚室 4700 亩；完成水产品产量 16.9 万吨，实现产值 28 亿元，分别增长 3.5% 和 2.7%。农业基础建设力度加大。2021 年，吉林省提出"加强黑土地保护 38 条"，实施黑土地保护利用试点和建设项目 230 万亩，相当于前 5 年试点面积的 82%。完成高标准农田新建任务 500 万亩，比上年增加 200 万亩。实施保护性耕作 2875 万亩，比上年增加 1023 万亩、增长 55.2%，居全国第 1 位。新创建 3 个国家级现代农业产业园（梨树玉米、公主岭种业、龙井黄牛），数量为全国最多。39 个市县共投资农产品仓储保鲜冷链设施建设项目 600 个。

工业增速稳中放缓。当前外部环境仍然复杂多变，工业和信息化发展面临的不稳定、不确定性因素依然较多，特别是受新冠肺炎疫情及原材料价格上涨、能源供给紧张、芯片短缺等影响，第三季度吉林省工业增速稳中放缓。前三季度，全省规模以上工业增加值增长 6.1%，增速比 1～8 月回落了 2.3 个百分点，比上半年回落了 12.2 个百分点，居全国第 30 位、东北板块第 3 位（辽宁 7.8%、黑龙江 10.1%），两年平均增长 6.1%。前三季度全部工业增加值拉动全省 GDP 增速上升 1.4 个百分点，拉动作用比上半年减少 3.1 个百分点。医药制造业、石化业、冶金业快速增长。2021 年，药品消费支出持续增长，全省医药制造业产值激增。1～9 月，医药制造业产值同比增长 27.8%，拉动全省工业经济增速上升 1.4 个百分点。而上游大宗材料价格持续上涨也带动了吉林省石化、冶金等产业产值大幅增长，1～9 月，石化业、冶金业产值分别增长 18.4% 和 51.8%。汽车、能源产业产值持续下滑。汽车"缺芯"影响向销售端、需求端、财税端和全产业链延伸。

前三季度，全省汽车产业产值同比下降2.0%，增速比上半年回落18.1个百分点，是全省规上工业产值下滑的主要原因，如扣除汽车制造业，前三季度全省规上工业其他行业产值增速为21.3%，较上半年的26.4%仅下降了5.1个百分点。其中，9月份当月，全省汽车制造业产值就同比减少135亿元。受全球能源价格上涨等因素影响，吉林省煤炭短缺问题严峻，电力、热力、燃气及水生产和供应业受到了较大影响。9月份同比减产8.4亿元，同比下降12.2%，下拉全省规上工业当月产值增速近1个百分点。地区工业产值增速差异较大。长春市受汽车产业影响，1~9月工业产值增速下滑至3.3%，比1~8月回落2.5个百分点，吉林市增长25.7%，增速比1~8月回落0.5个百分点。9月份，长春、白山和延边当月产值负增长，松原增长0.8%，四平增长8.8%，其他市（州）保持两位数增长。

服务业对经济增长贡献突出。2021年，吉林省委、省政府多措并举，搭建信息监测平台、融资平台等各类平台载体，开展服务业大调研大会诊大落实大培训，有力促进了服务业的快速发展，服务业规模明显扩大，对经济增长作用突出。前三季度，吉林省服务业增加值增长8.6%，占全省地区生产总值比重为56.1%，成为经济增长的主要支撑。增速在全国31个省区市中居第21位，比上半年前移8位，在东北板块居第1位（辽宁8.3%、黑龙江8.1%），两年平均增长3.6%。现代服务业增长迅速。2021年，吉林省在线上服务、数字经济等方面加快建设步伐，不断提升生产性服务业的专业化和高端化水平，促进服务业朝现代化方向发展，效果显著。前三季度，科学研究和技术服务业增加值同比增长15.9%，增速高出GDP增速8.1个百分点；信息传输、软件和信息技术服务业增加值同比增长11.2%，增速高出GDP增速3.4个百分点。传统服务业增速放缓。第三季度，传统服务业受8月、9月新一轮疫情影响较大，增速下滑。其中，批发零售业与交通运输、仓储和邮政业，以及住宿和餐饮业等传统服务业仍保持快速增长，前三季度增加值分别增长13.8%、8.6%和25.4%，增速分别较上半年下降了1.5、5.7和10.3个百分点，较第一季度下降了5.3、6.3和11.8个百分点。旅游业恢复快速增长。年初，吉林省实施"雪后阳春"省内游复苏计划，

对外加强"长白春雪"市场宣传和推广，设计文化和旅游新产品，推出一批旅游新线路，全省旅游业呈现恢复性增长。前三季度，全省旅游总收入增长42%，接待旅客总人数增长45.7%。

2. 动力结构有所调整

消费品市场缓慢恢复。2021年，吉林省大力开展多种形式的促销活动，有效扩大消费。但受居民收入增长缓慢、疫情散点频发等因素影响，居民出游、娱乐等活动减少，消费仍未恢复到疫情以前的水平，两年平均增速呈下降趋势，但限额以上社会消费品零售总额呈两位数增长。前三季度，社会消费品零售总额2937.72亿元，同比增长12.5%，居全国第20位、东北板块第3位（辽宁12.8%、黑龙江16.6%）。两年平均下降2.3%，比上半年收窄0.2个百分点。限额以上社会消费品零售总额增长20.2%，两年平均增长0.8%。其中，商品零售额同比增长11.0%；餐饮收入同比增长22.2%。农村电子商务发展迅速，乡村消费品零售额显著增长，增速达到了22.1%，高出城镇消费品零售额增速10.8个百分点。升级类商品消费较为活跃。1～8月限额以上单位体育娱乐用品类、文化办公用品类商品零售额同比分别增长23.7%、17.3%。基本生活消费保持较快增长，限额以上单位饮料类、中西药品类、粮油食品类商品零售额同比分别增长18.2%、6.6%、3.7%。前三季度，全省网络零售额、农村网络零售额、跨境电商交易额分别增长19.2%、34.4%和25.1%。消费拉动作用增强。前三季度，全省前20家龙头限上法人企业，累计完成零售额360.4亿元，同比增长22.0%，上拉限额以上零售额增速7.0个百分点。新入库企业实现商品销售额248.1亿元，同比增长21.2%，拉动限额以上零售额增速4.7个百分点。前三季度，最终消费支出对经济增长的贡献率达到47.3%，较上半年52.7%的贡献率略有回落。

固定资产投资增长强劲。9月中国企业联合会公布的自2021年3月以来对吉林省营商环境建设调研的结果显示，吉林省营商环境持续改善，固定资产投资持续增长。前三季度，吉林省固定资产投资额（不含农户）同比增长13.8%，增速较全国平均水平高6.5个百分点，居全国第3位，比上半年提升5个位次，比第一季度提升15个位次，居东北板块第1位（辽宁5.1%、黑龙江8.2%），两年平均增长11.3%。分产业看，当前吉林省固定资产投资以第三产业为主。第三产业投资同比增长14.5%，增速分别高出第一、第二产业5.3和2.3个百分点。其中，制造业和民间投资持续增长，但增速放缓。前三季度，制造业投资同比增长7.4%，增速较1~8月下降了8.3个百分点。民间投资同比增长13.1%，增速较1~8月下降了1.6个百分点。工业投资、高技术制造业投资快速增长。其中，工业投资同比增长12.3%，增速比上半年提高1.6个百分点。高技术制造业投资同比增长34.9%，增速比上半年提高14.2个百分点，占比3.8%，比上半年提高0.7个百分点。

进出口贸易增速高位运行。内需扩大带动了进口的增加，贸易稳步推进，外需拓展也促进了出口的增长，吉林省对外贸易因势上扬，进出口贸易增速高位运行。前三季度，外贸进出口总额1187.7亿元，同比增长27.7%，增速较全国平均水平高出5.0个百分点，在全国31个省区市中居第15位，居东北三省第1位。其中，出口253.6亿元，同比增长20.6%，增速较全国平均水平低2.1个百分点；进口934.1亿元，同比增长29.7%，增速较全国平均水平高7.1个百分点。实际利用外资增长28.3%。贸易结构不断优化。前三季度，吉林省一般贸易占比超91%，比2020年提升了0.9个百分点。对最大贸易伙伴欧盟进出口大幅增长，对俄罗斯进出口成倍增长。国有企业、民营企业在外贸中的占比有所提升，较上年同期分别提升1.7和2.9个百分点。

（三）消费和生产价格指数温和上涨

1.居民消费价格总体平稳

1~9月，吉林省居民消费价格指数（CPI）受食品价格指数回落影响，继续回落，同比仅上涨0.3%，增速较全国平均水平低0.3个百分点，较1~8月下降了0.1个百分点。9月份当月同比下降0.2%，增速较全国平均水平低0.9个百分点，环比下降0.4%。其中，畜肉价格下滑拖累食品价格走低。1~9月，畜肉价格累计下降了14.5%，与全国平均水平持平。9月当月畜肉类价格下降30.7%，增速较全国平均水平低2.2个百分点。但交

通出行、文教娱乐等服务业商品涨价明显。其中，9月交通出行价格上涨6.4%，文教娱乐价格上涨2.5%。整体上反映出省内经济活跃度持续提高，此前受抑制的非必要消费加快恢复。

2.工业品价格涨幅有所扩大

2021年以来，国际原油、铁矿石、有色金属等大宗商品价格大幅上涨，国内需求稳定恢复，工业品价格继续上涨。1～9月，吉林省工业生产者出厂价格同比上涨4.6%，较1～8月涨幅扩大了0.2个百分点。PPI和CPI涨幅的"剪刀差"继续扩大，且受需求影响，生产资料和生活资料累计涨幅的"剪刀差"也较大，工业生产者购进价格同比上涨5.7%，涨幅较1～8月扩大0.1个百分点。工业生产者购进价格与出厂价格指数相差了1.1个百分点。9月当月，吉林省工业生产者出厂价格同比上涨6.2%，涨幅较全国平均水平低了4.5个百分点，比8月份扩大0.3个百分点，环比上涨0.4%。吉林省工业生产者购进价格同比上涨6.1%，涨幅较全国平均水平低8.2个百分点，比8月份缩小0.2个百分点，环比上涨0.1%。

（四）民生保障持续改善

1.就业形势总体稳定

保障城镇劳动力就业。2021年，吉林省继续延续2020年制定出台的一系列保就业、稳就业、促就业等政策举措，确保城镇劳动力就业。前三季度，全省城镇新增就业20.4万人，完成年计划的88.6%。农村劳动力转移就业291.4万人，完成年计划的97.1%。吸引人才留吉就业。吉林省重磅推出"吉林人才政策2.0版"，举办"吉聚人才"云招聘等大型活动，持续推动校企校地对接、就业创业服务等重点工作，高校毕业生留省规模实现了大幅度增长，截至9月初，吉林省2021届高校毕业生（含研究生）留省就业近9万人，留省就业率达到53.6%，留省就业人数同比增长2.02万人。其中，研究生、本科生、专科生分别增长18.9%、21.9%、39.9%。

2.居民收支稳步增长

居民收入增速与经济增速同步。前三季度，全省城镇居民人均可支配收入 26566 元，同比增长 7.2%，增速较上半年下降了 1 个百分点。农村居民人均可支配收入 11436 元，同比增长 9.6%，增速较上半年上升了 0.2 个百分点。全省城镇和农村居民人均可支配收入增速与经济增速基本同步。城乡之间居民收入差距持续缩小。当前，吉林省农村居民收入增速明显快于城镇居民，上半年，吉林省农村居民人均可支配收入增速较城镇居民人均可支配收入增速高 1.2 个百分点，前三季度，农村居民人均可支配收入增速较城镇居民高出 2.4 个百分点，城乡居民相对收入差距持续缩小。居民消费需求加快释放。上半年，城镇居民人均消费支出 11654 元，同比增长 21.3%。农村居民人均消费支出 5879 元，同比增长 22.0%。

3. 民生保障持续强化

优先保障民生支出。2021 年，吉林省加大财政民生类投资力度，优先保障民生支出。前三季度，吉林省全省教育、卫生健康、农林水利、住房保障等财政支出实现较快增长，增速分别达到 6.7%、9.6%、3.0%、5.5%。上调社会保障标准。2021 年，吉林省围绕社会保障，开展养老、工伤、失业保险以及特困人员基本生活标准调整工作。其中，养老金定额调整为每人每月增加 36 元，失业保险金标准计发比例自 2021 年 12 月 1 日起调整为当地最低工资标准的 90%，分散供养的特困人员基本生活标准按照不低于当地上年度城乡低保标准的 1.3 倍计算，并支持 120 个农村社会福利服务中心和农村养老院改善服务条件，支持 70 个"文养结合"试点。持续救助困难群体。针对困难群体，开展防止返贫动态监测和帮扶，集中支持省级乡村振兴重点帮扶县和帮扶村，组织近万次残疾人职业技能培训和创业培训，对 2000 个村级残疾人服务场所和 2000 户困难残疾人家庭进行无障碍改造，针对疾病困难患者实施医疗救助，对困难考生实施圆梦大学救助。实施教育惠民行动。为冰雪运动特色学校补充配备设备器材，为全省 70 所学校建设"视力健康教育基地"，支持部分县市中小学校开展电清洁取暖示范改造，为全省公办普通高中理化生实验室补充仪器设备。贯彻落实国家"双减"工作要求，积极深入开展中小学课后服务工作，确保学生在校学足学好。

（五）吉林省经济社会发展存在的问题

1.产业协调发展能力不足

一是产业链衔接不紧密。吉林省汽车产业占全省工业的比重超50%，但吉林省汽车产业融合度低，产业链上下游之间的互相支撑作用和集聚效应还没有充分发挥。吉林省能够生产汽车前后保险杠总成、仪表板总成等300余种橡塑零部件，但其仅占汽车整车橡塑零部件的20%、占一汽在省内采购额的10%，省内汽车配套橡塑零部件少、配套率低。省内生产汽车橡塑零部件企业仅有70余家，且规模小、技术水平低、不具备研发能力。仅有吉林星云、一汽福伦等几家企业能为整车厂提供装车油，其他车用化学品如燃料乙醇、润滑油等产品生产企业规模和产量较小、质量不高。二是战略性新兴产业未能形成有效支撑。电子信息产业、装备制造业增加值占比较小。新能源车、智能网联车、"卫星+服务"等领域商业化发展进程缓慢。

2.创新动力仍需增强

科技创新投入仍有不足。吉林省财政科技资金支出相对于发达地区仍显示出规模小、增速低、支持力度不足等问题，2020年，吉林省全社会R&D经费投入强度为1.3%，低于全国2.4%的平均水平。且吉林省多数企业创新意愿不强，追求"短平快"的发展模式。以吉林省企业主要的聚集地长春市为例，据初步统计，2020年，长春市规上工业企业有研发活动的仅占15%，规上工业企业R&D经费投入强度仅为0.54%，只有少部分企业设有研发机构。科技投入不足直接导致企业科技创新活动维持在低端水平。科技成果转化能力偏弱。近年来，吉林省技术合同成交额快速增长，但是高校院所科技成果就地转化数量偏少。2020年，吉林省技术合同成交额达到451.61亿元，与江苏省的2300亿元相去甚远。科技创新服务仍有不足。吉林省科技服务业市场化、企业化程度不高。科技服务机构数量少，技术转移示范机构与发达地区相比差距较大，科技服务供给能力无法与市场需求匹配。科技创新服务体系的核心人才资源数量少、质量不高，均成为制约科技发展的重要因素。

3. 企业发展仍有困难

企业生产成本持续攀高。2021年原材料价格波动较大，企业融资成本高，市场销售疲软，产成品库存数量上升较快；同时，用工成本上涨，职工工资待遇持续提升，社保、医保等费用相应增加，企业利润空间受到多重挤压。企业"融资难、融资贵"问题仍未得到有效解决。近年来，吉林省银行业金融机构在改善中小微企业金融服务方面积极作为，取得了一定成效。但中小微企业因其规模小、担保不足、缺乏抵押资产等，加之经营管理水平不高、市场行为不规范、财政管理不健全、依法经营和诚信观念不强等因素共同影响，银行贷款意愿仍不足，"融资难、融资贵"一直是困扰企业的一大难题。

4. 人才与劳动力"双流失"

高端人才流失严重。吉林省高端人才、创新人才总量较小，专业技术人才缺失，青年骨干力量不足问题突出。在最新的人才流失率排名中，作为吉林省省会的长春在我国24座城市中排第2名，仅低于兰州，达到了78.2%。农村高素质人才匮乏。吉林省农村流失的主要是高素质农民、青壮年劳动力和农村籍大学生及随从家属，实用人才缺乏。全省每年高考（含高职类）录取农村考生8万~9万人，占总录取人数的48%左右，受农村就业机会少、收入水平不高、基本公共服务不完善等因素影响，大中专毕业生选择回乡创业和发展的积极性和主动性不高，农村人才"抽血"现象严重，面临着"外地人才难引进、本地人才难留住"的窘境。城市劳动力短缺。第七次全国人口普查数据显示，吉林省9个市（州）中，仅长春市常住人口有所增加，10年间净增加31万人，其他地区常住人口均有不同程度的减少。农工党吉林省委在2018年的提案中指出，吉林省流动人口年龄层次主要集中在22~48岁，而这一年龄段的流出人口是流入人口的6.8倍。吉林省的人口流失造成了劳动力极为短缺现象，严重时企业甚至雇不到人，制约了经济的发展。

二 2022年吉林省经济发展形势预测

当前国际环境日益严峻，新冠肺炎疫情形势没有得到明显控制，国际市

场原材料、芯片等供应紧张，美国等发达国家的金融政策产生的外溢风险加剧，全球经济恢复增长的基础薄弱。我国新冠肺炎疫情处于散点多发的状态，经济恢复增长势头良好，产业结构不断优化，逐渐形成新发展格局。诸多外在因素为吉林省经济社会发展带来了机遇与挑战，预计未来仍会保持一定的上升趋势。

（一）国内外形势分析

1. 国内经济继续稳步恢复

2021年前三季度我国国内生产总值823131亿元，按可比价格计算，同比增长9.8%，两年平均增长5.2%，比上半年两年平均增速回落0.1个百分点。截至9月末，部分经济数据回落幅度略超预期。受疫情反复、河南和山西汛情等因素影响，消费回升速度放缓。除此之外，制造业投资一直是小幅增长，房地产销售和投资持续走弱成为拖累经济的重要因素。国际大宗商品价格上涨抬高成本、能耗双控压力较大也使经济活动受到一定的约束。总体来看，经济结构持续优化，第四季度经济上升势头虽有所放缓，但出口强势有助于稳住外需基本盘，财政政策逐步发力将对冲房地产投资下行，预计全年我国经济增长目标将如期实现。美国等发达国家宽松货币政策带来负面外溢效应，通货膨胀、资本外流等经济金融风险加大，金融市场波动加剧将对我国经济增长形成制约。国际货币基金组织（IMF）预计2021年中国经济增速有望达到8%，较7月预测值微幅下调0.1个百分点，预计2022年中国经济增速有望达到5.6%，较前预测值下调0.1个百分点。

2. 全球经济分化和不均衡态势明显

第三季度全球多国的新冠肺炎疫情出现了恶化，延缓了美欧、印太地区的经济复苏势头，增长动力趋于弱化。而天然气价格的飙升也正在成为一种威胁，再一次减缓了全球经济复苏的速度。IMF 10月发布的最新一期《全球经济展望报告》中将2021年全球经济增速预期小幅下调0.1个百分点至5.9%，维持2022年全球经济增速预期4.9%不变。美国经济在年初呈现明显复苏势头，第一季度实际GDP按年率计算增长6.4%。美国经济复苏得益于疫苗接种加快以及财政补贴背景下的商品和服务消费、非住宅投资增加，贸易逆差增加则对经济造成拖累。到了第三季度，供应短缺等问题进一步拖累美国经济复苏步伐，美国经济增长率跌至2%。欧元区由于疫情恶化和封锁措施的实施，2021年第三季度GDP环比增长2.2%，同比增长3.7%；欧盟GDP环比增长2.1%，同比增长3.9%。俄罗斯财政部8月表示，俄罗斯上半年多数经济指标已经高于疫前水平，预测2021年俄罗斯GDP或将稳定增长4%以上。日本央行10月表示，日本经济复苏面临严峻形势，服务业依然低迷，出口及工业生产受海外供给制约出现减速。因此，日本央行决定将对2021财年（2021年4月1日至2022年3月31日）的日本经济增长预期"由此前的增长3.8%下调至增长3.4%"。

（二）吉林省经济发展面临的机遇与挑战

1. 发展机遇

（1）东北全面振兴将有章可循

2021年，《东北全面振兴"十四五"实施方案》出台，为东北地区未来5年高质量发展明确了任务书、时间表、路线图，从"五大安全"的战略高度、从推动形成优势互补高质量发展的区域经济布局出发，要求着力破除体制机制障碍，着力激发市场主体活力，着力推动产业结构优化调整，着力构建区域动力系统，将为推动东北全面振兴实现新突破提供新的指引。

（2）省内政策效应将充分释放

2021年是"十四五"规划的开局之年，吉林省全面贯彻落实习近平总书记关于"绿水青山就是金山银山""冰天雪地也是金山银山"的发展理念，制定出台了《吉林省冰雪产业高质量发展规划（2021—2035年)》《吉林省黑土地保护工程实施方案（2021—2025年)》《吉林省金融业发展"十四五"规划》等规划文件，进一步巩固和发挥生态优势，集聚金融要素资源，助力产业转型升级，提高经济发展质量。此外，吉林省委省政府相继出台百余项政策性文件，如省委十一届九次全会审议通过的《中共吉林省委关于全面实施"一主六双"高质量发展战略的决定》，吉林省委一号文件

《中共吉林省委吉林省人民政府关于全面推进乡村振兴加快农业农村现代化的实施意见》，吉林省人民政府办公厅印发的《关于改革完善社会救助制度的实施意见》《吉林省营商环境优化提升实施方案》《关于打造吉林区域品牌推动高质量发展的实施意见》等，形成了系统性的政策支撑，为重塑吉林发展优势，筑牢振兴基础提供了推动力和支撑力。

（3）北京冬奥会为发展冰雪经济提供契机

2022年北京冬奥会是我国重要历史节点的重大标志性活动，为吉林冰雪运动和冰雪经济发展带来了重要机遇。吉林省可以利用吉林北山四季越野滑雪场、北大湖滑雪场、松花湖滑雪场、长白山高原冰雪训练基地等一流冰雪运动专业资源优势，承接参赛国家和地区北京冬奥会备战集训任务，发挥好北京冬奥会训练场地和热身赛场功能，深化冰雪赛事活动交流，提升吉林省冰雪竞技水平；可以承接赛事对部分冰雪旅游爱好者的市场，有助于吉林省发展冰雪旅游业；点燃全民参与冰雪运动的热情，鼓励吉林省民众参与冰雪运动，促进花样滑冰、冰球、冰壶等方面实践课程的开展，推动冰雪运动在青少年中的推广；可以促进冰雪制造业的发展，吉林省借助汽车产业、纺织产业发展冰雪场地装备、冰雪运动器具、冰雪运动服装等产业。

2. 发展挑战

（1）疫情常态化的消极影响

伴随着新冠病毒变种的蔓延，国外多项疫情指标严重反弹。同时随着各类假期临近，公众出行、聚集活动增多，疫情防控难度进一步增大，疫情高峰期继续延续。疫情的持续蔓延，致使多国采取新的疫情防控措施，导致旅游和消费受到冲击，加剧了供应瓶颈，抑制了制造业和贸易。我国疫情呈现散点多发态势，对区域的消费、旅游等领域产生了不利影响。

（2）芯片涨价和供应短缺仍将持续

6月1日起，芯片业头部企业意法半导体ST旗下产品全面涨价。随着芯片产业链"拥堵"的持续，如今问题已经扩展至更多的设备，基板、焊线、无源器件、材料和测试等芯片代工厂以外的供应链环节也都相继出现了产能受限和供应短缺的问题。Gartner发布报告称，芯片涨价和供应短缺问题将在整个 2021 年持续，直至 2022 年第二季度才能恢复到正常水平。该机构研究分析师 Kanishka Chauhan 称短缺将制约多种电子设备的生产，导致代工厂和芯片公司提价。此外，亚洲地区制造业和航运业的问题正在全球范围内造成复杂而相互关联的供应短缺，且供应短缺问题变得更加普遍，涉及材料和劳动力短缺、交付延滞、商品库存紧张等，限制了各行业发展。这些问题共同作用，将导致生产中断，最终可能会拖累消费者支出，推高商品价格，吉林省的发展将面临新一轮的挑战。

（3）煤电热保供形势严峻

吉林省每年约消耗煤炭 8500 万吨，其中采暖期消耗 3500 万吨，省内煤矿年产不足 800 万吨，90% 以上需要购买蒙东煤和进口煤。2021 年以来，受能源价格大幅度上涨、煤炭需求增长等因素叠加影响，全国范围内出现煤炭、电力供应紧张状况。吉林省电煤库存大幅减少，采暖期电煤总缺口约1200 万吨。特别是煤价高企，价格倒挂，导致供电紧张，吉林省 28 年来首次执行有序用电，对企业生产经营造成一定影响。能耗双控叠加电力供应紧张，这是地方政府落实中央要求对能源消费总量和能源消费强度进行控制的结果，短期内或将影响供给端，对部分地区的企业生产造成影响。

（三）2022年吉林省主要经济指标预测

当前，全球疫情仍在持续演变，全球供应链持续紧张，原材料和劳动力短缺，PPI 延续攀升态势，外部环境更加复杂严峻，国内经济恢复仍然不稳固、不均衡，我国经济运行还面临许多结构性矛盾、体制性障碍。在此环境下，吉林省面对的挑战明显增多，经济下行压力依然较大，但随着宏观政策效应以及发展韧性的持续显现，"一主六双"高质量发展战略的推进，项目建设加快，民生保障加强，吉林省经济社会有望保持平稳发展。综合考虑这些因素，并利用 2003 年第一季度至 2021 年第三季度数据构建的吉林省联立方程模型，对 2022 年主要指标进行预测，结果如表 1 所示。

表1　2021年、2022年吉林省主要经济指标增长速度预测

单位：%

主要经济指标	2021年	2022年
地区生产总值	6.2左右	6.0~6.5
第一产业增加值	5.2	4.9
第二产业增加值	5.6	5.8
第三产业增加值	8.1	8.3
社会固定资产投资	10.9	11.6
社会消费品零售总额	14.0	13.5
居民消费价格指数	1.4	2.4
城镇常住居民人均可支配收入	7.1	7.4
农村常住居民人均可支配收入	9.0	10.0
外贸进出口	16.1	10.6
外贸出口	8.6	5.9

资料来源：吉林省统计局。

1.地区生产总值预测

2022年将迎来北京冬奥会、党的二十大，对于拉动消费、扩大中国影响力将会起到促进作用，但因国际疫情形势不断变化，疫情的不确定性仍是最大风险。加之大宗商品价格上涨、人口老龄化、房地产市场债务风险、中美关系等内外因素的影响，宏观经济供需两端恢复承压，稳增长仍将是主要任务，2022年经济增长指标会有一定幅度的下浮。综合上述因素，未来吉林省进出口恐将受到较大影响，消费上升趋势较2021年可能放缓，而投资可能略有上涨，受三大需求影响，预计2021年经济增长6.2%左右，2022年增长的区间为6.0%~6.5%，增速有望向潜在增速回归。

2.社会消费品零售总额预测

新冠肺炎疫情发生后吉林省"补偿式消费"迟迟未出现，主要原因在于吉林省居民收入水平增长过慢，消费意愿下降，四个季度移动平均的居民人均消费支出占可支配收入的比例，2021年第三季度为64.7%，比2019年第四季度仍低5.2个百分点。从收入压力和疫情冲击的角度看，未来吉林省消费大概率只会延续温和修复。且若经济下行压力加大，消费可能随之走弱，2022 年增速将会在 13.5% 左右。且由于 2022 年经济增速将向潜在增速回归，中低收入人群的收入水平存在更大修复空间，将会利好刚需消费，而需求收入弹性较大的非必需品消费波动性将会加大。

3. 社会固定资产投资预测

2022 年，我国社会固定资产投资增长构成分项中，制造业投资有望保持在较高的景气区间，稳增长下的基建投资将温和好转，而房地产投资下行趋势将有所放缓。考虑到房地产投资走弱、消费复苏受制于防疫政策、出口增长可能放缓等因素，预计中央财政大概率会放松财政政策，包括加快地方政府债券的发行和资金拨付使用、加快地方项目审批及部分放松对地方政府融资平台融资的严格管控，新基建投资空间巨大，叠加吉林省可能还会提前上马部分基建项目，从而有望带动 2022 年基建投资增速回升。2022 年随着基建需求增长，政策强调保持制造业基本比重，此外，政府对技术升级、绿色发展和碳达峰碳中和的重视应会带动相关领域的投资。整体看，2022 年，预计固定资产投资增速总体平稳，略有上扬，有望达到 11.6%。

4. CPI 预测

生猪价格在前三季度的持续回落已令生猪供给内生性收缩，加之政策转向"调减生猪产能"，当前猪肉价格已温和回升，2022 年生猪价格或将继续上升。2022 年，全球原油供应端将面临美国页岩油产出的提升，以及 OPEC＋的持续增产，其中还有 5 月份开始部分 OPEC＋产油国由产量基线上调导致的额外增量，所以预期全球原油可能再度向供应过剩转变，从而对油市形成明显打压。加之 2022 年美国持续缩减购债规模以及可能加息，美元存在走强预期，美国政府打压通胀的决心也非常强烈。在此背景下，2022 年国际油价大概率以震荡回调为主。但疫情的持续变异，国内外疫情常态化散点性暴发，对服务消费恢复产生一定负面影响。但从长远看，疫情对服务业的影响有望逐步缓解，叠加 2022 年北京冬奥会开办，会在一定程度上提振国内旅游、餐饮市场，进而对服务业价格产生一定支撑。综合上述多方因素，预计 2022 年 CPI 温和上行，达到 2.4% 左右。

5. 出口预测

2021 年，由于中国复工复产较快以及防控措施得当，保证了供应端的
稳定，中国在全球的出口份额显著上升。但随着一次性医疗耗材出口等
"一次性因素"的消退，还有更多来自外部环境的压力，比如备受关注的运
力运费问题、大宗商品和原材料价格上涨的问题，又如人民币汇率升值压力
及劳动力成本提高问题等。在这些因素的叠加作用下，外贸发展的市场环境
变得异常复杂。再加之 32 国取消对华普惠制待遇，以及发展中经济体供给
能力的恢复，意味着外需的拉动力量减弱。2022 年，外贸韧性将面临考验，
受此影响，吉林省出口增速或将大幅回落至 5.9% 左右。

三 对策建议

当前外部环境复杂多变，经济增长的不确定性、不稳定性显著增强，吉
林省仍需稳固经济平稳发展根基，加大投资力度，扩大消费需求，增强企业
主体活力，加快"六新产业"（新汽车、新能源、新材料、新农业、新电
商、新旅游）发展和"四新设施"（新基建、新环境、新生活、新消费）建
设，实现吉林经济的高质量发展。

（一）提升产业发展质量，确保经济平稳增长

1. 稳固增加农业基础优势

一是坚决完成维护国家粮食安全任务。毫不放松抓好粮食生产，实施藏
粮于地、藏粮于技战略，扩大粮食产量，推进吉林省由国家粮食生产基地向
建设国家粮食安全产业带转变，扛稳维护国家粮食安全重任。二是大力发展
现代畜牧业。持续抓好生猪稳产保供，推进肉牛产业发展，引导农民进行标
准化规模养殖，采用种养循环模式。大力提升畜禽产品的精深加工水平，鼓
励"企业＋合作社＋农户"方式，形成养殖、屠宰、加工一体化的全产业
链模式，开发冷鲜产品、熟制产品、副产品等各类产品，实现生产链向价值
链的延伸，提升"冰箱餐桌"吉林产品比重。三是加快发展特色产业。围

绕人参（中药材）产业集群、梅花鹿产业集群、林下及林特产业集群等加强其制品的药效、安全性、精深加工技术等应用研究，推动开发系列产品。

2. 全力稳定工业生产

一是突出稳定主导产业生产。立足当前情况，克服"缺芯"、缺煤等困难，科学组织生产，确保一汽集团稳定运行。持续推动百亿级企业抢抓市场机遇扩大生产，维持油田、通钢、建龙、紫金、化纤、梅花、金刚、皓月等企业高速增长势头。二是建强安全可控的产业链。把握新一轮科技和产业革命发展方向，围绕"一主六双"核心产业链进行科技创新链布局，瞄准未来产业竞争制高点，重点聚焦新一代信息技术、高端装备制造、新材料、生物医学、现代农业等产业，促进"芯、屏、端、软、智、网"产业链供应链不断延链、强链。汽车产业要继续整合产业链资源，提早谋划与先进半导体厂商、芯片企业、高科技研发机构开展技术攻关，补齐产业短板，迈向价值链高端。同时，要加大对芯片"引进来"的力度，实现国内供应链的健全，减少外界的冲击和影响。利用光电产业基础，重点推进激光通信工程化研究，提升产品性能，开拓抢占市场。培育激光雷达、新一代通信芯片等核心产业。加快新型显示材料产品研发，完善产业配套体系，推动产业链向下游延伸。三是推动发展新能源产业。以实现碳达峰、碳中和目标为重点，加快新能源材料、新能源装备产业发展。充分利用白城、松原西部地区丰富的风光资源和充裕的土地优势，积极打造新能源基地，形成吉林"陆上三峡"，建设成为国家松辽清洁能源基地的核心组成部分。重点发展风力发电、太阳能发电、生物质能源化利用、氢能制备、储能技术、动力电池等装备制造业，延伸发展其他配套装备制造业，打造装备制造特色产业集群，建成相对完整的新能源装备制造产业链。

3. 促进服务业提质扩容

一是推进商贸服务创新发展。引导商贸企业主体实施多元化经营和连锁经营战略，推进集原辅料基地、加工制作、物流配送、终端服务于一体的全产业链发展，强化"链主企业"要素保障，支持集购物、休闲、娱乐、商业服务等功能于一体的综合型业态发展，支持连锁经营创新。二是全力发展冰雪旅游。利用北京冬奥会契机，以吉林市和长白山为重点，加快冰雪小镇、滑雪度假综合体、度假酒店、温泉养生场馆等冰雪旅游配套基础设施项目建设，提高冰雪旅游供给能力。组织策划冰雪旅游节、冰雪文化节、冰雪嘉年华、欢乐冰雪季、冰雪马拉松等冬季旅游节庆活动，利用各类媒体进行宣传，提高吉林冰雪旅游的影响力和知名度。精心设计"冰雪旅游"产品，打造滑雪、赏雪、玩雪"网红"品牌。支持长白山、北大湖、松花湖等标志性景区提质扩能，率先打造形成世界级滑雪度假区。三是建设国家级物流枢纽。打造长春、吉林、延边（珲春）国家物流枢纽，建设国家骨干冷链物流基地，持续推进城乡高效配送试点城市建设，加快农产品冷链物流体系建设，实现工业品下乡、农产品进城。四是做优软件和信息服务业。以特色软件及卫星信息服务为支撑，加快"通导遥"协同建设，围绕精准农业、智慧城市、生态环境、国防建设等领域，打造完善的卫星运营服务、地面设备与用户终端制造、系统集成及信息综合服务产业链。

（二）持续扩大投资消费需求，增加经济发展动力

1.巩固扩大投资规模

一是积极开展重点领域项目投资建设。抢抓国内外产业深刻调整和产业链重构大背景下产业和资本重新布局机遇，加大对新兴产业的招引力度，推动产业链供应链横向、垂直整合，促进形成现代产业的生态圈。围绕吉林省重点产业链"链主企业"和"头部企业"、产业链定位和关键环节，开展精准招商。结合"数字吉林"建设，加大新基建投资力度，推进5G、数据中心、人工智能等信息基础设施建设，夯实产业发展的数字化支撑基础。服务业领域重点在文化旅游、现代物流、商贸服务、电子商务等产业高标准谋划一批成体系、成规模的重大项目，积极吸引域外战略投资者，全链条开展项目的规划设计、投资建设、生产运营、市场营销、宣传推广，增强市场竞争力。二是积极抓好政府专项债券项目建设。借鉴梅河口市政府经验，结合地方特色谋划产业项目，促进产业"无中生有"，以产业提升区域知名度，产

生经济联动效应。组织引导各地政府包装策划政府专项债券项目，召开全省专项债券项目谋划专题培训会，切实提高专项债券项目谋划质量。加快推进储备项目前期工作，提高项目成熟度，争取国家更大支持。三是拓展招商引资渠道。充分利用全球吉商大会、广交会、东北亚博览会、互联网等各类平台载体，采用异地洽谈招商、亲情招商、联合招商、网络招商等方式开展招商引资活动。四是以园区承接产业转移。做好吉浙对口合作，围绕要素互补、上下游产业配套，延伸和完善产业链条，鼓励通过要素互换、合作建设园区、企业联合协作等方式，建设一批产业转移合作集聚示范区，积极承接发达地区产业转移。

2. 着力提升消费市场活跃度

一是常态化开展促销活动。充分利用节假日形成多行业、多领域、多层次、全方位的线上线下促消费热潮，激发消费热情，持续扩大消费。二是持续抓大宗商品消费增长，畅通农村流通渠道，扩大农村消费市场份额，推动非刚性需求增长。三是开展消费品市场优化升级专项行动，培育一批商品经营特色突出、产业链供应链服务功能强大、线上线下融合发展的消费品市场示范基地，增强消费供给。四是引领新型消费。创新发展"智慧商店""智慧街区""智慧商圈"等服务业新业态，鼓励实体商业通过直播电子商务、社交营销开启"云逛街"等新模式，充实丰富在线教育、在线医疗、在线文体等线上消费业态，增加线上消费数量。五是落实好现行消费券政策。以发放消费券等促进服务业发展政策落实到位，积极发挥政府消费券乘数效应，提升消费券促销的精准性，加强商贸、文旅、体育消费，带动全省限上企业销售额增加。

（三） 加速产业融合创新，促进区域协调发展

1. 促进产业深度融合创新

一是推动一、二、三产业融合发展。以制度、技术、商业模式创新为动力，探索不同地区、不同产业融合模式，让一、二、三产业在融合发展中同步升级、同步增值、同步获益。突出发展粮食、畜产品和特色农产品

三大精深加工，推进农产品加工业延长产业链，实现转型升级。依托绿水青山、田园风光、乡土文化等资源，拓展农业功能，推进农业与旅游、教育、文化、康养等产业的深度融合，大力发展休闲旅游、农耕体验、文化传承、健康养生等美丽经济。二是发展服务型制造。以吉林省汽车制造、高端装备制造、医药制造为基础，以服务为导向，引导制造业企业创新商业模式，延伸服务链条，挖掘研发设计、市场拓展、品牌运作等服务的核心价值，加快发展在线支持服务、全生命周期管理、仓储物流、融资租赁服务、检验检测等服务型制造重点领域。三是促进服务业内部融合。推进设计、物流、旅游、养老等服务业跨界融合发展，推动优势企业跨地区、跨行业、跨所有制融合经营。完善服务业供应链管理、企业流程再造和精益服务，由单一服务环节向提供全过程服务转变，由提供一般服务向提供综合性服务转变。

2. 推动区域产业分工协调

按照"一主六双"高质量发展战略要求，进一步优化产业的空间布局，引导地区遵循差异化、特色化发展原则，打造具有比较优势的特色产业集群，建设升级一批高水平的产业园区和现代产业基地，成为在全国乃至全球具有影响力的汽车产业集群、新材料发展集群、新能源产业基地等。发挥长春核心区的重要作用，加快"四大板块""两个基地"建设，扩大规模总量，形成在东北亚区域极具影响力的经济板块，以产业创新、科技创新、体制创新引领发展、辐射带动，引导资源和成果向周边地区集聚转化。

（四）优化科技创新生态，打造创业创新创造新高地

1. 创新科研经费投入与管理制度

进一步提高全省科技创新的投入强度，增加财政支持科研经费支出。项目资金使用与管理实行"抓大放小"，整合各部门财政资金集中统一投入关键领域重大项目，构建各部门沟通协调机制。加快探索知识、技术、管理、数据等要素价值的实现形式。赋予科研机构和高校更大的科研经费使用和收

入分配自主权，进一步扩大科研经费包干制度试点范围，全面落实国家激励科技创新的系列政策，提高用于人员的经费比例，加大绩效激励力度。发挥财政科研项目经费在知识价值分配中的导向作用，破除省财政资金对科研项目数量方面的限制，建立符合科研、创新规律的财政科技经费监管制度。

2. 充分发挥产学研协同创新效应

一是激发科技创新型企业活力。坚持以企业为主体、市场为导向、产学研深度融合为主导方向，相关科技项目的来源、设计、决策和实施都要以企业为主体，鼓励和引导企业加大研发投入，建立研发准备金制度，持续推进科研项目经费后补助工作。二是推动产业链与创新链精准对接。积极推动企业与高校、科研机构建立长期稳定的产学研结合关系；鼓励企业面向高校、科研机构实施科研项目，吸引高校、科研机构的技术人员参与企业的技术攻关；鼓励企业、高校与科研机构联合建立研发机构，进行科技攻关，提高企业的自主创新能力；建立"企业出题，协同攻关，政府补助"的产学研结合机制，鼓励高校、科研机构贴近企业、产业和市场，对创新资源进行合理整合。

3. 不断优化"双创"环境

一是积极搭建各类创新交流平台。举办国内国际科技创新人才交流大会、中国吉林省创新创业大赛等各类活动，全方位、立体化、多维度地展示吉林省"大众创业，万众创新"的氛围；组织开展"创客中国"吉林省中小微企业创新创业大赛等双创活动，开展创业人才、创业导师培训，促进中小微企业创新创业。二是完善创业创新创造支持政策体系。加强小微企业创业创新园（基地）、"双创"示范基地等各类载体综合功能及带动效应，完善"众创空间—孵化器—加速器—产业园"全链条孵化体系，促进初创型成长型企业发展。围绕创新创业企业从初创期、萌芽期、培育期、成长期等不同阶段，大力培育政府引导基金、天使投资、创业投资、科技金融、商业银行、投资银行等各类金融机构，给不同发展阶段的创新创业企业以针对性的资金扶持。

4. 大力培育和引进科技创新人才

大力培育科技创新领军人才,以国家高层次人才计划、省内重大科技研发平台和科技计划项目为依托,对科技创新人才、团队进行全方位支持,打造一批科技领军人才,着力培养优秀学科带头人;积极实施海外高层次人才引进计划,广泛吸引海外高层次人才来吉林省从事创新研究,采取团队引进、核心人才带动引进等方式,对高精尖人才、优秀人才在住房、子女教育、就医政策和福利待遇方面给予充分的支持和激励。

(五)进一步优化发展环境,大力发展实体经济

1. 充分释放政策效应

一是研究出台新政策。针对实体经济成本居高不下、融资难、融资贵、市场萎缩、投资外流等突出矛盾和问题,制定出台一揽子可操作、可落地、可检查的政策措施。采取分类扶持的办法,有效支持重点项目、集聚区、"个转企"、统计入库等重点领域,降低审批门槛,惠及中小规模企业,保持扶持政策的稳定性和连续性。适时开展已出台政策的效果评估,对有效政策予以强化细化,对未达到预期政策予以调整完善,解决政策落地"最后一公里"问题。二是延续疫情防控税收优惠政策和复工复产税收优惠政策,进一步惠及市场主体,激发市场主体活力。延续疫情防控常态化时期出台的缓缴企业社会保险费、降低失业保险和工伤保险费率,以及减免国有房屋租金和城镇土地使用税、房产税等纾困政策。税务部门积极开展政策落实,通过全面升级纳税人开票系统、开展增值税开票数据监控等方式严密监控纳税人优惠政策享受情况,利用税收大数据提升政策落实质量,确保纳税人应享尽享。

2. 营造公平公正的市场环境

一是放开民间投资市场准入。明确市场准入负面清单以外的行业、领域、业务等,各类市场主体皆可依法平等进入。进一步放宽教育、医疗、金融等现代服务业和大数据、"互联网+"等新兴领域的进入管制,吸引更多社会资源通过创新对冲成本上升压力,提升实体经济发展层次和水平。二是加快出台地方法规、条例、行业标准等,促进市场主体平等交换、公平竞争。三是

约束政府监管权力。着力依法约束行政和执法人员的自由裁量权，规范涉企收费，大幅度减免行政事业性收费，降低企业制度性交易成本。

3. 加大涉企服务力度

一是构建企业服务长效机制。按照"分类指导、有保有压"原则，积极稳妥推进困难企业的风险化解。建立精准调度工作体系。继续开展"万人助万企"行动，实施清单化管理，充分释放企业产能，化减为增。二是搭建服务企业的平台载体。打造涉企综合服务平台，组建小微企业服务联盟，及时发布相关政策和投融资、技术、市场、人才、合资合作等方面信息，为企业创业创新提供"找得到、用得起、有保障"的优质服务。探索建立服务业企业交流平台，搭建地方党委政府、职能部门和重点服务业企业实时沟通交流桥梁，开展精准帮扶，快速回应企业诉求，提升政府服务效能。

4. 培育壮大企业主体

一是加速实施企业培育行动计划。加速实施新一轮高新技术企业和科技型中小企业"双倍增"行动计划，完善科技型企业和高新技术企业培育全流程服务体系，在全省重点培育一大批成长性强、代表未来产业发展方向的高科技企业。完善中小企业培育体系，滚动实施小微企业成长计划，促进中小微企业"专精特新"发展。二是培育壮大龙头企业。鼓励有条件的大企业围绕优化国际资源配置、提升产业集中度、完善市场网络等开展并购重组，鼓励大企业跨界、跨所有制融合发展为综合性大型企业集团，力争在重点领域，做大做强一批竞争优势突出、技术领先、带动性强、具有较强竞争力的大企业和大集团。引导大企业与中小企业深度融合，推动大中小企业加强合作，形成融通创新发展的产业生态。

产业振兴篇
Industrial Revitalization

B.2
吉林省发展数字农业的对策研究

摘　要： "十四五"时期是推进传统农业产业转型与数字化变革的重要战略机遇期。吉林省作为国家重点建设的生态示范省和国家粮食主产区，当前农业科技创新进程不断加快，为吉林省发展数字农业提供了有力保障。吉林省应重视数字农业发展的宏观布局，打造"数字化科技产业园""智慧农业谷"等新数字农业商业生态模式，并完善"天、空、地"农业全产业链数字化链接，培育与引进"数字化新型经营主体"，促进科技创新与成果落地并行，引领吉林省现代农业高质量发展。

关键词： 现代农业　数字农业　数字化引领

---

* 丁冬，吉林省社会科学院农村发展研究所助理研究员，工学博士，研究方向为"三农"问题与乡村振兴。

数字农业是将信息作为农业生产要素，用现代信息技术对农业对象、环境和全过程进行可视化表达、数字化设计、信息化管理的现代农业。在经历机械化、自动化和初期现代化变革下，吉林省农业数字化改造基础良好、承载力强，加上现有互联网积累的巨大网络价值效应，强化数字农业发展与变革的条件逐渐成熟。发展数字农业，可以使信息技术与农业发展有效融合，促进改造传统农业、转变农业生产方式。

一　吉林省数字农业建设取得的成效

（一）吉林省数字农业发展进程不断加快

"十三五"以来，吉林省确立了以数字化、信息化引领农业质量变革、效率变革、动力变革，实现新旧动能转换，加快高质量发展的思路，从顶层设计的高度，出台了《"数字吉林"建设规划》《吉林省乡村振兴战略规划（2018—2022 年)》《吉林省率先实现农业现代化总体规划（2016—2025 年)》《吉林省实施数字农业创新工程推动农业高质量发展的实施意见》《吉林省省级现代农业发展专项资金项目指南》等政策文件。目前，农业农村部与中央网信办联合印发了《数字农业农村发展规划（2019—2025 年)》，对推进数字农业农村发展做出顶层设计和系统谋划，推动吉林省数字农业发展。此外，吉林省利用现代信息技术和信息系统对传统农业不断进行改造，主要包括利用农业卫星数据云平台基础及数据资源探索智慧农业发展模式、培育物联网新业态等。

目前，吉林省已经在伊通、抚松、敦化开展土地、作物、农事、服务管理平台化系统化试点，建设农业卫星数据云平台，该平台在大田种植、畜牧养殖、设施蔬菜、人参以及食用菌等产业中均得到不同程度的应用。通过云平台对农业生产、加工、销售等过程进行实时调度，对生产过程中违法情况进行预警，并对农产品质量安全溯源。2019 年，吉林省政府与中国移动通信集团有限公司在长春就推进"数字吉林"建设签署战略合作协议。中国移动以云平台为依托，在吉林省建立全国第一个农业农村数字化综合应用示

范基地。截至 2020 年底,建设了全省统一的信息进村入户服务平台。信息进村入户工程加大服务资源引入力度,积极与金融保险服务机构合作,在试点县域成功开展了数据网贷业务和数字保险业务。

(二)"物联网应用示范园区"和"国家农业高新技术产业示范区"试点示范取得进展

作为智慧农业创新生态圈的关键一环,近年来吉林省不断深入推进物联网区域试点示范,推动农业大数据实现落地。在玉米、水稻、设施蔬菜、人参、杂粮杂豆 5 个产业中建设物联网应用示范点,共建设了 97 个"物联网应用示范园区",覆盖全省 36 个县(市)。以此平台为基础,构建吉林省农业物联网平台,实现与国家和吉林省各级农业部门物联网数据对接,并选择特色产业与优势产业领域,开展农情管理、生产管控、农产品溯源等技术的应用与示范。吉林省全面实施信息进村入户工程,"易农宝"手机客户端成为行业内单省用户量最大、活跃度最高、用户黏性最大的涉农 App 产品,在信息服务平台和电子商务领域取得了较好的成绩,在全国处于上游水平。此外,2020 年公主岭市划归长春市行政代管后,吉林省政府成立"公主岭国家农业高新技术产业示范区创建工作领导小组",推动"国家农业高新技术产业示范区"的创建,试点示范取得新进展。

(三)高端数字化科研平台助推重大农业项目建设

"十三五"时期,吉林省不断加大农机、耕地等技术的科研与投入力度,从 5 个维度——"端、网、云、数、用"来促进数字化作业面积增长、数字化耕作技术完善。"十三五"以来,吉林省利用现代信息技术,试点建设农业物联网应用平台,探索了农业生产数据、视频数据、作业数据实时采集与分析的应用模式;建设了数字农业农村经营主体管理服务平台,开展了生产、经营、管理和服务数字化应用的试点;建设了农产品产销对接平台,实现了吉林省农产品供应商与采购商数字化交易的对接服务。这些平台促使吉林省农业科技创新能力增强,截至 2021 年,全省农产品地理标志登记保护超过 800 件，制定地方标准 771 项。并且，农业领域 3 项科研成果获得国家级科学技术奖，291 项科研成果获得省级科学技术奖。截至 2021 年，已建设农业标准化示范项目 319 项，在梨树县建立了全国最大的绿色食品原料标准化生产基地，"梨树模式"成为吉林省以标准化推进农业现代化的典范。此外，吉林省重点围绕大田种植、设施园艺、畜禽养殖、水产养殖等领域开展精准作业、精准控制建设试点，以及数字农业试点县建设项目。

（四）农业资源与粮食生产优势为吉林省现代农业数字化建设提供保障

随着乡村振兴战略实施，以及农业农村优先发展进程加快，粮食产业集约化、高效化、优质化发展提速，粮食安全对国民经济发展"压舱石"的作用将进一步发挥，同时也奠定了种植业数字化发展的良好基础。截至 2021 年 10 月中旬，吉林粮食产量将首次破 800 亿斤大关，600 亿斤玉米超 9 成达一等品质，为吉林省现代农业数字化建设提供了有力保障。作为国家重点建设的生态示范省和国家粮食主产区，吉林省耕地面积 553.78 万公顷，其中黑土区耕地面积占吉林省耕地面积的 65.5%。拥有肥力较高的黑土、黑钙土、淡黑土、草甸土等，耕作条件优越，"黄金玉米带""大豆之乡"等美誉使吉林省成为我国闻名遐迩的商品粮生产基地和畜禽生产大省。近年来，吉林省通过"农业机器作业智能化→生产周期智能管控→全产业链和农业复合系统智能调控"的模式，提高粮食的综合生产能力，实现数字农业。通过信息技术的数据感知、数据传递、应用分析等功能应用，提高智能业、病虫害监控预警、绿色防控体系的整体发展水平和质量，同时优化我国的农业结构，实现以标准化、网络化、可视化、模型化、智能化、信息化为中心的生产模式。

二 吉林省数字农业发展中存在的问题

（一）数字农业发展的体制机制和体系还不够健全

数字农业发展涉及的产业领域较广，涵盖了农业生产、加工、运输和销

售全产业链过程，同时也包括农户、合作社、生产企业、流通企业的相互协调以及农业、商务、质监、科技等各类相关经营主体。这些参与的农业经营主体需要具备雄厚的发展基础以及比较完整的产业链条，需要配备高质量的品牌产品、宽范围的市场覆盖、稳定的资金来源以及与科研院所持续深入的合作关系。目前，数字农业发展在吉林省尚处于示范阶段，尚未构建一套科学的农业物联网技术标准体系，影响了信息互联互通和数据共享。数字化种植业的建设在现阶段很难由农户单独完成，需要多方协调共同推进，因此吉林省在推广过程中也应该对参与的农业主体、选择的应用模式、推进的数字技术进行协调分析并排列出相应的优先序，实现由示范到普适的推广。在不同阶段、不同经营主体之间进行统筹协调与资源共享，缺乏健全的体制机制与科学的发展体系，导致各市、县之间数字农业发展差距较大，存在不平衡问题。

（二）农业大数据平台建设与应用能力相对落后

数字农业云平台是吉林省打造的农业农村数字化服务平台，目前该平台已初步建立。但是，吉林省数字农业发展尚处于起步阶段，多数处于生产环境建设过程中，云平台上的涉农数据存在来源较分散、信息缺失、农业数据获取能力较弱、更新不及时、采集和分析的利用率较低等情况，使得收集上来的数据更新滞后，2020年9月份，农业大数据平台上显示的信息大部分仍是春耕信息。此外，数字科技涉及的知识图谱技术、图像识别技术等机器视觉类技术存在成本较高等问题，大田土壤内机械路轨等技术还存在稳定性较差等问题，传感器对土壤墒情的测量指标存在较为单一等问题，并且病虫害的预警技术尚未攻克。当前吉林省基层农业技术人员的农业数字化意识和应用能力较弱，难以准确应用数字化平台上的基础数据和信息来提高粮食生产效率、经营效率以及管理效率。

吉林省农业农村基础数据资源体系建设刚刚起步，气候条件、土壤条件、市场信息、生产资料信息、科技信息等信息的掌控归属于不同部门，而部门之间的运作相互独立，难以将信息数据进行充分共享，造成信息数据资源的大量浪费与闲置。此外，当前一部分地区农业基础设施仍旧落后，例如大型现代化农机设备较少、雨雪天气时泥泞、牲畜禽舍的基础设施仅限于照明和取暖、农业灌溉设施仅有传统的大水漫灌形式，使分散经营的小微型农业生产者难以应用大数据平台走进农田。加之农业数据观测设备落后，难以同时覆盖"天、空、地"3 个维度数据，难以实现数据平台引领农作物生产与运营。

（三）数字化农业产业链衔接不足

在数字经济的新时代背景下，数字技术正逐步渗入传统行业中的生产、流通、销售、融资等环节。数字化农业产业链不仅包括传统意义上的"供—产—销"环节，也应向前延伸至消费、向后延伸至服务与农村金融等环节。从具体实施情况看，吉林省数字化发展与农业产业融合速度相对较慢。目前，吉林省农业电子商务、农业物联网生产系统、农产品数字物流配送等还处在初级发展阶段，尽管部分环节科学技术已经比较先进，但尚未连接起农业生产、运营、管理全过程各个方面的数据，产业链各环节之间缺乏数字化紧密衔接。不同环节信息的掌控者往往归属于不同部门，由于体制问题，部门间的运作相互独立，难以将信息数据进行充分共享，导致信息数据资源的大量浪费与闲置，与实际需要存在脱节，制约了吉林省数字农业发展以及产业数字化系统升级。根据《吉林省数字农业发展"十四五"规划（2021—2025 年)》的战略思想，数字农业的发展模式不是对信息技术的简单运用，而是在传统信息技术的基础上探索数字经济范畴下农业的数字化重组与升级。由此可见，吉林省数字农业的发展需要摆脱数字化与传统农业分割开来的困境，实现数字农业在农业产业链各环节之间的衔接，以及信息流、物流、资金流的融合，形成一个功能化的农业生态网络衔接系统。

（四）数字农业领域人才与新型经营主体匮乏

数字农业特别是数字种植业发展体现了传统农业与信息技术的深度耦合，尽管无人化农场在国内已经实现，但短期内大范围的农业生产仍需要以

人力为主。数字农业产业发展需要生产、经营、物流、市场需求、信息化、平台运营与服务多方面人才，但是吉林省物联网、区块链、人工智能等技术处于刚起步的阶段，能够对此运用自如的人才并不多。目前，吉林省涉农人才数量呈下降趋势，"知农爱农"高层次人才更是短缺，老龄化、空心化与人才断层现象凸显。从人才培养角度来看，虽然吉林省拥有"双一流"建设高校（吉林大学、东北师范大学等知名高校），但培养体系不健全、融合难度大，目前仅有数字农业相关专业，缺乏学科引领和专业支持。此外，由于农村经济与社会发展较城市相对滞后，高校人才毕业后进入农村的意愿不强烈，这使得数字农业发展过程中专业技术人才缺失。具备一定相关专业知识的高学历人才大部分选择在发达城市发展，人才外流情况比较严重，很少有人愿意到农村基层从事相关工作。

三 吉林省发展数字农业的对策建议

在传统产业转型和农业产业升级改造的特殊历史时刻，需要突破单要素思维，通过强化数字农业科技创新，提高全要素生产率，推动农业提质增效。从长期看，数字技术可以为辽阔的黑土地带来新的机遇和变革，推动吉林省由农业大省向农业强省和经济强省跨越。

（一）重视数字农业发展的宏观布局

由于数字农业涉及的应用领域较广，不同阶段需要通过政府进行宏观布局，相关企业及科研部门采取不同的发展路径，协同创新，共促发展。对吉林省来说，在数字农业发展规划推进的过程中，首先，需要根据不同阶段、不同区域识别出数字农业生态系统构建的关键目标和主要任务，即明确前端标准建设、中端监管落实、后端数据分析等。其次，应该注重数字农业发展前端的标准体系构建、后端数据分析等农业数字产业化发展的宏观布局，以此为吉林省数字农业的短期、中期与长期发展奠定基础。具体来说，可以在重点区域试点的基础上，针对具体需求，通过问题导向，明确 2025 年、

2035 年数字科技促进吉林省农业提质增效的目标，围绕农业高质量发展和涉农人员精准需求做好顶层设计，进行模块功能规划，推进涉农信息资源共享平台加速建设。同时，根据重点特色需求嵌入大数据监测采集、动态决策、数据开放等模块，使涉农数据真正服务政府决策、服务农户需要、方便企业开发，释放更多数据红利。与此同时，在数字农业的宏观布局中，应重视加快修复黑土区农田生态环境，促进生产与生态协调，大力推进吉林省生态农业、循环农业和有机农业的发展，实现节本增效、提质增效，提高吉林省粮食产品的质量、效益和竞争力。

（二）完善"天、空、地"农业全产业链数字化链接

由于数字农业基础设施投资具有短期低效益的特征，其可持续发展应联合数字农业投资主体、数字新型主体、电商主体、政府主体、生产加工销售主体等，共建数字农业产业生态系统，最终形成完善的联动机制。吉林省数字农业发展可以借鉴黑龙江省与阿里巴巴的"数字龙江"战略合作经验，学习北大荒集团的农业全产业链数字化链接模式。首先，充分融合吉林省的环境感知、区块链、物联网、可视化、智能控制、大数据等技术能力，形成涵盖原材料出入库作业、购销经营、运营决策的全方位"天、空、地"一体化大数据智能管理平台，实现"精准感知→智能作业→智慧管控"，为吉林省传统粮食收储和农业产业经营业务发展提供强大的科技推进力；其次，根据吉林省各地区不同农产品价格信息，农作物来源、等级、培育场地信息以及质检、运输信息等建立地区农产品生产经营基础数据库；最后，基于农业生产过程的海量数据，面向世界科技前沿、国家重大需求和数字农业农村发展重点领域，充分利用大数据技术和人工智能技术，对吉林省环境要素（例如光照、温度、水、CO_2）、实时生长状态（例如形态、生理）、自动化情况（例如温室模型、专家系统、生物参数）、质量安全追溯数据进行观测。通过建设统一的数据汇聚和分析决策系统，实现数据监测预警、决策辅助、展示共享，形成最优决策，保障地区农业生产全过程决策数据化、可追溯化、智能化，进而摆脱传统生产弊端，通过数字技术引领吉林省农业提质增效。

（三）打造"数字化科技产业园""智慧农业谷"等新数字农业商业生态模式

"十四五"时期，根据吉林省"一主六双"高质量发展战略和"一保三化一融合"的目标，"互联网＋生态农业"将在互联网、云计算、人工智能、区块链、大数据等技术推动下，促进数字农业与生态农业发展融合。若想实现吉林省农业转型升级，就必须走出一条符合地区实际情况，朝现代化、集约化、数字化、无人化、绿色生态化方向发展的新路径。由于农业的基础性和物联网的无界性，数字农业发展模式的创新必定需要多个产业有效融合。这种数字农业商业模式的应用，既能够使农业产业更具有创造力与活力，也能够催生全社会、多领域的商业生态新模式，即价值共创的产业互联模式。

构建价值共创的产业互联模式，需要在有效处理多方利益主体关系的同时，充分发挥吉林省各主体资源与服务能力的差异化优势。例如，可以在吉林省内建设农业全过程无人作业示范区，研发及运营农业全过程无人作业综合服务平台，适时适地打造"数字化科技产业园"和"智慧农业谷"，开展农业全过程无人作业示范区的全吉林省应用推广。创建"绿色农业＋可视农业＋田间档案＋质量追溯"经营模式，促进企业、农业专业合作组织以及农场提高食品安全意识，解决农业市场上供求信息不对称的问题，提升吉林省黑土地的安全指数。并通过开展农业全过程无人作业等新型模式示范，提升吉林省数字化装备产业发展水平。

（四）科技创新与成果落地并行

现阶段，国内数字化农场主要还在示范阶段，为数字技术尤其是无人驾驶农机、农业机器人等的应用提供了较为理想的生产环境。但在实际生产过程中，数字化技术将面临更加巨大且具有不确定性的挑战。吉林省在进行数字化农业建设过程中，需要将先进的科技创新成果落地，坚持提高收益与降低成本并行，找到研发与推广、投入与收益的动态平衡点，构建吉林省

"知识、技术、数据"一体化政策体系。首先，政府应设立数字农业发展专项资金，将数字农业建设和发展经费纳入吉林省财政资金预算，发挥专项资金的引导作用；其次，出台系列政策促进互联网、通信、物流以及涉农龙头企业加快融入数字农业建设，利用龙头企业的资源与先进的科学技术，将新型互联网工具逐渐应用到现代农业生产的全产业链当中，引领吉林省农业高标准、高效率发展；最后，加快推广已试点智慧农场、智慧果园的成熟经验做法，以"互联网＋现代农业"的技术创新推动农产品全产业链数字体系完善。针对数字农业的市场发展需求及方向进行宏观指导，在吉林省内构建集知识更新、技术创新、数据驱动于一体的政策体系，借助人工智能、大数据等信息技术，打破智慧农业市场发展的时空限制，以政策带动农业高效发展。

（五）培育与引进"数字化新型经营主体"

与传统农业经营主体相比，物联网环境下的数字农业更能够达到多个环节重组融合的目标，对全新的农业经营主体所要求的能力和素质会产生较大影响。可以说，高端人才的培育和引进就是吉林省农业数字化建设的驱动力和关键要素。首先，借鉴南京农大开设的卓越农林人才培养计划试点班的模式，吉林省可以通过建立农业技术协会、校企合作、对外交流、线上线下互动、开设"创新学院"，在人才培养过程中落实农业专业实践，提升省内特色院校农业相关人才供给水平；其次，在吉林省农业数字化建设过程中，对传统经营主体所要求的能力和素质需求增加，会催生出全新的数字化新型经营主体，例如"无人机飞防业务经营主体"和"农业技术知识模型库运营商"等，可以以新农科、新工科融合作为高层次人才培养的新方向；再次，吉林省需要引进国内外或发达地区的相关技术领域人才，吸引优秀的农村青年加入到数字农业的建设中，并给予高端人才相应的生活补助；最后，提高数字化新型经营主体的积极性，为其提供技术支持和管理经验，并通过财政补贴、税收减免、占补平衡、土地产权制度改革政策，促进其适应吉林省现代农业市场需求，提高主动性。

参考文献

姚翼源、方建斌:《大数据时代农村生态治理的现代化转型》,《西北农林科技大学学报》(社会科学版) 2021 年第 2 期。

陈桂芬等:《大数据时代人工智能技术在农业领域的研究进展》,《吉林农业大学学报》2018 年第 4 期。

许竹青、刘冬梅:《以数字农业加快新型农业科技服务体系构建》,《科技中国》2021 年第 3 期。

荆文娜:《加强数字科技创新 让新型农业助推乡村振兴》,《中国经济导报》2021 年 8 月 19 日。

金建东、徐旭初:《数字农业的实践逻辑、现实挑战与推进策略》,《农业现代化研究》2021 年第 10 期。

B.3
吉林省服务业发展面临的
主要问题及对策建议

纪明辉*

摘　要： 2021 年，吉林省服务业各项指标稳步提升，逐渐从疫情的深度影响中恢复，前三季度取得了 3.6% 的两年平均增长速度，服务业各行业、各领域均呈现回暖向好态势，起到了经济"压舱石"的作用。但在服务供给质量提升、集聚区转型升级、企业竞争力提升、人才支撑、产业融合、政策扶持方面仍存在不足，应坚持以智能化创新提升服务业多样性，以新业态、新模式推动协同创新，以专业化、高端化为方向推进生产性服务业发展，以提升生活品质为目的推进生活性服务业发展的思路，针对具体问题实施相应对策。

关键词： 生产性服务业　生活性服务业　产业融合

2021 年，吉林省围绕"六稳"工作和"六保"任务，在服务业重点领域持续给予政策支持，助力服务业企业恢复发展，整体取得良好效果，服务业各项经济数据表现优异，对全省经济起到了"压舱石"的作用。

一　服务业运行态势

（一）运行态势稳中趋好

总体逐渐恢复发展。根据第四次经济普查数据分析，吉林省产业结构由

---

* 纪明辉，吉林省社会科学院软科学开发研究所副研究员，经济学博士，研究方向为产业经济。

2003 年的 22：38：40 调整为 2020 年的 13：35：52。2021 年前三季度服务业增加值占比达到 56%，增加值同比增长 8.6%，增速低于全国（9.5%），但高于辽宁（8.3%）和黑龙江（8.1%）。

固定资产投资稳步增长。2017～2020 年，服务业固定资产投资占总投资比重从 45.1% 提高到 74.3%，增长近 30 个百分点。2021 年前三季度，服务业固定资产投资两年平均增长 11.6%，高于全省固定资产投资增速 0.3 个百分点。

（二）生产性服务业加速发展

金融服务业运行平稳。金融服务业对实体经济的支持能力持续提升，2021 年上半年，银行业本外币各项存款、贷款同比分别增长 8.7% 和 9.2%。

信息服务业稳步提升。2021 年上半年，全省信息服务业增长率为 10.1%。软件和信息技术服务业企业 457 家，软件业务收入 215.33 亿元，增长 28.9%，软件产品收入 5.12 亿元，增长 39.7%，信息技术服务收入 6.7 亿元，同比增长 25.5%，软件和信息技术服务业实现利润总额 18.4 亿元，同比增长 16.1%。①

科技服务增长明显。增长率达到 19.6%，科技服务平台规模逐步扩大，部分地区的科技服务平台取得了较好的成绩，长春科技大市场开办头两年累计举办创新创业活动接近 400 场（次），提供创新创业服务 2 万多次，共享了 1849 台（套）大型科学仪器，吉林科创中心和长春新区科技创新服务平台正式上线运营，显著提升了省内创新创业活跃度。②

人力资源服务业发展快速。截至 2020 年底，全省人力资源服务机构总数达到 1271 家，比 2016 年增加了 889 家；人力资源服务业营业收入连续多年保持增长态势，2016～2019 年，营业收入同比分别增长 11.9%、37.8%、

---

① 数据来源于工业和信息化部网站。
② 数据来源于吉林省科技厅调研材料。

36.0%、16.9%，即使 2020 年在疫情的情况下，全省人力资源服务业营收也实现了 7.84% 的增长，人力资源服务业逐渐成长壮大起来。[①]

（三）生活性服务业回暖向好

生活服务加速复苏。2021 年上半年，全省社会消费品零售总额同比增长 18.8%，批发、零售、住宿、餐饮销售额增速分别为 22.1%、25.2%、61.4% 和 50.3%。[②] 家庭服务业规模不断扩大，形成了"吉林大姐""吉林小棉袄"等一批闻名全国的家庭服务企业品牌。"吉林小棉袄"公司积极发挥行业龙头领军作用，打造全国首个大型家政行业孵化器，将运营模式与经验通过孵化器进行复制推广，引领行业发展。

商贸服务业态丰富。实体商业转型升级，商业综合体融合不同业态，建设步伐加快，原有单体经营模式向"商品零售 + 服务 + 娱乐 + 文创 + 会展"模式转型，将生活元素、购物元素与社交元素有机融合，顺应了居民"一站式、便利式、娱乐式、复合式"消费需求，为消费者提供了全方位购物体验。社区便利店加快发展，品牌连锁便利店企业加快省内布局，培育了以长春新天地超市、通化欣明达超市、延吉隆玛特超市等为代表的连锁便利店企业。智慧商业街区建设加快推进，积极开展智慧商圈和智能特色街区创建，15 条省级数字化步行街建设持续推进，城市商业智能化水平逐步提升。

文化旅游持续恢复。2021 年国庆节假日，吉林省共接待游客 1608.63 万人次，恢复至疫情前同期的 88.67%，实现旅游总收入 106.80 亿元，恢复幅度分别高于全国平均水平 18.57 和 19.59 个百分点。[③] 东西旅游"双线"建设成效显著。以东西旅游"双线"为纽带，全面推进长白山、查干湖、北大湖、松花湖、通化冰雪产业示范新城等标志性景区建设，打造森林避暑、滨水体验、避暑康养、避暑名城、避暑地产、休闲农业、休闲文化等"七位一体"的避暑休闲核心产业体系，形成"两季繁荣、带动春秋"的格局。

[①] 数据来源于吉林省人力资源和社会保障厅调研材料。
[②] 数据来源于吉林省统计局。
[③] 数据来源于吉林省文化和旅游厅。

（四）新业态、新模式加快发展

现代物流业快速发展。近年来，全省先后在长春、吉林、松原等地区持续开展城市共同配送、电子商务与快递物流协同发展等试点建设，初步构建了城市共同配送体系。出台开展城乡高效配送实施意见，持续推进松原、通化国家城乡高效配送试点，着力打通城乡物流配送"最后一公里"。长春被选入 2020 年国家物流枢纽建设名单；吉林（中国—新加坡）食品区正在兴建冷链仓储孵化基地，面向国际食品商贸企业提供冷链服务，拓宽吉林农副产品"出海"路径。

新电商产业蓬勃发展。实施直播电商发展三年计划，建设辽源袜业、磐石取柴河、蛟河电商产业园区、北湖科技园等新媒体直播基地，培育聚发财、山里红等一批直播企业。与阿里巴巴、拼多多、京东、苏宁、抖音、快手等平台建立深度合作关系，着力打造直播经济发达省份。跨境电商质效齐升，吉林市获批国家跨境电商综合试验区，长春至首尔跨境货运包机开通，吉浙跨境电商运营中心项目正式运营，全省上线阿里巴巴国际站企业 417 家，150 余家企业上线环球资源网。①

夜间经济丰富多彩。依托重点商圈、特色步行街、夜经济集聚区，以欧亚、中东、万达等商贸企业为重点，打造独具特色的夜展、夜购、夜食、夜娱、夜游等差异化、个性化夜市经济。梅河口市为提升爨街美食不夜城活跃度，设立山水广场夜市，举办第三届啤酒节等活动，2020 年共接待游客 200 万人次，营业额超 1.6 亿元，2020 年又升级打造"东北不夜城"。②

会展业发展迅猛。全省现有会展企业 24 家、二级以上展馆 6 座，展场总面积 44 万平方米。2017~2020 年，全省举办各类会展活动 532 项，展览总面积 1116.74 万平方米，③ 培育打造了以东博会、农博会、汽博会、雪博

---

① 数据来源于吉林省商务厅调研材料。
② 数据来源于梅河口市发改委调研材料。
③ 数据来源于吉林省商务厅调研材料。

会、长春航空展、民博会、文博会等为重点的特色型、专业性展会，带动上下游配套服务的广告、酒店、旅游等相关产业发展，培育了 200 多家具有广告策划、传媒宣传、物流配送等服务功能的公司，会展业产业链初步形成，成为推动会展经济发展的重要力量。长春市荣膺 2020 年"中国最具竞争力会展城市"。

（五）产业融合发展取得突破性进展

制造业服务化转型加速。全力打造制造业配套服务体系，推动传统优势产业转型升级，在制造业服务化的道路上不断探索，成效显著。一汽集团推出的智能网联汽车工业互联网平台，已服务 3000 家上游零部件及原材料供应商、1 万家下游经销商和服务商、200 万辆入网汽车和 700 万名车主，真正实现了服务型制造。[①] 智慧能源工业互联网平台为城市供热系统智慧热网优化改造提供支撑，将供热企业和锅炉等设备厂家紧密连接，促进能源转化与利用过程向高端化、智能化、生态化发展。创建吉林省制造业与服务业融合公共服务平台，现有上线企业 1000 余家。经国家发改委评审，中车长春轨道客车股份有限公司获批"先进制造业和现代服务业融合发展试点"。

数字经济与实体经济融合程度逐步加深。"互联网 + 现代农业"快速发展，吉林省围绕农业生产智能化、经营网络化、管理数据化和服务在线化，加快推进农业信息化建设，重点建设了包括语音、短信、手机 App、动植物远程视频及农民健康医疗等 17 个子平台在内的农业综合信息服务平台。电子商务、网红经济作为数字经济的重要内容，跑出了跨界融合的加速度。全省积极谋划举办"网红进一汽""网红游吉林"等系列活动，推动网红经济与现代汽车、农产品和食品加工、文化旅游等产业深度融合，把吉林优质产品卖向全国、卖向世界，通过网红迅速覆盖全国市场。

---

① 数据来源于吉林省发改委服务业处。

（六）集聚示范效应凸显

产业集群规模日益扩大。通过实施项目带动、投资驱动的战略，推动形成了现代服务业集聚发展的态势，已经发展形成具有鲜明特色和一定规模的现代服务业产业集群。截至 2020 年底，全省累计认定了 67 个现代服务业集聚区，服务业集聚区涵盖现代物流园、产品交易市场、服务外包基地、生产服务集聚区、商务综合服务区、文化创意园、休闲旅游服务区、科技创业园、电子商务产业园 9 个领域以及其他家居卖场和金融服务孵化基地。2020 年，67 个省级现代服务业集聚区实现营业收入 370 亿元，入驻法人企业 7585 家，吸纳就业 16 万人，有效带动服务业集约、集聚发展。[①]

集聚区建设特色突出。东北亚文化创意科技园已成为吉林省内规模最大、集聚企业数量最多、产业规格最高的文化产业园区，吉林省国家广告产业园积极打造成为吉林省广告文化交流和东北亚广告创意集聚中心。凯利长春国际工业品交易中心是目前中国最大的工业品采购中心；长春宽城汽车贸易物流集聚区业务不仅覆盖全省，同时辐射东北其他地区；长白山鲁能胜地借助长白山旅游资源，正在加快向国际级生态旅游度假示范区建设。2021年，在中国电子商务大会上，辽源东北袜业园电子商务园区被商务部授予了"国家电子商务示范基地"称号。

二　服务业发展中的主要问题

（一）服务供给质量不高

服务产业普遍倾向于满足百姓基本生活需求，知识型、技术型的现代性服务业规模不大。软件业竞争力不足。吉林省软件业务收入总量占全国的

---

① 数据来源于吉林省发改委调研材料。

0.3%，占浙江省的3%；软件业务收入增速低于全国平均增速7.9个百分
点。软件企业数占全国的1.1%，占浙江省的23%。在互联网域名数量对比
中，吉林省与发达省份浙江省差距明显，与辽宁、黑龙江两省也存在一定差
距（见图1）。旅游产业缺少产业融合和区域联动。旅游产业发展仍以散点
开发、分散经营为主，多数资源单体规模不大、精致度偏低、震撼力不强、
文旅结合不紧，旅游景区以观光、休闲为主，几乎没有文艺演出项目，缺乏
类似"宋城千古情"大型演艺精品。专业化科技服务机构较少。据长春市科
技局提供数据，长春市的科技服务平台上仅有不到200个科技服务机构，服务
的科技型企业也不过3000多家，天津科技创新服务平台（科淘网）上有1700
多个科技服务机构服务天津市的合计10万多家科技企业和小巨人企业。①

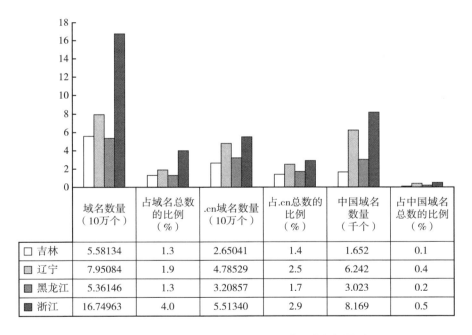

	域名数量 （10万个）	占域名总数 的比例 （%）	.cn域名数量 （10万个）	占.cn总数的 比例 （%）	中国域名 数量 （千个）	占中国域名 总数的比例 （%）
□ 吉林	5.58134	1.3	2.65041	1.4	1.652	0.1
▨ 辽宁	7.95084	1.9	4.78529	2.5	6.242	0.4
▧ 黑龙江	5.36146	1.3	3.20857	1.7	3.023	0.2
■ 浙江	16.74963	4.0	5.51340	2.9	8.169	0.5

图1 吉林、辽宁、黑龙江、浙江互联网域名数量对比

资料来源：吉林省科技厅。

---

① 数据来源于长春市科技局调研材料。

（二）服务业集聚区面临转型升级困境

受经济发展水平制约，集聚区很难吸引有竞争力的服务业市场主体，规模偏小，集聚区产业协同发展能力不足。集聚区产业存在聚而低效的问题，企业间协调性较差，产业链上下游联系不紧密。集聚区服务配套不完善。集聚区为园区内企业提供的服务多为物业管理、信息发布和管理人员的培训等，在信息服务、融资、市场对接、人才引进等领域明显存在不足，缺少完整健全的平台服务，不利于园区内产业链的拓展和产业集群的形成。产业园区管理建设不完善。部分园区存在对审批入园的机构业务开展情况不能实时掌握、不具备事中事后监管的条件、决策协调等机制不够健全的问题。

（三）企业竞争力不强

吉林省服务企业普遍呈现小、散、弱的状态，规模以上企业占比不大，企业集约化、规模化水平不高，企业核心竞争力、盈利能力和抗风险能力都比较弱。全省商贸服务除欧亚集团规模相对较大，多数零售企业以小规模连锁、单店为主，经营规模、吸客能力、盈利效益等不足。2020年，全省限上流通企业3242余家，零售过亿元企业不足500家，流通企业中99%是中小微企业，个体商户、农贸市场等限下企业仍是最主要的零售经营形式。再看交通运输业，长春市普货运输企业4110家，个体运输业户39172户，小企业占绝大多数。文化产业领域企业规模也普遍不大，最新统计数据显示，全省规模以上文化企业只有241家，仅占全国总数的0.4%，没有1家企业能够符合全国文化企业30强"双百亿"参评标准。①

（四）融合发展水平仍较低

从生产性服务业看，生产性服务业与制造业、农业的关联度还比较低，产业价值链短，经济效益低下。作为老工业基地，吉林省长期将工业作为产

---

① 数据来源于吉林省各厅局调研汇报材料。

业发展重心，工业发展起步早，产业结构长期保持工业"一柱擎天"的态势，产业发展在规模上表现为极度的不均衡性，生产性服务内容内置于工业之中，社会化服务欠缺，生产性服务业的科技、知识更新迭代速度较慢，与制造业的融合进程缓慢，制造服务化和服务制造化的水平均较为落后。从生活性服务业看，文化与旅游的融合发展水平不高、模式创新不足。吉林省内多数的文化资源还没有开发出其具有的产品价值和市场价值，对旅游的补充和提升作用有限，二者的融合发展模式缺少特色化和差异化，难以在文旅融合市场中突出亮点，形成具有竞争力的文旅产品。而且文旅与科技的融合程度不高，尚未在产业链、创新链上形成良好的对接，文旅企业对新技术的应用不足，科技企业对文化领域的技术需求和应用场景关注不够。

（五）产业提档升级缺乏人才支撑

专业技术人才缺失，信息技术、研发、设计、创意、国际贸易、现代物流和金融服务等方面人才紧缺，文化、旅游、科技、教育、医疗、人力资源、司法、广告等多行业均存在中青年骨干力量流失的问题。养老机构护理师、健康管理师，运输行业大型货车驾驶员，商贸流通业电商、会展、药店等服务人员，粮食仓储一线技能职工，管道运输技术岗位职工等都存在招工难的问题。人才不足已经成为服务行业能级提升的最大制约。如文化产业领域产业创新人才和行业领军人物十分匮乏，这一问题直接导致了文化产业及产品原创性不够、创意层次不高、企业经营不善、创收能力不强等一系列后续问题的产生；广告业本土培育的大批年轻、优秀、专业的人才和行业精英外流，导致广告高端和创意专业人才需求量较大；从汽车维修服务领域看，随着新能源车辆占比不断提高，汽车维修技术更新换代，维修企业出现电气维修人员缺口，职业技术教育所提供的劳动力总量不足、专业知识陈旧。

（六）引导扶持力度有待加大

财政资金投入明显不足，省级服务业发展专项资金由 2016 年的 5 亿元减少到 2021 年的 9000 万元，引导带动作用明显弱化。扶持政策效应不强，

各类产业发展专项资金的扶持门槛高，缺少针对中小规模产业发展的专项资金；在广东、杭州等电商发达省市，电商发展专项扶持资金发挥了非常重要和积极的作用，但吉林省目前尚无此类专项资金。对互联网和相关服务业具体业态发展尚缺乏强有力的促进政策和资金引导，整体行业发展与全省经济社会发展规划衔接的程度有待提高，创新资源尚未很好地整合，产业生态体系尚未完全建立，还不能够完全带动互联网和相关服务业快速发展。

三 对策建议

立足全面振兴、全方位振兴大局，推动服务业转型升级、实现高质量发展是吉林省当前的重要任务。吉林省需要从全局出发，努力构建优质高效的现代服务业发展新格局，进一步为全省经济发展提供坚强支撑。

（一）制定服务业高质量发展政策，加强顶层设计

一是前瞻性地谋划现代服务业高质量发展规划。追踪国内经济形势变化，持续开展现代服务业发展趋势分析研究，根据国家产业政策、区域间产业分工变化，前瞻性地谋划现代服务业高质量发展主要目标、重点任务和产业布局。注重与"一带一路"建设、东北全面振兴"十四五"实施方案、"一主六双"高质量发展战略等重大倡议、方案、战略的衔接配合，科学确定未来吉林省现代服务业发展方向、路径，及早布局重点产业，注重打造产业特色，推动现代服务业发展。

二是不断完善政策举措。吉林省应根据自身产业发展特点制定相应的政策，建立定期梳理更新相关政策的制度，将现代服务业高质量发展的目标有机嵌入各项常规政策，建立以常规政策为主、非常规政策为辅的现代化政策体系。发挥财政资金引导作用，将省级服务业发展专项资金规模扩大，争取恢复到5亿元规模，有效支持服务业重点项目、集聚区、产业融合、新模式新业态培育等重点领域，引导社会资本投入。

三是关注产业发展动态，注重行业分析和预期管理。持续对服务业开展

统计、分析和预测，通过加强培训、现场调研、定期座谈，及时掌握企业发展情况，联合地市统计局对现有统计样本库进行进一步更新调整，并对重点领域头部企业开展实时跟踪，按季度分析企业发展情况，及时研判行业产业发展趋势，强化统计工作的分析预测能力。

（二）以科技进步推动服务创新，延伸服务价值链

一是加强服务业各领域科技创新。服务业发展离不开科技支撑，既需要顶天立地的重大科技攻关，也需要铺天盖地的基层科技创新。在组织各级力量对制约服务业发展的重大、核心、关键性技术问题展开研究的同时，也应加强对基层科技创新的关注和支持。深度和全面分析服务业现实需求与未来战略方向，加速科技创新要素和资源向服务业的汇集，加大科技创新力度，全面提升服务业科技创新能力。

二是探索新一代信息技术在服务业各领域的应用。探索新一代信息技术在生产制造、交通物流、金融交易、社会治理等领域的应用，优化服务流程，培育新产业、新业态和新模式，以模式创新、业态领先拓展产业发展新空间。推动人工智能、大数据、云计算、5G、区块链等新技术在服务业各领域的广泛应用，大力发展数字出版、动漫网游、移动新媒体等新型文化业态，努力提升服务企业的创新驱动力与核心竞争力，促进全省服务业高质量发展。

（三）加快推进服务业与制造业的深度融合，推动产品和服务双升级

一是全力打造一批"两业"深度融合的优势产业链条。以延伸服务、提升价值、大力发展成套设备等领域的"交钥匙"工程和战略性新兴产业领域为主，鼓励企业向工程设计、方案咨询、技术服务、设备维护和运营一体化服务等产业链各环节扩展和延伸，通过"技术＋管理＋服务"模式积极发展装备增值服务，加快向整体解决方案供应商转型。重点鼓励汽车、石化、医药、装备、新材料等领域的制造业企业，由单纯的生产型制造向服务

型制造转变，由单纯的产品生产者向提供一揽子解决方案的服务供应商转变，推进"吉林一号"卫星遥感图像数据的商业化应用和产业化发展，延伸产品价值链，提升产品附加值和市场占有率，抢占产业制高点。

二是构建良好的融合发展生态。聚焦问题，深化体制机制改革，针对融合发展存在的体制机制障碍，加快服务业对外开放，打破多头管理和条块分割状态，推进数据等资源开放共享，形成良好的融合发展生态。保障先进制造业和生产性服务业融合发展的用地需求，积极探索创新用地供给方式，发布政策文件，鼓励探索业态复合、功能混合、弹性灵活的用地出让方式和功能适度混合的产业用地模式。

（四）推动集聚区提档升级，加速集聚效能释放

一是全力促进高端要素集聚。加速推进科技创新要素、示范企业和专业人才等高端要素的集聚，有计划、有步骤地推进创意设计、金融服务、商务服务、科技服务等各类生产性服务业的数字化转型和特色化培育，着力打造现代服务业集聚集约集群发展新高地、承载新技术新模式新业态的新平台。

二是着力提升集聚区示范带动水平。围绕重点领域，分类精准培育。学习借鉴发达地区现代服务业集聚区建设经验，围绕软件与信息服务、金融服务、科技服务、高端商务等重点领域，积极推动服务业集聚区创标杆示范行动，增强标杆区域对周边地区的产业引领带动能力，放大现代服务业发展的集聚效应，扩大集聚规模，完善集聚功能，打造集聚生态。

三是积极推进平台建设，促进信息共建共享。推动服务业集聚区建设一批功能相对完善、辐射带动作用比较强的综合服务平台，成为相关产业规模化、集约化、专业化发展的重要支撑。紧紧把握互联网和大数据发展机遇，加快搭建线上平台，利用线上平台加强对上下游产业的双向带动和统筹整合，推动大市场、大流通建设，促进线上线下融合发展。

（五）加快培育重点企业，打造有竞争力的市场主体

一是推动骨干服务业企业向价值链高端攀升。围绕创新前沿领域，加大

对有成长潜力、市场前景的领军企业、骨干企业的政策扶持力度，培育和引进一批创新能力和品牌影响力突出的行业龙头企业和高成长性企业，推动骨干服务业企业不断向产业链、创新链、价值链高端攀升。

二是扶持小微企业成长壮大。深入实施服务业"个转企"专项行动，加大对接近限额的小微企业的培育力度，对服务业个体工商户转为企业、服务业小微企业升为规上限上企业给予资金奖励、授牌表彰，增加入库企业数量、提高入库企业质量。组织各地区用好全省服务业重点企业培育库，积极与未入库企业沟通联系，协助解决企业发展面临的困难问题，及时推动符合相关行业入库标准的企业升规入库。

三是支持服务业企业抱团取暖。鼓励产业链、供应链的上下游企业采取抱团取暖方式，形成更为紧密的分工协作关系，共同组建专业性行业组织，共同争取政策支持、开发产业园和培育优势产业。

（六）内培外引高素质人才，加强人才队伍建设

一是加大人才培养力度。合理调配教育学习资源，通过联合办学、委托培养、培训进修等方式加强专业人才教育培养，形成规范有效的人才培养工作机制，从根本上解决本土人才培养问题；完善现代服务业人才培养、引进与利用的政策与环境，促进人才链与创新链有机融合。推动形成产教融合、校企合作、产学研一体的人才培养模式，适应市场需求和产业需要，共同培养高端人才。

二是实施人才引进战略。出台一些特殊优惠政策，对服务业领域的高精尖人才给予政策、资金、待遇保障，积极探索新形势下吸引人才、留住人才、用好人才的有效途径，营造域外人才来吉林省创业干事的良好氛围。同时，推动企业加强内部激励机制建设，从政府和企业两个方面入手，共同创造干事创业、拴心留人的人才工作机制，推动吉林服务业人才队伍不断发展壮大。改进和完善人才评价体系、引进机制和用人机制，吸引金融、科技、创意、设计等领域杰出人才、高级专家、行业领军人物等到吉林省开展投资创业，提升各类人才的福利待遇，减缓专业技术人员外流的趋势。鼓励各类

服务业高级人才来吉创业、工作，在落户、职称评定、社会保险、医疗卫生及子女就学等方面落实优惠政策。

参考文献

李家祥、彭金荣：《"十四五"时期现代服务业发展的战略指引与着力方向》，《天津商业大学学报》2021年第5期。

洪群联：《中国先进制造业和现代服务业融合发展现状与"十四五"战略重点》，《当代经济管理》2021年第9期。

夏杰长：《"两步走"战略视角下中国服务业现代化的现实基础和推进策略》，《企业经济》2021年第10期。

B.4
吉林省加快构建新能源汽车配套体系的
对策研究

崔剑峰*

摘　要： 新能源汽车是汽车产业未来重要的发展方向，构建新能源汽车配套体系对吉林省具有重大意义。近年来，吉林省新能源汽车发展迅速，已经具备一定配套和研发能力，但仍不具备竞争优势。由于整车产能尚未充分释放、新能源汽车本地推广较慢、技术链发展不成熟、资金人才等要素缺乏优势，吉林省新能源汽车配套体系建设面临诸多困难。面对"十四五"期间新能源整车产能快速提升的有利契机，吉林省应借鉴欧洲、我国长三角等地区发展经验，通过加快新能源汽车的本地普及与国内推广、建立新能源汽车技术研发联盟、在"双循环"新发展格局下健全并延伸产业链、构建以一汽为主导的整零共生关系、加大对新能源汽车配套企业的政策扶持力度等手段，加快构建新能源汽车配套体系。

关键词： 新能源汽车　配套体系　动力电池　产业链　智能网联

　　近年来，在全国汽车产业整体低迷的大背景下，吉林省汽车产业表现出较强的发展韧性，由自主品牌"红旗"引领带动，展现了良好的发展势头。新能源汽车是汽车产业重要的发展方向，也是吉林省重要的战略性新兴产

---

　　* 崔剑峰，吉林省社会科学院经济研究所副研究员，管理学博士，研究方向为产业经济学和区域经济学。

业。"十三五"以来，吉林省新能源汽车产业加快发展，取得了一定成绩，但在行业内的竞争优势仍不明显。"十四五"时期，吉林省新能源汽车产业将应迎来更好的发展机遇，加快提高产业配套能力，不断完善产业体系，是吉林省提升新能源汽车产业核心竞争力的重要途径，也是实现新能源汽车产业高质量发展的必由之路。

一　吉林省新能源汽车及配套产业发展现状

（一）新能源汽车产业运行情况

吉林省新能源汽车产业起步并不晚，早在 2013 年就已经形成了 1 万辆的产能，但随后的发展并不理想，市场化推广步伐缓慢，产销量长期上不去。进入"十三五"以来，一汽集团开始重视新能源汽车的发展，重新组建设立了一汽新能源开发院，逐步加快新能源汽车研发和产业化。吉林省现有新能源整车、关键部件生产企业以及相关科研单位共 20 多家。省内自主品牌新能源汽车生产企业主要有一汽新能源、一汽红旗、一汽吉林、一汽客车、长春新能源、延边国泰等企业，年产能 20 万辆的一汽红旗新能源工厂已经建设完成，即将投入生产。2021 年 9 月，一汽集团又发布了一汽解放新能源战略，在商用车领域开始发力。在合资品牌方面，根据一汽与德国奥迪签署的十年商业计划，从 2018 年开始，一汽大众和奥迪加快了新能源汽车的产能布局，奥迪陆续投放插电式混合动力奥迪 A6L、纯电动全新奥迪 SUV、纯电动奥迪 Q2 等 5 款以上新能源产品，新建了年产 15 万辆的奥迪新能源汽车生产基地；插电式混合动力迈腾、纯电动宝来和高尔夫等多款大众品牌新能源汽车项目也已投放市场。2020 年，一汽大众新能源汽车销量首次跻身全国前十（见表 1）。虽然目前全省新能源汽车产销数量仍占比较低，在全国也没有形成优势，但随着全行业在新能源汽车领域的持续发力，"十四五"期间产业规模有望大幅增长。

表1　2020年中国新能源乘用车前十车企销量

单位：辆

排名	企业名称	销量
1	比亚迪	183229
2	上汽通用五菱	165609
3	特斯拉中国	138069
4	上汽乘用车	76815
5	广汽新能源	60033
6	长城汽车	54245
7	蔚来汽车	43728
8	奇瑞汽车	43683
9	一汽大众	33235
10	上汽大众	31255

资料来源：乘用车联合会。

（二）新能源汽车配套和研发体系情况

近年来，吉林省新能源汽车核心零部件研发和配套能力不断提升，有8家关键部件生产企业和7家从事新能源汽车研发的单位。吉林中聚公司具备4亿瓦时磷酸亚铁锂动力电池生产能力，已装配一汽客车纯电动客车并获得国家新能源汽车产品公告。中盈志合科技公司研发的适合北方严寒地区使用的宽温镍氢动力电池已具备0.5亿瓦时生产能力。辽源鸿图锂电隔膜公司研制的锂离子电池陶瓷隔膜产品技术指标达到国内领先水平，已向天津力神电池公司批量配套，并通过了日本住友化学、三星SDI、比克等国内外高端电池生产商的认证，已具备11000万平方米高性能锂电隔膜生产能力。吉林大学汽车学院形成了新能源整车系统匹配与集成、整车性能验证与标定等综合研究能力，建立了涵盖电池、电机、电控以及充电机和制动能量回收系统等关键总成部件的综合测试与试验评价能力。一汽启明公司建立了较为完备的新能源电池、电机、各项电子电器检测系统，在电池安全领域，具备了国家标准、德国标准等检测能力。

新能源汽车产业链涉及材料、冶金、电子通信、机械等领域，具有涉及

吉林蓝皮书

企业多、关联度高、环节多等特点。吉林省新能源汽车配套企业普遍规模小、产能有限，且技术上没有优势，一汽新能源汽车仍然首选在国外和省外寻求合作伙伴，这既增加了配套成本，也增加了一汽的压力。省内关键零部件配套能力不足已经成为制约吉林省新能源汽车产业加快发展的重要因素。2018年，吉林省发布并实施《关于加快推动全省新能源汽车产业创新发展的指导意见》，加快了新能源汽车的产业布局，谋划了一批电池、电机和电驱企业，以实现关键零部件的省内自主配套，但从规划到具备配套能力，还有待时日。

二 吉林省新能源汽车及配套产业面临的发展形势

（一）我国新能源汽车市场空间广阔

近年来，新能源汽车在环境和能源双重压力不断加大的背景下，发展速度不断加快。公安部统计数据显示，截至2021年6月，全国新能源汽车保有量达603万辆，占汽车总保有量的2.1%，其中纯电动汽车保有量493万辆，占新能源汽车总保有量的81.7%。2020年11月，国务院办公厅印发《新能源汽车产业发展规划（2021—2035年)》，提出到2025年，新能源汽车新车销售量达到汽车新车销售总量的20%左右。"十四五"期间，我国汽车年销量大概率维持在2500万~3000万辆的水平，相比传统汽车而言，新能源汽车尚处于行业发展期，而推广新能源汽车又是缓解能源和环境压力的重要手段，因此未来新能源汽车将继续保持较高的增速，占比也将不断提高，具有较好的市场前景。2015~2021年我国新能源汽车销量及其增速见表2。

表2 2015~2021年我国新能源汽车销量及其增速

单位：万辆，%

年份	新能源汽车销量	增速	汽车销量	增速	新能源汽车占比
2015	33.1	347.0	2459.8	4.7	1.35
2016	50.7	53.2	2802.8	13.9	1.81
2017	77.7	53.3	2887.9	3.0	2.69

年份	新能源汽车销量	增速	汽车销量	增速	新能源汽车占比
2018	125.6	61.6	2808.1	−2.8	4.47
2019	120.6	−4.0	2576.9	−8.2	4.68
2020	136.7	13.3	2531.1	−1.8	5.40
2021	120.6	——	1289.1	——	9.36

注：表中 2021 年仅指 2021 年 1～6 月。

资料来源：中国汽车工业协会。

（二）吉林省新能源整车产能将稳步提高

吉林省在"十四五"规划中明确提出，打造万亿级汽车产业，"突出电动化""加快新能源汽车规模化发展""推进新能源汽车电池、电机、电控及燃料电池等系统配套能力本地化"。从一汽集团"十四五"规划来看，到 2025 年一汽集团在长春基地的汽车产量将达到 340 万辆左右，新能源汽车占比达到 25% 以上，预计有 85 万辆，对新能源汽车零部件的需求规模将达到上千亿元。因此，"十四五"期间吉林省新能源汽车整车产销量将高速增长，全省将以一汽新能源发展战略规划为主，以红旗品牌为核心推进自主品牌发展，支持奥迪新能源汽车等重大外资项目，实现从 A0 到 C 级新能源乘用车全系列覆盖，满足不同消费者需求。依托一汽解放发展纯电动及燃料电池商用车，搭建吉林省地方新能源商用车产品平台，产品覆盖公交客车、旅游客车、商务客车、城市卡车，满足不同领域需求。如此庞大和全面的产品体系的成长，迫切需要本地配套能力的支撑，这将给吉林省新能源汽车配套体系发展带来历史性机遇。

（三）电气化与智能化融合成为产业发展方向

节能环保、智能网联、共享化移动出行服务是当前汽车产业发展的三大趋势，而新能源汽车作为节能环保的重要发展方向，将成为未来最基本的"移动单元"载体，与汽车产业其他几个新兴业态有融合发展的趋势。电动化和智能化是现阶段汽车产业技术革新最重要的两个方向，也是未来汽车用户的核心需求，二者的融合发展是新能源汽车高质量发展的重要特征。从技术发展趋势看，新能源汽车既是发展智能化、网联化技术最合适的载体，同时智能化驾驶辅助与网联化信息服务也将成为新能源汽车提高产品竞争力的重要途径。随着5G时代的来临和智能网联技术的不断升级，"新能源＋智能化"极有可能在"十四五"期间取得重大突破。

（四）新能源汽车行业竞争不断加剧

从整车方面看，长期以来我国新能源汽车产业内存在三股竞争势力，分别是自主品牌、合资品牌和造车新势力，目前自主品牌的市场优势比较明显，尤其是在纯电动汽车领域。由于我国新能源汽车产业起步较早，技术路线明确，并且在国家一系列优惠政策的扶持下，纯电动汽车的核心技术水平与国外基本持平，自主品牌新能源汽车取得了较大的市场竞争优势。但是，随着我国新能源汽车市场的快速发展，特斯拉、大众等外资和合资企业也在新能源汽车领域加大了在华投资和开发力度。这些合资品牌不仅在造车基本技术上领先于自主品牌，而且在新能源动力领域各有优长，一旦大规模进军新能源汽车领域，将对我国自主品牌新能源汽车造成较大的冲击。未来几年，新能源汽车补贴终将全面退出，自主品牌新能源汽车的价格优势会逐渐消失，这就要求自主品牌车企加快推进技术进步，降低生产成本，逐步向高端化发展，并且在做好纯电动汽车市场的同时兼顾其他新能源动力汽车，以保持住竞争优势和市场份额。

从零部件配套方面看，我国已经建立起比较完整的新能源汽车配套体系，在新能源汽车的电池、电驱和电控等核心零部件领域，有一大批成熟且具有竞争力的企业（见表3）。虽然在新能源汽车产业化方面已经形成先发优势，但在新能源汽车部分核心零部件技术领域，我国与国外先进车企相比，还存在一定的差距。在高比能量电池、智能电池管理系统、电控数据快速处理、智能驾驶、高集成度、高算力核心芯片等方面，我国还处于研发或试验阶段，还有待于进一步的创新突破。

表3　中国新能源汽车主要零部件企业

领域	主要产品	代表性企业
电池系统	锂原材料	赣锋锂业、天齐锂业
	电池正极	杉杉股份、当升科技
	电池负极	方大碳素、贝特瑞、杉杉股份
	电解液	多氟多、石大胜华、新宙邦、天赐材料
	电池隔膜	创新股份、星源材质、长园集团
	电池成品	比亚迪、宁德时代、国轩高科、亿纬锂能、长园集团
电驱系统	永磁同步电机和交流异步电机	横店东磁、中科三环、银河磁体
电控系统	汽车电工电子	科大讯飞、大洋电机、均胜电子、汇川技术、方正电机、克来机电、松芝股份
充电设备	充电桩	和顺电气、中恒电气、科陆电子、通合科技、万马股份
新能源汽车配件	—	拓普集团、海源机械、广东鸿图、旭升股份

资料来源：祝良荣等：《基于新冠疫情下新能源汽车产业链应对分析》，《南方农机》2020年第23期。

三　吉林省新能源汽车配套产业发展面临的困难

（一）整车产能的带动作用尚未充分发挥

吉林省新能源汽车起步较早，1998年一汽已经研发出了红旗HEV车型，后来又成立了新能源分公司，致力于新能源汽车的研发和生产，但是一汽的新能源汽车的市场化脚步却明显慢于比亚迪等企业，直到2017年产销量仅3000辆。"十三五"中期以后，吉林省开始大力发展新能源汽车，提出了明确的发展目标，无论是自主品牌还是合资品牌，都有大项目，仅奥迪和红旗两个工厂完全建成后就能形成50万辆产能。但这些项目建设周期大多相对较长，真正达到预期目标尚需时日。截至2021年，红旗新能源工厂刚刚建成完工，仍未开始大规模生产，而奥迪PPE项目尚未正式启动，计划2024年可以引入国内。按照规划目标，到"十四五"末期吉林省新能源

汽车总产能要达到近百万辆，但这些产能的形成有一个过程，整车产能稳定后对配套产业的带动作用才能充分发挥出来。从吉林省汽车产业多年形成的产业组织关系和整零配套关系来看，整车发展一直优先于配套体系建设。因此，在新能源整车产能的带动作用没有完全发挥之前，配套体系的大规模发展必然受到制约。

（二）新能源汽车推广速度较慢，影响市场发展空间

虽然有国家政策的鼓励，但在供给侧结构性改革的大背景下，对新能源汽车产业规模和发展速度影响最大的因素是消费市场，只有稳定的销量才能支撑新能源整车的产量，只有稳定的产量才能支撑一定规模的配套产业。从入世后我国汽车产业的发展历程来看，本地消费市场对汽车厂商初期产品的支撑作用不容忽视。国内销量较大、发展较好的新能源汽车厂商都是先从本地市场做起，再逐步推向全国。吉林省要想在起步阶段提高新能源汽车销量，吉林省本地和东北地区的市场是重要的依托，而吉林省新能源汽车消费市场培育缓慢，已经制约了新能源汽车产业的发展。出现该情况的原因集中在两个方面，一是技术上的问题，东北地区冬季天气寒冷，而新能源电动汽车在低温条件下续航里程只能维持正常气温的50%~60%，造成本地消费者用车的不便。二是配套基础设施的问题，主要是充电桩和充电站数量少且分布不合理。充电基础设施建设更多有赖于地方政府的财力，即使欧洲国家也是如此，在东北地区财政普遍不宽裕的条件下，充电设施的建设一直滞后于国内经济发达地区。

（三）技术链成熟度不够，减缓了产业链的成形

相比于传统的燃油汽车，新能源汽车仍处于技术发展初级阶段。整个新能源汽车的产业链包含整车制造、动力电池、电控系统、零部件制造、充电设施、汽车后市场和智能网联等细分环节，其中整车制造、动力电池及电控系统具有规模扩大快、平均利润率高、产业带动性强等特点，属于产业链核心环节（见图1）。

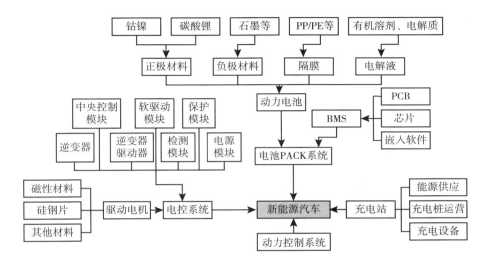

图 1　新能源汽车电动化核心零部件配套产业链

　　虽然目前省内以一汽新能源开发研究院为代表形成了一批新能源汽车技术研发部门，但整个技术链条尚未完全成熟。省内多数配套企业规模偏小，技术研发能力有限，很难跟上一汽新能源研究院的技术开发进度。以动力电池为例，电池材料主要包括正极材料、负极材料、隔膜、电解液四个部分，还有铝箔、铜箔、黏结剂等。虽然一汽在低温电池技术方面处于绝对领先地位，但省内还没有形成动力电池总成的完整配套链，无法充分满足一汽新能源汽车产能大幅增加后的配套需求。

（四）资金人才等关键要素不具备优势

　　新能源汽车属于战略性新兴产业，虽然吉林省雄厚的汽车产业基础能够为新能源汽车发展提供有力支撑，但从长期来看，人才、资金、技术、管理、数据等新要素将对产业竞争力产生更重要的影响。东北地区缺乏新要素发展的市场环境和新要素的"定价权"，导致吉林省近年来处于新要素净流出的状态，人才流失、科技成果流失严重，投资环境也还需进一步改善。而新要素外流导致科技成果难以就地转化、产业集聚难以形成、各项基础设施发展缓慢、招商引才困难重重，这些问题处理不好，极可能造成新要素进一

步外流，进而陷入恶性循环的局面。这种情况和长三角地区形成了鲜明的对比，已经成为制约吉林省新能源汽车产业发展的关键因素。

四 国内外新能源汽车配套产业发展经验借鉴

（一）欧洲加快新能源汽车供应链本地化

2020 年，受新冠肺炎疫情冲击，欧洲汽车整体销量下滑，同比下降 20% 左右。但在实施更严格的排放法规、加大税收补贴力度等举措刺激下，新能源汽车发展势头强劲，销量逆势上扬，2020 年全欧新能源乘用车销量达到 136.4 万辆，同比增长 143.1%。鉴于此，欧洲各国均鼓励本土企业回归投资，加大对关键部件研发和生产的支持力度，全方位、多角度完善新能源汽车产业链布局。德国方面，大众集团投资 9 亿欧元与欧洲锂电池公司 Northvolt 联合研发动力电池；英国方面，动力电池企业 Britishvolt 投资 26 亿英镑在英格兰新建动力电池工厂；法国方面，电池企业 Verkor 计划投资 16 亿欧元建设年产 16 GWh 的锂电池工厂。与此同时，欧洲各国还加快了新能源汽车配套基础设施的建设，计划于 2025 年前建成 200 万个公共充电桩和清洁替代燃料补给站，于 2030 年建成 2800 万个充电桩。仅德国交通部就计划投入 40 亿欧元，用于公路、办公及住宅区域充电基础设施建设，于 2030 年建成 100 万个充电桩。

欧洲新能源汽车产业的快速发展将给我国带来巨大的竞争压力，我国须加大对动力电池等核心材料、核心技术研发的支持力度，加快技术创新和转化，补齐产业短板，巩固优势。同时，探索与欧洲合作伙伴建立风险共担、利益共享的合作机制，加强国家和地区间的产能合作和研发合作，通过加快国际化发展形成新能源汽车国内国际双循环相互促进的新发展格局。

（二）特斯拉（中国）靠本地化策略快速成长

特斯拉是全球最著名的美国新能源汽车生产商，2013 年进入中国市场，通过快速铺陈服务网络，仅用8年时间就赶上甚至超过了国内竞争者的发展步调，在门店布局、销量、服务、充电网络建设等方面取得巨大成就。在充电网络建设方面，特斯拉在国内市场开放使用的超级充电站数量达到了900多座，超级充电桩超过7000个，并开通了"西北大环线""丝绸之路""川藏线"等充电线路，充电网络覆盖中国330个城市。在服务方面，特斯拉为消费者推出定制化服务体验，特斯拉的问题在线解决率可以达到85%以上，一次性修复率达97%，客户反馈满意度保持在93%以上。

特斯拉靠本土化策略迅速在中国市场崛起，2019年特斯拉上海超级工厂正式开工建设，当年即交付投产，刷新了全球汽车制造行业纪录。从产业链来看，特斯拉上海超级工厂不断加速本地化进程，截至2020年底，零部件本地化率已经高达86%。依靠稳定的配套供应，该工厂年产能已超过45万辆，能够有力支撑其在华销量保持高增长。特斯拉的经验表明，本地化配套是快速提升产能的有效途径（见表4）。

表4 特斯拉产业链上的部分中国配套企业

序号	企业名称	主要配套产品
1	拓普集团	铝合金底盘结构件
2	旭升股份	压铸件
3	春秋电子	精密模具
4	无锡振华	车身总成和零部件
5	凯中精密	动力电池和电机单元
6	安洁科技	电池和中控的金属结构件
7	永利股份	电池组、内外装饰件、模具、检具
8	文灿股份	铝合金压铸件
9	三花智控	制冷控制元器件
10	宁德时代	锂离子动力电池
11	上声电子	车载扬声器

资料来源：网络整理。

（三）长三角组成新能源汽车产业联盟协同发展

长三角地区的上海、江苏、安徽和浙江组成了"三省一市"新能源汽车产业联盟，吸引了上汽、吉利、奇瑞、江淮、蔚来等73家新能源汽车企业参与其中。经过多年发展，该地区集聚了大批人才和技术，形成了良好的产业配套环境和市场氛围。截至2021年，长三角集群的30个城市中，有超过14个城市已经拿到或规划有新能源汽车的项目，涉及新能源汽车的项目超过20个，累计规划产能超过300万辆，累计规划投资总额超过1000亿元。新能源汽车产业联盟的成立，将进一步促进产业间技术合作，实现资源共享、人才互补，加快新能源汽车产业链延伸拓展，实现多方共赢。

在政策方面，"三省一市"地方政府给予新能源汽车产业大力支持，上海加大各类专项资金对新能源汽车核心技术攻关、关键零部件产业化和新技术应用的支持力度，5年内按15%的税率征收企业所得税；浙江每年设立3亿元作为新能源汽车专项扶持资金，用于培育新能源汽车骨干企业；江苏围绕供给侧、使用侧和消费侧等方面，出台了8条促进新能源汽车消费的政策意见；安徽实施包括"对经审核认定的共性关键技术研发及产业化项目，给予承担单位投入最高50%的补助，单个项目补助金额最高3000万元"的10项补贴政策，着力构建新发展格局。

长三角产业联盟的成立，为我国新能源汽车发展提供了一种新的模式，即在一定区域范围内多个企业协同配合，在基础设施、产业协作、生态环境、公共服务等多个领域展开合作，共同打造新能源汽车产业高地。

五　加快构建吉林省新能源汽车配套体系的建议

（一）加快新能源汽车本地普及和国内推广

为实现"十四五"期间新能源汽车扩能增量和新能源汽车配套体系大规模提升的双重目标，必须大力开展吉林省新能源汽车的市场化推广。首要任务是提高省内普及率和市场占有率,一是加快充电基础设施建设,尽早实现安全、高效、智能化的充电网络省内全覆盖,这是推广电动汽车的基础;二是提高公共服务领域的新能源汽车使用比例,尽早实现公交汽车的全面新能源化,增加政府公务用车的新能源比重;三是在私家车领域推广新能源汽车,出台新能源汽车省内推广的实施细则,在充电、停车、高速收费等方面给予新能源汽车一定的优惠,做大省内的新能源乘用车市场。在省外方面,一是加快新能源汽车销售和服务体系建设,利用品牌和技术优势打开省外市场;二是利用新能源汽车和移动出行服务融合发展的趋势,在国内投放更多新能源汽车用于智能共享移动出行网络建设,增加新能源汽车销路,并提高吉林省新能源汽车的品牌认知度和市场认可度。

(二)成立新能源汽车技术研发联盟引领技术链发展

技术储备决定发展优势,要提高吉林省新能源汽车配套体系的竞争力,拓展新能源汽车产业的发展空间,必须要实现技术链和产业链的深度融合,以技术链完善推动产业链延伸。因此,成立新能源汽车技术研发联盟势在必行,以此改变一汽新能源研究院与配套企业技术不均衡的现状,以整车技术带动配套产业技术进步。技术研发联盟要依托一汽,将省内整车企业、零部件企业、大学和科研机构的技术力量整合起来,有计划、有分工地实施技术创新战略。新能源汽车技术当前仍以电动汽车为重点,应加快关键核心部件的技术突破,重点是电池、电机、电控的关键技术,比如增加动力电池的单体比能量,延长电池续航里程,突破低温性能瓶颈,等等。新能源汽车产业要提前布局氢能源汽车的研发和示范,加快对乘用车、载重卡车和客车的氢燃料电池研发,逐步实现氢燃料电池汽车的示范应用,在条件成熟后可以实施产业化;提前谋划氢燃料制备、加氢站基础设施等技术体系,抢占发展的先机。

(三)在"双循环"大格局下健全并延伸产业链

十九届五中全会明确提出,构建以国内大循环为主体、国内国际双循

环相互促进的新发展格局。在开放市场背景下,吉林省新能源汽车配套体系的发展也必须积极融入"双循环"新发展格局,在更广阔的消费市场和要素市场上完善产业链。依托汽车产业整体规模优势,以国际汽车城为载体,借助"十四五"期间新能源汽车产能快速提升的有利契机,吸引国内外更多成熟的上下游配套企业参与吉林省新能源汽车配套体系建设。在短期内以补齐短板为目标,先力争打造相对完整的产业链供应体系,实现新能源汽车省内完全配套,在此基础上陆续打造产业链技术平台、投融资平台和人才市场,不断强链延链,建成一批特色产业集群。在国内方面,注重与长三角等区域的企业展开合作,吸引重点企业落户吉林省,参与一汽配套链建设;在国际方面,依托与大众的合作基础,加强与欧洲企业合作,形成利益共享机制。

(四)构建一汽主导的新能源汽车整零共生关系

吉林省整车产业的发展始终快于零部件产业,零部件产业不具备与整车产业同步开发的能力,因此其无法形成美国式的联盟关系,更无法实现德国式的同步关系。在新能源汽车的整零关系中,吉林省应借鉴日本的金字塔式结构,以一汽为主导构建整零共生关系,以提高整体的省内配套率。首先,要建立配套企业与整车企业长效稳定的技术联系,这是保证配套能力的基础,既然整车厂商处于强势地位,零部件企业就必须下大力气了解整车厂商的产品开发计划和新的技术要求,主动分担整车厂商的技术创新压力,即使无法实现同步开发,至少也要紧跟整车厂商的创新步伐。其次,加强配套体系内企业之间的联系,零部件企业要联合起来,形成合力,以提高整体的谈判地位。一方面,加强上级配套企业和下级配套企业之间的关系,采取资金、技术、管理融合的方式,形成层层支撑的结构,以产品和技术纽带将上下级企业联为一体,形成较强的系统配套能力。另一方面,同级配套商之间通过加强技术渗透和信息沟通,提高系统开发能力,联合起来为上级配套企业或整车企业提供整体解决方案,形成互相带动、共存共进的局面。

（五）加大对新能源汽车配套企业的政策扶持力度

一是加大招商引资的政策优惠力度，瞄准国内外具有技术领先优势的新能源汽车配套企业，以电池、电驱、电控三大核心零部件为重点，结合一汽配套链实际需要，一企一策，实施点对点招商、以商招商、按产业链招商等策略，对于新落户的新能源汽车配套企业在一定年限内给予税收优惠。二是支持新能源汽车配套企业建设技术研发中心，对于自建省级以上技术中心的企业，要给予一定的补贴，并在科技三项费用上对电池、电驱和电控项目进行适度倾斜。三是建立新能源汽车配套企业融资平台和绿色通道，解决企业融资困难，并给予一定幅度的利率优惠。四是建立新能源汽车人才库，吸纳广大新能源汽车配套企业的技术和管理人才入库，按省内现行人才政策提供各项待遇，帮助企业留住人才。五是搭建新能源汽车及配套产业信息交流平台，协调配套企业与一汽等整车企业的沟通交流，帮助配套企业与整车企业形成稳固的合作关系。

参考文献

袁怀志：《特斯拉上海独资建厂的市场传导效应分析》，《湖北经济学院学报》（人文社会科学版）2020 年第 5 期。

李方生、赵世佳、胡友波：《欧洲新能源汽车产业发展动向及对我国的启示》，《汽车工程学报》2021 年第 5 期。

郑赟、时帅：《中国新能源汽车供应链迎接变革》，《汽车与配件》2020 年第 18 期。

雍君：《全面推进长三角新能源汽车一体化》，《汽车与配件》2021 年第 12 期。

阮娴静：《工业 4.0 时代下产业创新能力对新能源汽车产业升级影响机制研究》，《商业经济》2021 年第 6 期。

B.5
吉林省工业投资的问题与对策研究

张春凤*

摘　要： 2021 年以来，吉林省工业投资增速整体逐季回升，工业投资质量进一步提高，工业重大项目建设进展顺利，工业民间投资回暖，工业投资布局进一步集中。整体来看，吉林省工业投资后劲支撑不够，高技术制造业投资不足，工业民间投资活力有待增加，工业投资受多重因素影响波动较大。展望未来，吉林省工业投资有望持续企稳回升、工业投资结构将进一步优化、工业投资将日益集中在长春和吉林两市、工业投资政策环境将持续改善。为持续优化吉林省工业投资，本报告提出以下对策建议：加大工业投入，优化工业投资结构；激活民间投资，增强工业投资后劲；深化开放合作，增加工业有效投资；完善相关政策，推动要素配置优化；持续优化投资环境，提高政府服务质量效率。

关键词： 工业投资　投资结构　民间投资

一　吉林省工业投资总体情况

（一）工业投资整体稳中向好

"十三五"以来，随着吉林省进入转型调整、高质量发展的新时期，

---
* 张春凤，吉林省社会科学院经济研究所副研究员，研究方向为产业经济、产业政策。

工业投资出现较大波动。进入 2021 年，尤其是与 2019 年相比，工业投资整体呈现向好态势。2021 年 1～9 月，吉林省工业投资同比增长 12.3%，高于全国工业投资增速 0.1 个百分点；工业投资总额占全社会固定资产投资总额的比重为 22.9%，低于全国第二产业投资比重 7 个百分点。同期，吉林省规模以上工业增加值增长 6.1%，投资对吉林省工业增长仍然发挥着重要的拉动作用。在工业投资中，制造业投资增速为 7.4%，占全社会固定资产投资总额的比重为 15.1%，表明制造业投资仍然是支撑吉林省工业经济的重要力量。与"十三五"时期相比，吉林省第二产业投资占比从 2016 年的超过 50% 下降到 2021 年 1～9 月的 22.8%，与"十三五"末期基本持平。从三次产业投资对比情况来看，1～9 月，吉林省第二产业投资增速比第一产业高 3 个百分点，比第三产业低 2.3 个百分点，投资占比高于第一产业，但远低于第三产业的 75.3%（见表 1、表 2）。2021 年以来，尽管全省工业投资承受较大下行压力，但仍然支撑工业生产稳中有进，重点产业多数实现增长，工业经济整体呈现向好态势。数据表明，投资依然是吉林省工业增长的重要支撑。

表 1　2021 年 1～9 月吉林省三次产业投资情况

单位：%

指标	增速	占全社会固定资产投资总额的比重
全社会固定资产投资总额	13.8	100.0
民间投资	13.1	52.0
工业投资	12.3	22.9
制造业	7.4	15.1
按产业分：		
第一产业	9.2	1.9
第二产业	12.2	22.8
第三产业	14.5	75.3

资料来源：吉林省统计局，表 2、表 3 相同。

表2 截至2021年9月吉林省第二产业投资基本情况

单位：亿元，%

时间	总额	增速	占全社会固定资产投资总额的比重
2016年	7186.49	2.4	52.2
2017年	6351.31	-4.4	48.4
2018年	—	-4.6	31.5
2019年	—	-37.7	23.5
2020年	—	9.0	23.6
2021年1~3月	—	10.8	37.0
2021年1~6月	—	10.5	24.1
2021年1~9月	—	12.2	22.8

（二）高新技术领域投资取得进展

近年来，面对投资下行压力，吉林省推动汽车制造、石油化工、食品、医药、信息、冶金建材、能源及纺织等产业高质量发展，以项目建设为支撑引领，全方位、多渠道开展招商引资，持续加大对支柱优势产业的投资力度，工业投资得到进一步优化。从技改投资来看，吉林省千方百计加大用于改善工业产品结构、推动工业结构优化升级等方面的技改投资力度，2021年1~9月，吉林省工业企业改建和技术改造投资降幅总体大幅收窄至0.2%，占全社会投资的比重为5.7%，仅比2020年全年低0.7个百分点。从高技术制造业投资来看，加大对新能源汽车、轨道交通、生物医药及新材料等产业投资力度且收效显著，2021年1~9月，吉林省高技术制造业实现工业增加值同比增长34.7%，高于全国同期高技术制造业增加值16.4个百分点。从电子信息制造业投资来看，2021年1~7月，吉林省电子信息制造业固定资产投资同比增长25.4%，比上年同期高14.7个百分点。前三季度，吉林省加大战略性新兴产业投资，引领战略性新兴产业产值增速达16.9%，高于同期全省规模以上工业增加值增速

11 个百分点。随着工业投资领域持续优化，吉林省整体工业体系的供给质量和效率均有所改善。

（三）工业重大项目建设顺利进行

吉林省以项目建设为第一支撑，支持现有企业改造扩能，持续谋划和引进一批业态新、投资大、带动力强的重大项目，发挥各级项目中心作用，为大项目投产达效提供全方位要素保障，工业重大项目建设进展顺利。2021年3月，长春市包括总投资80亿元的长春高新股份生物医药板块重大项目、总投资79亿元的一汽红旗新能源汽车工厂等在内的一批重大工业项目集聚开工；吉林市启动第一期投资达2亿元的华微电子先进功率器件封装基地项目。2021年9月，长春市开工一批传统主导产业及战略性新兴产业项目，涉及光电信息、新能源、生物医药等领域，包括旭阳中法智能产业园项目、研奥电气高铁检修生产线升级改造项目、PEM 制氢技术研发及装备制造项目、祈健生物新冠疫苗分包装车间及配套项目、光电信息产业园二期等科技含量高、市场前景好的重点产业项目，为长春市增强投资后劲、持续优化产业布局、挖掘发展新动能奠定坚实基础。

（四）工业投资布局向长春、吉林两市集中

近年来，随着吉林省东、中、西主体功能区发展定位日益明晰，工业投资向长春市、吉林市两地集中布局趋势明显，长春、吉林两市贡献了吉林省超过50%的规模以上工业增加值和地区生产总值，其中，长春市创造的规模以上工业增加值占全省的比例又超过1/3，长春、吉林两市已成为吉林省工业布局的两大核心区域。制造业投资数据显示，2021年1~9月吉林省制造业投资增速逐季回升，1~9月同比增长7.4%，扭转了第一季度为负的局面。在9个地市（州）中，由于制造业市场需求受到一定抑制，长春、吉林两市上半年的制造业投资增速降幅较大，但降幅逐季收窄，1~9月增速实现由负转正。除长春、吉林两市之外，其余7个地市（州）体量虽相对较小，但制造业投资普遍实现不同程度增长，有6个增速均超过全省投资增

速。在 9 个地市（州）中，延边州、辽源市表现尤为突出，制造业投资同比分别增长 65.7%、49.3%（见表 3）。

表3　2021 年 1~9 月吉林省制造业投资增速情况

单位：%

地区	2021 年 1~3 月		2021 年 1~6 月		2021 年 1~9 月	
	固定资产投资增速	制造业投资增速	固定资产投资增速	制造业投资增速	固定资产投资增速	制造业投资增速
吉林省	21.8	−2.5	15.9	4.6	13.8	7.4
长春市	22.3	−28.5	15.1	−11.7	14.2	8.7
吉林市	28.2	−29.0	17.6	−16.5	17.4	4.3
四平市	17.7	187.2	18.1	34.7	18.4	16.2
辽源市	25.7	−5.0	18.0	136.4	18.2	49.3
通化市	16.9	54.6	16.0	10.4	17.7	−5.3
白山市	19.1	72.5	17.3	28.1	13.8	7.6
松原市	27.5	230.4	18.2	97.9	12.3	14.2
白城市	18.1	−14.6	18.5	20.6	22.6	17.7
延边州	19.6	436.4	13.9	87.4	5.1	65.7

二　吉林省工业投资存在的主要问题

（一）工业投资有效支撑不足

从总体情况来看，吉林省工业投资总量偏小、增速偏低、占比下降，对工业增长和经济发展的拉动能力减弱。2016 年，以工业投资为主的第二产业投资总额占全省全社会固定资产投资总额的比重超过 50%，工业投资对经济增长起核心支撑和拉动作用。但自 2017 年以来，工业投资占比整体大幅下降，近 2 年基本维持在不超过 25% 的水平。从全国情况来看，"十三五"时期工业增速与占比均有所下降。究其原因，在全国经济社会整体迈向结构调整、绿色转型、高质量发展的新阶段这一大环境下，我国已经整体从过去依靠投资拉动增长的传统发展模式向依靠科技创新驱动的新发展模式转变，投资拉动最终将让位于科技创新驱动。对于正处在转型调整关键时期的吉林省来说，一方面，传统产业改造升级正深度开展；另一方面，新兴产业尚未形成有效支撑，使工业投资整体呈现有效支撑不足的局面，尤其是与第三产业投资增速与占比上升的强劲势头相对比，投资拉动增长的作用已经明显不足。因此，在未来一段时期内，吉林省势必会依靠投资和创新双重驱动，千方百计稳定工业投资，同时调整工业投资方向与结构，以提高工业投资效率，发挥工业投资的重要支撑作用。

（二）高技术制造业投资强度不够

随着我国整体进入高质量发展新时期，尤其是自 2020 年以来，我国面临全球高端制造领域竞争不断加剧的形势，在大力发展高技术产业的多重政策支持下，高技术制造业整体迎来生产、投资、效益的快速增长，在复杂的市场环境中表现出较强的抗风险、抗打击能力，持续引领经济整体稳步复苏。2021 年上半年，吉林省高技术制造业投资实现较快增长，引领高技术制造业增加值快速提高。但与全国 1~6 月高技术制造业投资同比增长 29.7% 的水平相比，仍然有不小的差距。从 2021 年前三季度来看，吉林省高技术制造业增加值增长较快，但吉林省高技术制造业投资规模和体量整体偏小，对稳增长、转换发展动能的引领和支撑作用有限，高技术制造业仍然有巨大的发展空间。

（三）工业民间投资进展缓慢，活力有待释放

近年来，民营经济持续占据吉林省经济发展的"半壁江山"，发挥了"压舱石"作用。但与全国平均水平相比，吉林省民间投资增长情况不容乐观。2021 年 1~6 月，全国民间投资、全国制造业民间投资同比分别增长 15.4%、21.1%，吉林省与此相比仍有一定差距，工业民间投资活力有待进一步释放。吉林省民营企业数量较多，但规模相对较小，且在行业分布上多集中于第三产业，能进入工业领域尤其是能进入价值链高端环节

的工业企业相对较少，多数处于价值链低端环节。这就意味着，吉林省民营经济的整体产业结构不完善、技术水平偏低，民营工业投资实力相对较差。另外，融资难、行业进入壁垒高、营商环境的市场化法治化水平有待提高及民营企业自身存在的多种问题等，都在不同程度上影响了吉林省民营工业的投资动力。

（四）工业投资受市场与政策等因素变动的影响较大

在全省工业八大重点产业中，合计占全省工业比重较高的产业，包括汽车制造业、石油化工业、医药产业等，发展受市场波动、政策变化等的影响较大，投资必然受到较大影响，产业发展稳定性有待提高。2021年上半年，在我国多个行业整体受产业链供应链变动影响较大的形势下，吉林省高位谋划、全力支持一汽改革发展，加强与一汽集团、吉林化纤、中车长客等重点企业对接，完善项目服务，推进投产达效，最大限度控制工业减量不利因素，扭转第一季度增速下降局面，确保1~6月50家重点监测企业完成产值同比增长2.2%，工业经济整体回暖、回升。从前三季度整体情况来看，吉林省工业投资、工业效益总体正趋于好转，但国际国内市场变动、政策支持等均具有一定的不确定性，给工业投资变动带来的影响也具有较大不确定性。

三　吉林省工业投资发展态势展望

近年来，全球工业领域产业链供应链竞争加剧，产业格局进一步重构。随着我国经济进入高质量发展新阶段，快速变化的国际国内形势对国内工业发展产生深远影响。在复杂的国际国内形势下，2021年1~9月我国工业投资同比增长12.2%，支撑规模以上工业增加值增速达11.8%，工业企业利润增长强劲。受全国工业投资回暖带动，在全力推动稳增长一系列政策措施的"护航"下，吉林省工业投资及效益整体逐步好转。展望未来，吉林省工业投资规模与增速有望持续好转。

（一）工业投资有望持续企稳回升

从数据来看，近年来吉林省工业投资占全社会固定资产投资比重整体下降较多，但工业投资增速呈现回升态势。究其原因，一方面，吉林省去产能工作取得显著进展，同时国内市场消费需求不断释放，企业盈利水平有所改善；另一方面，多举措推动工业企业降本增效，增强了工业企业转型发展的动力，有利于提高投资质量效率。与此同时，吉林省推动工业领域深化对外开放、持续改善营商环境等措施都在一定程度上提高了对外部投资的吸引力。以上政策措施不断落实并释放红利，支撑着吉林省工业投资持续向好。

（二）工业投资结构将进一步优化

随着吉林省进入高质量发展新阶段，工业技改投资增加，更多用于优化产品结构、提高产品质量、推动工业结构优化升级、努力迈向价值链中高端环节等，工业投资结构持续改善。在多方共同努力下，工业结构调整带来的改造升级、创新发展新动能等不断显现，新发展动能的引领作用不断增强。吉林省高技术制造业发展较快，装备制造业回暖明显，产能利用率有所提高，全省工业整体供给质量与效率均有提高，从而有利于工业投资结构进一步优化。

（三）工业投资将日益集中在长春和吉林两市

从工业空间布局来看，长春、吉林两市的工业体量占据全省工业体量的一半以上，且这种集中趋势日益明显。2021 年 1～9 月，长春、吉林两市制造业投资增速由负转正。虽然延边州、辽源市、松原市等制造业投资增速较高，但鉴于长春和吉林两地工业体量大、其他市（州）的工业体量较小，长春、吉林两市仍然是吉林省工业的重中之重。随着"一主六双"产业空间布局重大部署有序落地，长春经济圈建设步伐加快，各类创新资源要素必将不断向此区域集聚，这意味着吉林省工业投资将持续向长春经济圈内的城市集中，工业投资的区域分化格局将更为突出。

吉林蓝皮书

（四）工业投资政策环境将持续改善

随着我国持续改善投资的体制政策环境，吉林省陆续出台相应的配套改革措施，从打通融资渠道、减轻企业税费负担、提高营商环境的市场化与法制化水平、持续放宽市场准入等多个方面，切实增强企业投资意愿、扫清投资障碍。同时，吉林省持续加大改革力度、加快开放合作步伐，大力吸引国内外投资，工业投资的政策环境持续向好。

四 优化吉林省工业投资的对策建议

从现有数据来看，2021 年吉林省工业投资逐季向好，发展新动能将持续增强，工业经济将逐步回归合理增长区间。当然，全省新旧动能转换过程中的结构性矛盾仍然突出，推动工业转型升级仍然需要保持一定的投资强度，同时要解决当前工业投资中存在的企业技术创新能力不足、企业投资能力不高、要素市场化配置改革相对滞后等问题。

（一）加大工业投入，优化工业投资结构

面向高质量发展的新时期，经济稳定增长的核心动能已经从投资转变为知识创新及其派生的技术进步。面对吉林省工业经济总量仍然偏小的现实，吉林省工业投资应紧紧抓住供给侧结构性改革的主线，坚持调结构、促转型的投资导向，千方百计稳定工业投入，并加大工业投入力度。

积极扩大先进制造业投资，加强战略性新兴产业投资。发挥吉林省现有制造业基础优势，积极发展新一代信息技术、智能网联及新能源汽车、新能源、生物医药等创新驱动型产业，推动企业产品升级与规模化生产，形成一批有市场竞争力的拳头产品。

加大关键核心技术的自主研发投入力度，发挥市场牵引和企业主体作用，聚焦新能源汽车、生物技术、集成电路芯片等一批"卡脖子"的技术领域，争取在核心技术、关键零部件领域尽快实现突破。

加大对技术成果转化应用的投资力度，提升产业链整体水平。加大技术改造投入力度，引导企业将资金投向新技术、新工艺、新设备及新材料等有利于实现创新动能转换的领域，推动传统制造业加快智能化、数字化、绿色化改造，加快新一代信息技术与实体经济深度融合步伐，培育新的增长动能。

（二）激活民间投资，增强工业投资后劲

从工业投资的资金来源构成情况看，工业投资主要来源于企业自筹，即依靠企业自身发展积累，不断增强自主投资能力，而政府对工业领域的投资整体呈现减少趋势。这也印证了近年来民间投资整体不断下滑的现实，尤其是进入高质量发展时期以来，随着我国工业领域不断开展深度调整，经济增长各项指标均有明显下滑，市场呈现疲软态势，影响了投资者信心，制造业民间投资增速低迷并持续至今。随着全球产业链供应链持续深度调整，制造业民间投资持续受到影响，进而使制造业投资和工业投资增长缓慢。

要切实提振民营投资信心，持续研究出台更符合民营工业企业发展实际需求的金融、土地、财税等支持政策，切实将各项支持民营经济发展的政策措施落实到位，推动各类政策措施达成实效。进一步放宽市场准入，拓宽民营资本参与工业投资的领域范围，为民营资本发挥作用创造更多更大的市场机遇，以切实发挥民间投资支撑工业经济发展的后劲。

（三）深化开放合作，增加工业有效投资

加快融入"双循环"新发展格局，进一步扩大工业领域对内对外开放合作的领域并提升层次和水平，提高工业投资质量层次。

积极寻求与京津冀、长江经济带、粤港澳大湾区、长三角等地区合作机遇，推动对口省市合作向工业投资项目层面延伸，开展产业链招商，围绕加快打造万亿级汽车产业，打造千亿级食品、石化、装备等产业，谋划和招引一批高质量、能落地的重大产业项目，支持行业龙头骨干企业招引产业链上下游企业和项目，以开放合作推动招商引资，以招商引资接续重大项目。

积极寻求与东北亚国家相对接的机遇，扩大面向日韩的交流合作，加快中韩（长春）国际合作示范区等合作平台投资建设。寻求与共建"一带一路"国家在汽车零部件、轨道交通、农产品加工等领域的投资合作。

积极搭建服务于工业企业对外贸易和经济交流合作的高层对接平台，促进吉林省工业对外承包工程和对外投资，促进龙头企业建立海外营销服务体系，增强全省工业制造业集聚辐射能力。

（四）完善相关政策，推动要素配置优化

积极争取各级各类专项扶持资金，加大对工业技术改造投资、开展创新研发活动的支持力度，加大对中小工业企业支持力度，推动工业企业高质量发展。

鼓励政策性银行和国有商业银行大力支持高端制造业及战略性新兴产业项目建设。加大对中小微工业企业的信贷支持力度，进一步降低工业企业税收负担和生产经营成本。

优化要素资源配置，推进用地计划指标、环境容量、排污总量等优先向工业领域倾斜。创新工业用地供应方式，提高工业用地节约集约高效利用水平，降低工业企业用地成本。加强煤电油运综合协调供给，降低工业企业用电成本。持续开展涉企保证金清理规范工作，加大清理涉企保证金力度。

（五）持续优化投资环境，提高政府服务质量效率

深入推进"放管服"改革、"证照分离"改革，推动优化审批等省级事权改为告知承诺，实现中小企业"准入即准营"。持续简化项目落地行政审批流程，完善持续优化营商投资环境的长效机制，激发各类市场主体投资工业的意愿和动力。

鼓励和支持建立多元投资的中小企业创业孵化基地，落实相关房产税及土地使用税优惠政策，给予相应的运营费用补贴。构建完善的部门协调联动机制，采取"一企一策"集中协调解决涉及工业开发区企业项目建设的土地、环保、消防等历史遗留问题。

　　深入开展政府守信履约专项检查，切实保护中小企业合法权益。常态化开展"吉林省企业家日""服务企业周"等活动，针对涉及工业企业的减税降费、融资对接、科技创新、项目促进、公平竞争等内容，开展深度对接服务。

　　持续开展"万人助万企"行动，精准服务企业现实需求，及时精准化解企业发展中遇到的难题，全面提高政府服务的质量和效率。

参考文献

赛迪智库工业经济形势展望课题组：《2021年中国工业经济发展形势研判》，《中国经济报告》2021年第1期。

李勇等：《近三年广西工业投资状况对经济运行质量的影响分析》，《广西经济》2019年第8期。

刘勇：《"十四五"时期工业投资的影响因素、重点任务与政策取向》，《学习与探索》2020年第12期。

周洪建：《新常态下宁德工业投资现状、问题及对策建议》，《中国产经》2020年第10期。

刘勇：《发挥工业投资对优化供给结构的关键作用》，《经济日报》2020年12月31日。

顾俊龙、王志明：《高质量投资促进高质量发展的路径研究》，《统计理论与实践》2020年第2期。

张厚明：《工业投资现状探析》，《中国国情国力》2020年第7期。

王文学、张宝良：《进一步扩大有效投资促进高质量发展》，《奋斗》2020年第3期。

B.6
吉林省乡村旅游高质量发展路径探析

杨佳 马航*

摘　要： 乡村旅游是乡村振兴的重要抓手，也是吉林省"十四五"期间旅游业的重要组成部分，如何在巩固拓展脱贫攻坚成果、有效接续推进乡村振兴战略的背景下促进乡村旅游高质量发展成为重要的研究课题之一。近年来，吉林省乡村旅游发展迅速，随着新冠肺炎疫情防控常态化下的旅游出行方式的转变，城镇居民对乡村旅游市场的需求逐渐增加，消费人群逐渐增多。本报告在实际调查和统计分析的基础上，从空间分布、产品类型、运营特征、证照办理、人才供给等方面全面系统地分析了吉林省乡村旅游的基本特征，剖析目前制约全省乡村旅游的主要因素是定位模糊、文化缺失、产品同质化、消费不足、人才短缺，并有针对性地提出相关对策及建议。

关键词： 乡村旅游　高质量发展　吉林省

一　乡村旅游发展历程

据文化和旅游部统计，截至 2019 年末，全国乡村旅游接待人次达到 30.9 亿，占国内旅游人次的一半。乡村旅游已经成为我国旅游业的新增长

---

* 杨佳，白城师范学院副教授，研究方向为乡村旅游规划与开发、旅游大数据分析；马航，吉林省残疾人中等职业学校图书资料馆员，研究方向为图书情况、信息管理、咨询与服务。

点和乡村振兴的新引擎①。从乡村旅游发展历程和乡村旅游的市场供给特征来看，我国乡村旅游分为雏形期、萌芽期、成长期、成熟期四个阶段。通常认为，乡村旅游起源于 19 世纪的欧洲，随后在世界各发达国家开始逐渐流行起来。乡村振兴战略的提出，使越来越多城市居民的旅游需求得到释放，激活了对乡村民宿、乡村体验、乡村度假的需求，形成了一批形式多样的乡村度假旅游产品，乡村旅游正式进入发展成熟阶段。世界经济合作与发展委员会（OECD）将乡村旅游定义为：在乡村地区展开的旅游，它的独特卖点与中心是田园风味②。十九大以来，我国社会主要矛盾已转化为人民日益增长的美好生活需要和不平衡不充分的发展之间的矛盾。我国经济已由高速增长阶段转向高质量发展阶段，即以解决社会主要矛盾为目的，不断提高经济生产效率，通过对供给侧与需求侧的不断调配，实现社会经济的公平与效率协调、速度与质量协同、生态与经济一体化发展等目标。如何更有效地推动吉林省乡村旅游高质量发展，将乡村旅游规模做大、产品做精、特色做足，是本报告研究的主要问题。

二 吉林省乡村旅游发展现状

（一）基本情况

吉林省位于我国东北地区中部，土地面积 18.74 万平方公里，约占全国土地面积的 2%。第七次全国人口普查数据显示，全省总人口 2407.35 万人，其中乡村人口 899.44 万人，占比 37.36%，全省共辖 60 个县（市、区）624 个乡镇 9321 个行政村。吉林省土地资源丰富，土质肥沃，人均耕地多、后备土地多。全省耕地总量 553.78 万公顷，占总面积的 28.98%，居全国第 5 位；黑土区耕地面积占全省耕地面积的 65.5%，占东北地区黑

---

① 郭远智、刘彦随：《中国乡村发展进程与乡村振兴路径》，《地理学报》2021 年第 6 期。
② 孟冰：《中国乡村旅游的 2.0 时代》，《经济视野》2012 年第 4 期。

土区耕地面积的 24.82%。乡村人均耕地 0.43 公顷，远超全国平均水平。全省共 104.6 万公顷后备土地资源可供开发利用。乡村旅游是吉林省旅游业的重要组成部分，对全面推进乡村振兴、促进吉林振兴发展意义重大。2019年，全省乡村旅游接待人次和旅游收入增速分别达到 24.77%、35.65%，均高于全省旅游业平均增速 2 倍左右。乡村旅游也是新冠肺炎疫情防控常态化时期恢复最快、第一个实现正增长的新业态产品，乡村旅游已经成为吉林省旅游业实现万亿级规模的重要增长极和重大战略支撑。

经过近些年的发展，吉林省乡村旅游已经从传统的农家乐初级阶段进入乡村休闲阶段。从 2021 年上半年数据监测情况来看，全省各乡村旅游经营单位、乡村旅游重点村、旅游民宿等逐渐营业，乡村旅游已经成为全省增长最快的新业态产品之一。全省高等级乡村旅游经营单位旅游接待人数和接待收入均达到上年同期水平 2 倍以上，全省旅游等级民宿平均入住率达到40% 以上，在"清明""五一"等小长假期间，多地出现"一房难求"现象，入住率高于全国平均水平。

（二）主要特征

1. 空间分布

截至 2020 年末，全省共有乡村旅游经营单位 2000 余家，从空间分布来看，基本形成了"中强、东升、西弱"的格局。按地区分类，长春、吉林、延边位于第一梯队，各地区乡村旅游经营单位数量均超过 300 家，占全省总数的 46.62%，集聚效应明显，产品类型丰富，与其他地区数量形成较大差距。通化、白山两地区作为乡村旅游发展的后起之秀，近年来发展迅猛，两地乡村旅游经营单位数量占全省的 26.20%（见图 1）。相比之下，吉林省松原、白城等西部地区仍是乡村旅游发展的落后地区，乡村旅游经营单位数量较少、产品类型单一，但乡村生态环境相对较好，乡村旅游发展潜力巨大。

2. 产品类型

从乡村旅游经营业态类型来看，截至 2021 年，全省乡村旅游主要分为

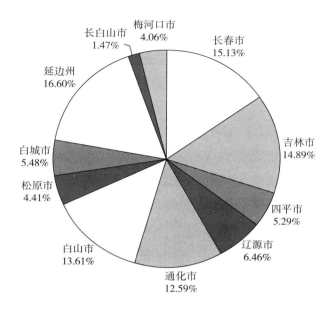

图1　截至 2020 年末全省乡村旅游经营单位分布

资料来源：吉林省文化和旅游厅。

观光型、餐饮型、食宿型、科普型、体验型、文化型、民俗型、康养型、复合型（具有上述 3 种或 3 种以上的业态）9 种业态类型。其中观光型、餐饮型和食宿型等基础业态类型占总数的 51.00%，达到半数以上，说明目前吉林省乡村旅游仍处于发展初级阶段，产品类型仍然较为单一，康养型、科普型、民俗型、文化型等新业态类型占总数的 12.45%，新业态类型占比较少，文化元素单调，文化表达单一，文化符号相近，使乡村旅游经营单位同质化。值得注意的是，根据此次调查，复合型乡村旅游业态占总数的 31.73%，为目前吉林省高等级乡村旅游经营单位的主要业态类型（见图2）。

3. 运营特征

截至 2021 年 6 月，全省重点乡村旅游经营单位的营业率从春节期间的 34.56% 恢复到 92.59%，各重点乡村旅游企业、旅游民宿、乡村旅游重点村等蓬勃发展，随着旅游"本地化"特征的不断显现，在"清明""五一"等小长假期间，吉林省乡村旅游甚至出现了阶段性"井喷"现象。从经营

吉林蓝皮书

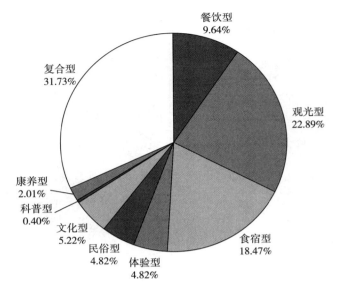

图 2　截至 2021 年全省乡村旅游业态类型分布

资料来源：吉林省文化和旅游厅。

规范性来看，通过对全省乡村旅游重点企业的规划编制情况进行调查统计发现，已经编制旅游发展规划的企业仅占 5.22%，有 72.80% 的乡村旅游企业没有独立的旅游发展专项规划。从客源群体来看，83.60% 的客源来自本省，省外客源仅占 16.40%（见图 3），乡村旅游区域客源特征明显，这与全国乡村旅游客源趋势大体相同。从从业人员情况来看，目前多数乡村旅游企业为小规模企业，员工数量平均不足 10 人，营业期（旅游旺季）员工数量是平时员工数量的 2 倍以上，临时员工数量较多，且员工学历普遍不高，在一定程度上制约了乡村旅游的发展。

4. 证照办理

对全省乡村旅游经营单位的证照办理情况进行调查发现，截至 2021 年，已完成立项、备案、国土、环评、规划 5 项手续全部办理占比不足 25%。在各项证照办理中，吉林省乡村旅游企业营业执照的拥有率高达 96.43%，其中个体工商户比例达到 70% 以上，说明乡村旅游经营企业普遍规模较小，

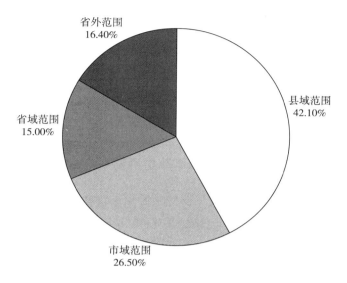

图3　截至2021年6月全省乡村旅游客源市场范围分布

资料来源：吉林省文化和旅游厅。

食品经营许可证的办理率达到74.31%，卫生许可证的办理率为32.36%，从证照办理情况来看，目前多数乡村旅游企业仍以餐饮为主，无法提供标准化或规范化的住宿功能。受政策制约及办理流程困难等因素影响，消防许可证或消防备案办理率不足40%，一定程度上给吉林省乡村旅游经营企业的安全管理和安全经营带来了隐患。

5. 人才供给

按类别分类统计，截至2021年，在全省乡村旅游人才类型中占比最多的为乡村旅游基础服务人员，占总人数的74.05%，其次为乡村旅游运营管理人才和乡村旅游品牌营销人才，分别占8.19%和6.49%。乡村旅游规划设计人员、乡村旅游品牌营销人员、乡村特色产业及乡村旅游建设人员数量较少。在对各市（州）、各县（区）文旅行政管理部门的调查中发现，有59%的被调查者认为目前乡村旅游人才的培养与本地区乡村旅游的发展不相符，有33%的被调查者认为二者之间的关系一般。从全省乡村旅游发展的角度来看，乡村旅游人才的培养与乡村旅游发展不匹配现象较突出。

三　高质量视角下吉林省乡村旅游发展的新特点

"十四五"时期，我国经济结构不断调整优化，城乡居民消费不断升级，对乡村旅游的需求也出现了多元变化，吉林省乡村旅游发展也面临新的发展机遇。

（一）出游目的上，由赏景点向享生活转变

与传统的旅游出行方式相比，乡村旅游更趋向于一种常态化出行模式，"说走就走的旅行"成为一种生活方式。随着乡村旅游的不断升级，加之乡村旅游产品的特殊性，越来越多的人不再局限于一村一地一景，而是由传统的点状旅游向乡村旅游精品线路、旅游集聚片区进行转变。自驾车保有量的不断增加，使乡村旅游游览活动范围也逐渐扩大，人们从起初的欣赏乡村景点逐渐向体验乡村生活转变，旅游民宿、关东民社、帐篷客等新兴业态不断涌现，农耕体验、科普研学、拓展体验等项目不断丰富，乡村旅游场景化深度体验不断发展。

（二）产品类型上，由观光游向体验游升级

吉林省乡村旅游发展的初级阶段以赏田园风景、吃农家饭菜为主，许多城市居民希冀通过换一种环境来释放心中的压力与烦恼。随着市场需求的不断变化，乡村旅游已经进入不断满足游客多元化需求的品质提升阶段，乡村旅游成为人们生活的常态，乡村文化内涵不断丰富，各地通过深入挖掘本地区的资源禀赋、民俗文化、风俗习惯等，开发一批特色鲜明、文化浓厚、吸引力强的休闲体验产品。食、住、行、游、购、娱六要素由低级向高级转变，由要素联动向要素独立转变，资源产品化、乡村主题化、体验生活化、农民多业化特征不断凸显，产品不断升级。

（三）客源市场上，由区域化向本地化过渡

在常态化疫情防控形势下，吉林省旅游出行呈现了明显的"本地化"

特征，从出行距离来看，2～3小时交通圈成为 85% 以上游客的出游首选。从客源分布来看，远程区域客源市场大幅度减少，近程本地客源市场迅速增长，2021 年上半年，全省乡村旅游客源平均增速达到了全省旅游行业平均增速的 2 倍以上。从游客特点来看，游客的"居民化"和居民的"游客化"两种现象同时存在，游客的"居民化"是指在乡村旅游的消费和行为方式上更趋近于本地人的消费习惯，居民的"游客化"是指本地居民的乡村旅游出游意愿不断强烈，本地出游动机不断增强，本地出游逐渐成为主流。

（四）旅游方式上，由团队游向散客游转变

伴随着经济社会的不断发展、信息传播方式的日趋多元、交通方式的不断改善，吉林省乡村旅游市场结构也发生了重大的变化，游客更加追求一种自由化、品质化、高端化的定制旅游，"散客游"时代已经来临。人们对乡村旅游景点的选择也不再随波逐流，小众、隐秘、特色的景点逐渐走入人们的视野之中。经实地调查，目前吉林省高等级（4A 级、5A 级）乡村旅游经营单位团队游和散客游的接待比基本持平，而其他多数乡村旅游经营企业的散客游占比已经达到 70% 以上，短距离、微度假、个性化出游已经成为常态，这也是旅游者消费心理逐渐走向成熟的标志。

（五）业态模式上，由单一化向多元化融合

从发展规模来看，全省乡村旅游在政府、企业和农户的共同推动下，通过完善相关政策、规范行业管理、典型示范带动等方式取得了显著成效，产业规模不断扩大。从业态类型来看，"乡村旅游＋农业""乡村旅游＋工业""乡村旅游＋文化"等新业态不断涌现，休闲农庄、田园综合体、民俗文化村等各种类型不断丰富，农业的产业链和价值链不断延伸，乡村旅游促进第三产业带动第一、二产业的作用不断凸显。从经营主体来看，由单独的农户经营模式转向村民合作社、村集体投资、外来企业投资等多元模式，乡村旅游融合特征不断显现。

四 吉林省乡村旅游高质量发展存在的问题

（一）定位模糊，缺乏顶层规划设计

在对乡村旅游经营企业的访谈中，多数乡村旅游经营者对乡村旅游发展方向定位模糊，开发思路及经营理念多考虑近期，缺乏长远思考；对乡村旅游的规范化和标准化经营管理缺乏认知，如在旅游民宿等特殊业态的建设及经营过程中，对需要办理的相关证照不了解，无法及时享受到相关的政策补助；对企业项目的策划及规划重视程度不够，多数项目缺少专项的旅游发展规划，很多项目没有独特的主题 IP，缺乏精准的定位，导致项目落地难。

（二）文化缺失，乡土特色挖掘不够

在乡村旅游开发过程中，对乡土、乡情、乡愁等元素提炼不够，缺乏对文化内涵的深层次挖掘，导致众多项目千篇一律，无法给予游客深度的游览体验。在产业要素的体系构建中，与现代农业、设施农业等联系不够紧密，三次产业融合程度不够，使乡土价值无法转化为有效生产力。乡村文化演艺节目较少，对乡村民间手工艺、非遗艺术传承等挖掘不够，对村规民约、乡村制度文化等习俗不够重视，乡村文化价值无法转为乡村旅游产品价值，对游客难以形成持久的吸引力。

（三）产品同质化，且生命周期较短

随着旅游信息化程度的不断加深，多数乡村旅游经营者在项目建设中盲目跟风，"网红街""网红桥""花海""玻璃栈桥"等项目随处可见，导致产品同质化现象严重，体验感相差无几。部分乡村旅游企业在建设过程中缺乏本地特色，标准不高、乡味不浓，村庄建筑及项目设计过程中城市化现象较明显，忽略了村庄原始的生态风貌，使游客重游率不高，加之产品更新换代较慢，后续有效投资无法注入，导致产品生命周期较短，无法吸引持续性客流。

（四）消费不足，"景区带村"效应不足

通过对全省重点乡村旅游经营单位、乡村旅游重点村及旅游民宿的旅游消费监测可以发现，由于多数乡村旅游经营单位为免票，乡村旅游游客人均实际消费仅为 60～80 元，人均消费较低，致使通过乡村旅游对当地农业生产及农民致富带动效应不足。除此之外，部分驻村的乡村旅游企业受经营成本及利益分配等因素影响，在景区建设过程中，对景区自身建设投资力度较大，对村庄整体环境的打造缺乏关注，对村民的带动作用仅体现在旅游旺季，缺少合理的利益协调机制，"景区带村"效应不够显著。

（五）人才短缺，乡村发展后劲不足

截至 2021 年，全省乡村旅游从业人员已经超过 8000 人，尤其旺季时期乡村旅游从业人数已经超过 1 万人。从行业分布来看，全省旅游行业中，旅游人才占比较高的主要为景区景点、导游讲解、旅行社、农林牧副渔等基础性服务人才，对于旅游规划设计、景区运营管理、品牌营销等高端人才供给数量不足，高端管理团队较少，专业化水平参差不齐，无法长时间深耕乡村进行服务。从薪酬情况来看，乡村旅游从业人员的工资水平较低，多数月薪为 2001～3500 元，大部分服务人员为本村或周边村民，受教育程度普遍较低，旅游专业知识较为匮乏。

五　吉林省乡村旅游高质量发展的路径探析

全省乡村旅游大会的召开和省政府《关于推进乡村旅游高质量发展的实施意见》的印发，标志着吉林省乡村旅游由快速增长迈向高质量发展的新阶段。"十四五"期间，为进一步促进吉林省乡村旅游提质增效，建议从以下五个方面全面推进乡村旅游发展。

（一）坚持因地制宜，寻求特色化发展

一是坚持保护生态环境与乡村旅游同步发展。发展乡村旅游，既是对乡

村资源的有效开发，也是对乡村生态环境的保护。要将乡村旅游发展与美丽乡村建设、生态环境整治结合起来，通过乡村旅游实现乡村资源的可持续发展。二是要统筹规划引领。坚持因地制宜做好乡村旅游规划，创新发展理念，突出乡村特色，做好谋篇布局，将乡村旅游规划与县级国土空间规划相衔接，保证规划的可操作性和可落地性。三是突出差异化发展。乡村旅游的开发要充分结合地方资源、交通、区位等实际情况，以游客需求为导向，对周边山水林田湖草沙等元素进行提炼，避免简单的复制化与同质化竞争。

（二）推动文旅融合，促进融合化发展

一是丰富乡村文化内涵，要继承和弘扬本土乡村优秀文化，通过乡村文化演艺节目、乡村大舞台、乡村节庆活动等多样化形式展现乡村价值，要加强乡村传统村落和民居保护，让乡村各有特色，各有其形。二是通过乡村旅游促进三次产业融合。通过乡村旅游促进农业产业链的延伸和农产品价值的再创造，完善农业全产业链体系，增加农产品的附加价值，达到富民作用。三是加强科技赋能。灵活运用"互联网＋"模式，全面创新乡村旅游的发展模式、生产方式和消费行为，将信息化融入乡村旅游发展，通过大数据的监测更好地为乡村旅游提供服务。

（三）追求品质导向，塑造乡村旅游品牌

一是要加强乡村旅游基础设施建设。加快建设国省干道、通达乡村旅游经营单位的主要道路，完善乡村旅游游客中心、停车场、旅游标识系统、垃圾箱、休憩设施等配套服务设施建设，提升游客的游览服务体验。二是探索新营销模式，通过"两微一端"及抖音、快手、小红书等平台创新乡村旅游营销模式，坚持"线上种草与线下拔草"相结合，让游客成为乡村旅游的直接媒介和分享者，提升乡村旅游的热度，扩大市场影响力。三是要创新乡村旅游品牌。打造一批特色鲜明、优势突出的乡村旅游品牌，构建全方位、多层次的乡村旅游品牌体系，发挥示范引领作用，提升全省乡村旅游整体水平和形象。通过树立典型、示范带动，以点带面促进乡村旅游发展。

（四）构建合作平台，建立利益协调机制

一是协调村民和景区之间的关系。激活乡村旅游多元化获益机制，探索建立公平合理的乡村旅游经营主体利益机制，让农民更好地分享旅游发展红利，提高农民参与性和获得感。引导村集体和村民利用资金、技术、土地、林地、房屋以及农村集体资产等入股乡村旅游合作社、旅游企业等获得收益，鼓励企业实行保底分红。二是加大社会资本投入。鼓励规模性投资企业参与乡村旅游建设，支持当地村民和回乡人员创业，参与乡村旅游经营和服务。鼓励乡村旅游企业优先吸纳当地村民就业。

（五）完善政策供给，加强乡村旅游保障

一是保障乡村用地供给。将乡村旅游项目建设用地纳入县级国土空间规划统筹安排，充分利用"点状供地""点状批地"等政策，保障乡村旅游用地。二是健全乡村旅游人才体系。加大对乡村旅游的管理人员、服务人员的培养力度，建设结构合理、素质较高的乡村旅游从业人员队伍。加大对乡村旅游发展领头人、从业人员的培训力度，依托高校，采取政府购买服务、院校定向培养、合作办学的方式，多层次开发乡村旅游人力资源，全面提高乡村旅游从业人员的知识素养和实务技能。三是鼓励多渠道和多层次筹措资金，加强乡村旅游资金保障。加快建立以政府投入为引导、企业和社会投入为主体的多元化投入机制，引导农民、外资、村集体和工商资本等多元投入发展乡村旅游。鼓励社会资金以租赁、承包、联营、股份合作等多种形式投资开发乡村旅游项目，兴办各种旅游开发性企业和实体。

B.7
吉林省冰雪旅游业高质量发展的
对策建议

刘 瑶*

摘　要： 北京冬奥会申办成功以来，冰雪运动在国内的关注度不断攀升，
国民热度高涨。国家与地方适时推出的一系列助推冰雪经济发展
的政策，又为冰雪经济的发展提供了强大的动力，冰雪旅游业也
随之迎来了跨越式发展。吉林省冰雪旅游业资源禀赋优异、产业
基础良好，面对新的发展契机与挑战，要积极调整产业发展思
路。通过完善旅游产品供给与服务、提升文化内涵、塑造品牌影
响力、推进数字化服务、建立区域协同发展机制等路径，推动冰
雪旅游业高质量发展。

关键词： 冰雪旅游业　旅游需求　品牌特色　区域协同

近年来，我国冰雪旅游业发展向好，市场规模不断扩大，旅游热度不断
升高。吉林省作为冰雪资源优势省份，在习近平总书记"冰天雪地也是金
山银山"① 指示下，不断释放冰雪经济潜力，促进冰雪旅游业发展。2022 年
北京冬奥会开幕在即，吉林省要把握这一重要契机，积极应对新形势，抓紧
新机遇，推动冰雪旅游业高质量发展，打造冰雪经济高地。

　＊　刘瑶，吉林省社会科学院软科学开发研究所助理研究员，研究方向为产业经济、区域经济。
　①　《习近平：冰天雪地也是金山银山》，人民网，2016 年 7 月 11 日，http：//theory. people.
　　com. cn/n1/2017/0608/c40531 – 29327519. html。

一　吉林省冰雪旅游业现状

（一）冰雪旅游资源得天独厚

吉林省坐落于世界"冰雪黄金纬度带"，是世界三大"粉雪"基地之一，粉雪雪质松软，最适合开展雪上运动项目。另外，吉林省雪期长、积雪量大、气温适宜，省内有若干高度、坡度、风速适中的山体，使吉林省成为国内发展冰雪运动项目优势最突出的省份。作为国内较早开展冰雪运动的省份，截至2021年，吉林省有53座滑雪场，41条架空索道，雪道总面积达665.7公顷。目前国内占地面积100公顷以上的大型滑雪场仅有6座，其中3座（长白山天池雪、万科松花湖、北大湖）在吉林省。吉林省还拥有全国四大奇景之一的"雾凇奇景"，连续举办了25届的吉林国际雾凇冰雪节也已成为其冰雪旅游的重要品牌。省内特有的冰雪民俗风情、少数民族文化、冬捕渔猎文化等，也是吉林省发展冰雪旅游得天独厚的优势资源。

依托这些优势资源，吉林省近年来形成了集冰雪观光、冰雪运动、温泉养生、民俗体验等多项内容于一体的冰雪旅游产业，也形成了"东雪西冰"的冰雪旅游产业格局。《中国冰雪旅游发展报告2021》显示，吉林市、长春市入榜"中国十佳冰雪旅游城市"，延吉市、抚松县入榜"2021年冰雪旅游十强县（区）"，松江赏雾凇、查干湖冬捕入榜"2021十大冰雪经典"。[①]

（二）冰雪旅游市场潜力可期

途牛旅游网数据显示，在全国冰雪旅游预订量排名前十的冰雪景区中，有6个位于吉林省；在冰雪旅游景区游客满意度指标中，吉林省的长白山温泉和北大湖滑雪场名列前茅，净月潭风景区和万科松花湖度假区也位列前

[①] 《〈中国冰雪旅游发展报告2021〉发布》，搜狐网，2021年1月5日，https：//www.sohu.com/a/442610412_120006290。

十。携程旅游数据显示，近年来长白山、长春市、吉林市都位列全国高人气冰雪旅游目的地前十。

2018～2019年雪季，吉林省冰雪旅游接待量8431.84万人次，同比增长16.08%，冰雪旅游收入达1698.08亿元，同比增加19.43%；滑雪旅游接待量294.9万人次，占全国的14.97%。① 2019～2020年雪季，新冠肺炎疫情发生前，吉林省滑雪旅游接待量已达219万人次，万科松花湖、长白山国际、北大湖三大滑雪度假区接待游客共112.53万人次，占全国大型滑雪度假区接待量的43.96%。② 受疫情影响，吉林省连续两个雪季冰雪旅游高开低走，尽管如此，冰雪旅游表现仍十分抢眼。2020～2021年雪季，仅吉林市游客接待量就达到1800万人次，旅游收入超310亿元；元旦假期，万科松花湖度假区、北大湖滑雪场等大型滑雪场游客接待量与旅游收入均创历史新高；2021年春节期间，全省游客接待量达820.36万人次，同比增长69.70%，旅游收入实现74.59亿元，同比增长49.28%。③ 可见游客对冰雪旅游的热情并未被疫情打击，只是暂时被压制，待疫情得到有效控制后必将迎来冰雪旅游消费的爆发，未来吉林省冰雪旅游市场潜力可期。

（三）产业政策持续助力

北京冬奥会申办成功后，吉林省率先出台《省委省政府关于做大做强冰雪产业的实施意见》，提出冰雪产业"十大工程"和打造冰雪体育旅游强省、世界级冰雪旅游目的地的目标。2018年吉林省旅游发展委员会发布的吉林旅游"冰雪令"包含7项扶持冰雪旅游业发展的务实举措。2019年省政府发布《关于以2022年北京冬奥会为契机大力发展冰雪运动和冰雪经济的实施意见》，提出了"到2022年全省冰雪旅游人数达到1亿人次"的短

---

① 刘源源：《吉林省冰雪旅游，新雪季更精彩》，央广网，2020年11月4日，http：//news. cnr. cn/native/city/20201104/t20201104_525319254. shtml。

② 《提前布局，率先发声，吉林省冰雪产业新雪季"温暖相约"》，新华网，2020年10月23日，http：//www. xinhuanet. com/travel/2020－10/23/c_1126648150. htm。

③ 《全省春节假日旅游市场呈良好复苏态势》，吉林省人民政府，2021年2月19日，http：// jl. gov. cn/zw/yw/jlyw/202102/t20210219_7942178. html。

期发展目标，以及"到 2030 年冰雪产业成为吉林省新的支柱产业"的长期发展目标。2021 年，吉林省文旅厅印发《关于推动旅游业攻坚发展专项行动方案》；3 月，吉林省与新疆签署共同创建中国（长白山脉—阿尔泰山脉）冰雪经济高质量发展试验区战略合作框架协议；10 月省委、省政府发布的《吉林省冰雪产业高质量发展规划（2021—2035 年）》提出要建设世界知名的国际冰雪旅游胜地，这是全国首个省级冰雪产业高质量发展规划。

针对疫情发生以来冰雪旅游企业面临的经营困难，吉林省采取了资金补贴、减税降费、发放冰雪消费券等"救市"措施。吉林文旅"春风计划"为 317 家滑雪场、冰雪景区、乡村旅游经营单位等补助资金 7140 万元。[①] 2021 年省文旅厅又出台了《吉林文旅 20 条》，实行"一对一"纾困，帮助企业恢复发展。2020～2021 年雪季，吉林省陆续发布优惠措施 28 项以撬动冰雪旅游消费。

（四）冰雪旅游项目推陈出新

为充分释放冰雪旅游市场潜力，吉林省围绕丰富旅游产品、提升旅游服务开展了一系列活动。2020～2021 年雪季，全省推出共 32 条"吉"字号精品冰雪线路，一系列冰雪活动近 300 项。第五届吉林国际冰雪产业博览会吸引了 13 个国家 15 个省份共 543 个品牌参展，接待游客 13.5 万人次，现场交易额 1.5 亿元。第七届全国大众冰雪季、吉林国际高山滑雪挑战赛、吉林国际单板滑雪挑战赛、第十九届中国长春净月潭瓦萨国际滑雪节、长白山滑雪定向挑战赛、东北亚（中国·延边）冰雪汽车拉力赛、国际雪联 U 型场地赛、国际滑联速度滑冰世界杯赛等多项冰雪赛事在吉林省纷纷举办，吸引了众多关注。长白山冰雪美食节、长白山冬日雾凇漂流季、长白山林海雪原穿越、乐活冰雪小镇体验等活动广受欢迎。第十九届冰雪渔猎文化旅游节引入了许多新颖的冰雪娱乐活动。吉林省博物院院藏冰雪题材书画展、长春市首届大学生冰雪主题画展、吉林市国际冰雪摄影大展等展

---

① 《吉林文旅"春风计划"》，中国经济网，2020 年 3 月 29 日，http：//www. ce. cn/culture/zt/2020/dfwlzy/dt/jilin/202003/29/t20200329_ 34575061. shtml。

会活动精彩纷呈。2021 年春节前夕，省文旅厅组织省内 22 个国家的外籍友人举办"冬奥冰雪·吉致视界"文旅推广活动，引发了吉林冰雪文化旅游海外传播热潮。

（五）景区建设不断升级

在一系列政策措施的支持下，吉林省冰雪旅游景区也不断升级。2021～2022 年雪季，全省雪场总接待能力可达 500 万人次，接待规模全国第一。[①] 万科松花湖度假区的雪道面积全国排名第一；北大湖滑雪场拥有 870 米亚洲雪场最大有效落差；[②] 北山四季越野滑雪场拥有国际水平的全天候标准化越野滑雪专业训练场，是亚洲首条"雪洞滑雪道"，是我国备战北京 2022 年冬奥会的重要训练场地。万科松花湖、长白山天池雪、北大湖三大滑雪场年接待量稳居全国前列。目前在建的重点冰雪旅游项目还有：总投资 150 亿元的长白山宝马国际文化旅游区，总投资 100 亿元的万科松花湖度假区雪场西扩项目，总投资 98 亿元的池西粉雪小镇，总投资 51.4 亿元的北大湖度假小镇，总投资 30 亿元的长白山京东康养小镇[③]，以及吉林北山四季越野滑雪场、恒大文旅城、"梦吉林"、通化万峰、万达影视城、北大湖中瑞冰雪小镇等。

二　吉林省冰雪旅游高质量发展面临的机遇与挑战

（一）机遇

1. 2022 年北京冬奥会带来的良好契机

2015 年北京冬奥会申办成功后，冰雪运动在我国获得了前所未有的关

① 《"助力冬奥　乐享吉林"北京 2022 年冬奥会倒计时 100 天吉林省冰雪体验系列活动启动》，中国吉林网，2021 年 10 月 27 日，http://news.cnjiwang.com/jwyc/202110/3469250.html#20898。
② 《吉林市做大做强冰雪产业，打造冰雪发展新路径》，中国日报网，2019 年 3 月 22 日，http://caijing.chinadaily.com.cn/chanye/2019-03/22/content_37451048.htm。
③ 万玮：《今朝"冰雪"倍还人——2020—2021 吉林省冰雪季亮点透视》，人民网，2021 年 3 月 21 日，http://jl.people.com.cn/n2/2021/0321/c349771-34632401.html。

注，国家又适时提出了"三亿人参与冰雪运动"的口号，推动国民对冰雪运动的关注上升到新高度，冰雪旅游业随着这股热潮也迎来了史无前例的发展机遇，全国进入冰雪旅游大众化时代。2018～2019 年雪季，我国冰雪旅游人次达 2.24 亿，冰雪旅游收入 3860 亿元，我国已经从冰雪资源大国跃升为冰雪旅游经济大国，冰雪旅游业对我国经济发展的带动系数高达 1∶7。[①]据预测，到 2022 年，我国冰雪旅游将带动相关产业实现 2.92 万亿元的产值[②]。2022 年北京冬奥会将带动冰雪旅游发展进入快车道，吉林省作为国内冰雪旅游基础较好的省份，乘借北京冬奥会的"东风"，将可拥有极大的发展前景。目前已临近北京冬奥会开幕，随之而来的赛事热潮必将推动我国冰雪旅游业进入跨越式发展期，吉林省冰雪旅游业也将迎来一个重要契机，充分利用北京冬奥会带来的强大的辐射效应，将对提升吉林省冰雪旅游品牌知名度、优化冰雪产业布局、提升冰雪旅游质量，打造冰雪强省形成巨大助益。

2. 国家政策的合力助推

国家为了促进冰雪旅游这一旅游业新业态的发展，近年来连续推出了一系列政策举措。《促进中国体育旅游发展倡议书》提出要发展冰雪旅游等项目的倡议之后，《国民旅游休闲纲要（2013—2020 年)》再次提出要发展冰雪类旅游产品，之后的《"十三五"旅游业发展规划》等文件均强调要加快冰雪旅游开发。2016 年习近平总书记提出"冰天雪地也是金山银山"的发展理念后，国家发改委联合国家旅游局等部门印发了《冰雪运动发展规划（2016—2025 年)》，提出了"到 2025 年带动 3 亿人参与冰雪运动"的发展目标，2021 年又进一步推出《冰雪旅游发展行动计划（2021—2023 年)》，提出打造合理的冰雪旅游产业布局和高品质冰雪旅游度假区。2017 年，中俄双方提出共同打造"冰上丝绸之路"，为东北地区的冰雪旅游发展开拓了

---

① 张良祥等：《"一带一路"引领下黑龙江省冰雪体育产业国际合作研究》，《冰雪运动》2019 年第 5 期。
② 《2019 年中国冰雪旅游行业市场前景研究报告（附全文)》，中商产业研究院网站，2019 年 1 月 21 日，https://www.askci.com/news/chanye/20190121/1655441140641.shtml。

新思路。2018 年，总书记又在东北强调要"大力发展寒地冰雪经济"①，各地政府积极响应，纷纷出台了针对冰雪经济的相关政策。这些政策吸引了资本不断涌入冰雪旅游业，促使其市场规模迅速扩大，完善了产业链，不断助推我国冰雪旅游业快速发展。

（二）挑战

1. 日益激烈的地区竞争

随着"北冰南展西扩"战略深入实施，国内冰雪旅游业快速发展，产业竞争也日益激烈，目前已有 28 个省份提出发展冰雪旅游业，许多南方城市也都打出了特色冰雪旅游品牌，室内室外滑雪场纷纷落成。北京冬奥会的举办，势必将北京和河北打造成国内冰雪旅游新中心，张家口崇礼区建立了崇礼冰雪博物馆、崇礼万龙滑雪场，将冬奥元素深刻融入冰雪旅游项目，并且在开展冰雪旅游项目的同时，已经形成了囊括山林观光、农林采摘、山地健身等多元化旅游项目的全季节产业链。新疆鲜明的自然风貌与民族文化为冰雪旅游业发展增添了特色，伊犁州在 2020～2021 年雪季共推出了 78 冰雪旅游项目。内蒙古推出的"冰雪天路"自驾游也掀起了冰雪自驾的热潮。四川推出了许多冰雪旅游新活动，峨眉山景区以冬奥会为主题设置互动活动，成都西岭雪山、海螺沟的冰雪旅游线路广受欢迎。邻省辽宁也在原有产业基础上求新求变，大力推进冰雪旅游融合发展，推出了"冰雪 + 温泉""冰雪 + 民俗"等 12 条旅游路线。吉林冰雪旅游业对资源禀赋与地理位置的依赖比较重，面对激烈的地区竞争，若不能形成特色、积极推进转型升级与品牌宣传，传统优势将会流失。

2. 复杂变化的旅游需求

随着冰雪运动的大众化，冰雪旅游作为一种参与性和体验性极强的旅游项目越来越受到青睐，游玩方式与产品需求也呈现许多有别于传统旅游的新

---

① 《"冷"资源变"热"产业 吉林大力发展寒地冰雪经济》，光明网，2020 年 11 月 26 日，https：//m. gmw. cn/baijia/2020 – 11/26/34402988. html。

变化。相关数据显示，近年来冰雪旅游游客以年轻人居多，占比最多的是"80后"游客，占游客人次的1/4以上，其次是更年轻的"00后"，年轻游客对旅游产品的人性化、个性化、灵活性、安全性和舒适性要求更高，传统旅游路线难以满足他们的需求。从携程旅游预订数据来看，传统冰雪旅游路线"遇冷"，灵活性强、舒适度高的冰雪定制游线路需求增长迅速，亲子游、向导游成为冰雪旅游深度体验的新潮流。随着向导游的兴起，东北民俗美食、冬捕体验、泼水成冰等小众旅游项目也成为热门。

疫情的发生也对人们的消费观与旅游需求产生了很大的影响，游客对强健体魄、生态休闲的追求到达空前的高度，适合大众体验、能满足健身休闲需求的非专业性冰雪运动项目市场前景广阔，一些民俗体验、生态休闲、亲子研学等参与性强的冰雪旅游项目需求较高。此外，还有大量冰雪运动爱好者因疫情将国外旅游需求转到国内，为他们提供高品质的旅游体验是国内冰雪旅游增加客流量和提高品牌知名度的必然选项。吉林省冰雪旅游必须摒弃老旧观念，顺应市场需求，求新求变，才能应对多样化旅游需求带来的挑战。

三　吉林省冰雪旅游发展的不足之处

（一）基础设施不够完善

吉林省是国内开发冰雪旅游较早的地区，发展至今，许多公共设施已经与当前的需求不匹配，交通标识不够完善，人性化设计不足。景区基础设施老旧，后期的管理维护与升级不够及时，客服中心与便利设施缺乏，景区导览图、停车场、景区内接驳车不够完善，尤其是冰雪运动场地缺乏配套的安全保障设施，存在安全隐患，这点在很大程度上限制了冰雪运动的开展。随着其他省份涌现大批设备先进、功能齐全的冰雪旅游区，吉林省许多老牌冰雪旅游区客源流失，口碑下降。吉林省许多知名冰雪旅游度假区都远离城区、位于偏远山区，交通便利程度不高始终制约着度假区发展，省内机场较

少，机场与景区的转乘与接驳环节欠缺，公路及铁路路线耗时长、高速限速低，滑雪设备进站上车困难等问题近年来仍未得到有效解决。不断升级完善基础设施是吉林省冰雪旅游能够在冬奥会风潮中走上高质量发展之路的前提。

（二）服务质量不高

吉林省旅游从业人员服务意识较为欠缺，配套服务不健全，服务态度、服务质量与旅游业发达地区都存在较大差距。许多旅游企业为了降低经营成本，雇佣专业水平与文化水平较低的员工，对从业人员的专业素质与服务水平缺乏规范性要求，也缺少后期培训，从业人员的业务水平得不到提高，造成行业整体服务质量不高，影响游客满意度与重游率。此外，冰雪旅游业中的冰雪运动项目，专业性强、危险性高、游玩门槛高，非常需要专业人员提供指导和安全保护。而吉林省对旅游人才的重视程度一直不高，为冰雪运动人才提供的待遇不够优厚，作为国内冰雪运动人才辈出的省份，吉林省冰雪运动专业人员大量输出到北京、河北等其他地区，人才流失严重，省内冰雪旅游区普遍缺少专业教练指导，降低了游客的游玩体验，影响了吉林省冰雪旅游业的发展。

（三）低水平竞争与重复建设较多

吉林省冰雪旅游虽然场地众多，但政府管理机构相对分散、职能有限，尚未形成全省联动的规范化开发与管理，缺乏有效的协调机制，导致省内冰雪旅游项目结构单一，场馆设施与类型雷同，冰雪项目数量不断增加但质量不高，低水平同质化项目反复开发。重复建设造成资源上的浪费，不利于可持续发展，单调陈旧的旅游项目也使游客感到厌倦，拉低了吉林省冰雪旅游的品质。许多企业为了争夺客源，用较低的投入开发中低档旅游项目，采取低价营销的竞争手段，只顾短期利益，不求创新、不顾口碑，甚至存在卫生与安全隐患。产品开发仍聚焦在冰灯、雪雕、滑雪等传统项目上，主题雷同，乏善可陈，这种重复建设严重影响了吉林省冰雪旅游的形象与口碑。

（四）吸引力不强

吉林省冰雪旅游项目目前特色不够突出，旅游形象模糊，在游客心中的吸引力不强、知名度不高，面对国内日益激烈的冰雪旅游竞争，吉林省尚未对自身特色进行深度挖掘与提炼，没有形成品牌效应，"站稳脚跟"。省内许多得天独厚的地域特色尚未得到充分的开发利用，如满族传统民俗文化与民俗美食、朝鲜族传统民俗文化与民俗美食等元素，在冰雪旅游项目中的融合程度不高，活动设计单一、氛围不足，导致游客参与性不高。由于缺少有效的市场监督，许多旅游场所存在环境脏乱差、食品卫生安全没有保障的情况，游客体验感较差。在旅游纪念品开发上缺乏创意、文化元素融合度不高、特色不明显。加上宣传不到位，宣传范围小，营销手段单一，较之其他地区，吉林省冰雪旅游缺乏吸引力。

四　吉林省冰雪旅游业高质量发展的建议

（一）完善旅游产品供给与服务

完善与冰雪旅游业相关的住宿、餐饮、交通、娱乐等基础设施和提升产品供给与服务水平，是吉林省冰雪旅游高质量发展的核心。首先，要加快景区开发与升级，推进塑料旱雪项目进程，完善景区公共设施与专业设备配套，建设标准化的客服中心、景区导览与标识、休息驿站等；为专业程度不同的冰雪旅游爱好者提供专业冰雪运动场地和大众体验场地，增设多元化游玩项目。其次，努力解决旅游目的地高效通达问题，推行景区直通车，提供方便快捷的转乘服务。打通全省旅游交通脉络，加快公路与景区衔接建设，在雪季增加冰雪旅游重点客源地航班与航线。再次，提升冰雪旅游服务水平，以"周到妥帖、高效专业"为原则对从业人员进行专业化培训，同时做好市场监管，在产品质量上做到保质保量，在消费价格方面做到公开透明，维护吉林省冰雪旅游的口碑与品牌形象。最后，重视安全服务。监管部

門要对景区安全设施做好检查，经营部门要做好安全设施维护与管理，对冰雪运动项目要完善保险服务与加强安保陪同，确保游客安全，避免因安保措施不到位导致的旅游事故，打消游客的安全疑虑。

（二）提升文化内涵

与文化产业深度融合是旅游业走向可持续、高质量发展的基础。吉林省要以深厚的历史文化与独特的民俗文化为基础，为冰雪旅游业注入文化内涵，以"长白山地域文化"构建吉林省的冰雪文化内核。首先，对吉林省特有的满族民俗文化、朝鲜族民俗文化、关东民俗文化、冬捕狩猎文化等进行深度挖掘，开发民俗观光、美食街区、民族服饰展览、演艺观赏等旅游项目。对一些传统冰雪嬉戏活动，如放爬犁、动物拉冰车、抽冰嘎、冰上龙舟等进行提炼升级，推出相关旅游项目。其次，充分利用每年的大型冰雪活动，如吉林雾凇节、吉林雪博会、查干湖冰雪渔猎文化旅游节、吉林市国际冰雪摄影展等，形成多种冰雪文化旅游活动，打造"长白山文化"名片。再次，将冰雪旅游与吉林省富有特色的乡村文化、红色文化等相结合，丰富旅游产品形态。最后，依托科技手段，将吉林省冰雪文化由平面故事转化成立体影像，通过展览馆、博物馆以及网络平台展出，通过文化科普的形式增强吉林省冰雪旅游的吸引力。

（三）塑造品牌影响力

吉林省冰雪旅游业要想在激烈的地区竞争中占据一席之地，改变其旅游形象模糊的现状、树立特色鲜明的品牌并扩大影响力是关键。首先，加快吉林省国际冰雪经济高质量发展示范区建设，积极推动其上升为国家战略，以此为依托树立吉林省"国际高端冰雪旅游目的地"品牌形象，擦亮"12度粉雪"品牌。其次，围绕"国际高端冰雪旅游目的地"品牌形象，整合省内冰雪旅游资源，提炼组合，形成"冰雪+健身""冰雪+温泉""冰雪+民俗""冰雪+养生""冰雪+研学"等精品路线。再次，依托雾凇资源，打造世界级雾凇观赏圣地，建设高标准的雾凇观光带；扩

100

大查干湖冬捕狩猎文化影响力，深度挖掘开发系列文化旅游产品。最后，拓宽宣传渠道与宣传范围。积极举办优质的冰雪赛事与节庆活动，举办国家级、国际性冰雪博览会，借以扩大吉林省冰雪产业的知名度与影响力；积极推动与冰雪产业相关的演艺作品、影视作品、文学作品等的创作；乘借北京冬奥会的"东风"，积极争取在冬奥会各项推介活动中加入吉林元素；充分利用线上宣传与营销，不断推出旅游产品介绍、项目推介、优惠营销等。

（四）推进冰雪旅游数字化服务

数字时代的到来使旅游方式与旅游需求更多样化，推进数字化服务是冰雪旅游高质量发展的有效途径。树立"智慧冰雪"意识，综合运用大数据、5G、互联网等技术与平台，逐步建立覆盖冰雪旅游全产业链的数字服务体系。在线上营销上，利用大数据对游客的旅游偏好与消费习惯进行分析，提供有针对性的旅游产品推介，并从中探索冰雪旅游发展规律与方向；增加个人定制界面，满足多样化需求；完善网上预订服务，优化线上购买、线下核销流程，提供更方便快捷的服务。在出行服务上，增加景区云服务中心、视频监控、室内导航、无接触自助服务等设施建设，增添景区实时客流量信息查询、实时天气预报、实时航空信息查询、多语种电子导游、3D实景导览、免费Wi-Fi等服务。利用虚拟现实技术与穿戴式设备，开发虚拟冰雪游玩产品，使不方便亲身参与冰雪旅游的人群也能切实体验吉林冰雪的魅力，从而扩大消费群体。在监管上，充分利用数字技术，对游客的信息安全、身份认证、景区设施监察、应急处理、游客意见反馈等维护系统进行全面升级，提高监管效率。

（五）建立区域协同发展机制

在全国各地纷纷发展冰雪旅游的热潮之下，吉林省冰雪旅游业高质量发展必须立足高远，树立开放共享的理念，主动融入国内国际双循环，建立系统的区域协同发展机制。首先，从全省布局出发，统一冰雪旅游产业规划。

打破行政壁垒，改变地区恶性竞争、管理分散的局面，避免重复建设与生态破坏。鼓励邻近市县共同开发，加强东西双廊的冰雪流量相互流动，畅通省内冰雪旅游联合与交流渠道，促进技术共享，以优势地区带动全省冰雪旅游发展。其次，争做国内冰雪领跑者。加强与东北地区其他省份与地区的交流合作，利用相似的文化背景与便利的交通条件，整合资源，共建东北冰雪经济功能区。推动冰雪经济南北合作，加强与京张、浙江的区域协作，加快与新疆共建冰雪经济高质量发展试验区进程。最后，构建吉林冰雪开放新格局。开拓国际市场，借助"冰上丝绸之路"，加强与俄罗斯、欧洲、日韩等地的冰雪合作。筹办冰雪旅游国际论坛，发挥冰雪产业国际专家智库的作用，探索国际冰雪旅游合作机制，推动吉林省冰雪旅游业走向国际化。

参考文献

张玲、胡卫伟：《举办冬奥会对我国东北冰雪旅游发展的影响》，《农村经济与科技》2018 年第 12 期。

常晓铭、刘卫国：《"一带一路"背景下北京冬奥会推动我国冰雪旅游产业融合发展研究》，《北京体育大学学报》2020 年第 7 期。

李欣泽：《2022 年北京冬奥会背景下吉林省冰雪体育旅游产业发展研究——以长白山万达冰雪小镇为例》，硕士学位论文，吉林大学，2020。

国瑶、侯丽红：《2022 年冬奥会背景下吉林省大众滑雪运动推广研究》，《产业创新研究》2020 年第 6 期。

李在军、崔亚芹：《中国冰雪旅游产业融合发展的机制与推进路径研究》，《首都体育学院学报》2021 年第 3 期。

B.8
吉林省人参产业高质量发展问题研究

李冬艳[*]

摘　要： 发展人参产业，满足人民日益增长的对"药食同源"产品的需要。吉林省作为人参产业大省，"十三五"时期人参产业稳步发展，产业基础建设硕果颇丰，区域化生产格局基本形成，人参品牌建设跃上新台阶，人参品种培育取得新进展；人参产业已经成为吉林省农业支柱产业，人参播种面积、产量、经济效益不断增长；发展方式不断转变升级。与此同时，吉林省人参产业发展存在"一家一户"分散经营、产业化程度低、缺少要素投入、传统优势面临挑战等问题，影响全省人参产业健康发展。为此，吉林省人参产业要在我国"以国内大循环为主体、国内国际双循环相互促进的新发展格局"框架下，通过创新发展平台、推进标准化生产、培育特色品牌、促进产业升级、做大做强流通产业等措施，保障全省人参产业高质量发展。

关键词： 人参产业　药食同源　高质量发展

吉林省农业十大产业之一的人参产业，是具有发展潜力和发展活力的特色产业。在人参药食同源政策引导下，通过集聚参地资源、集中加工力量，建设富有特色、规模适中、带动力强的特色产业集聚区，打造吉林省长白山区域"一县一业""多县一带"的人参产业集群，充分发挥通化快大、抚松

---

* 李冬艳，吉林省社会科学院农村发展研究所副研究员，研究方向为区域经济与农村发展。

万良、集安人参市场的带动作用，发挥集安国家人参现代农业产业园的引领作用，形成以人参产业为主导的"一村一品"微型经济圈、农业产业强镇小型经济圈、现代农业产业园中型经济圈、优势特色产业集群大型经济圈，构建吉林省人参产业高质量发展新格局。

一　吉林省人参产业发展状况

吉林省长白山区的15个县（市、区）是人参的主要栽培区，近年来人参面积稳定在1万公顷，产量占全国60%，2020年全省人参产业产值1000亿元。

（一）吉林省人参产业进入高质量发展新阶段

从2010年开始，吉林省出台了一系列支持人参产业发展的政策，包括人参产业管理办法、产业条例、产业振兴意见、高质量发展意见等。这些政策推动全省人参产业扩产能、成规模、达效益，促进其进入了高质量发展新阶段。

1. 人参产业重点发展区域标准化生产示范基地建设范围确定

按照《吉林省人民政府关于振兴人参产业的意见》，全省加强标准化生产基地建设。根据国家地理标志保护区域划定和吉林省人参资源禀赋，按照经济发展规律和自然规律，确定长白、抚松、靖宇、临江、江源、通化、集安、辉南、安图、敦化、汪清、珲春、和龙、蛟河、桦甸15个县（市、区）为人参标准化种植重点发展区域。同时确定了抚松人参产业园、集安新开河产业园、敦化敖东工业园、靖宇健康产业园、延吉紫光产业园、长白产业园等6个人参产业园区和20个人参标准化生产示范基地建设。①

---

① 《吉林省人民政府关于振兴人参产业的意见》（吉政发〔2010〕19号），长春市人民政府网站，2011年2月24日，http://www.changchun.gov.cn/zw_33994/xxgk/gkzl/cczhengbao/2010n/d07qzb_2268/szfwj_2271/201702/t20170220_1626453.html。

2. 人参产业和人参产品的全面发展进一步规范

《吉林省人参管理办法》[①] 的出台，规范了全省人参种植、加工、经营秩序，保障人参及其产品质量安全，维护人参种植者、加工者、经营者、消费者的合法权益，促进人参产业健康、高效、可持续发展，明确了人参产品生产、加工范围，为其发展指明了方向。《吉林省人参管理办法》指出，人参包括根、茎、叶、花、果实和种子、种苗；人参除用于中药饮片和中西成药原料外，还可以作为原料用于食品、药品、保健食品、食品添加剂和日用化工品、工艺品等产品的生产，但应当符合国家或者省人参产品质量标准和人参食品、药品安全标准。

3. 人参产业标准化进程加快

在《吉林省人参产业条例》[②] 的指导下，全省人参产业实现了健康、可持续发展。通过规划人参产业规模、结构和布局，支持非林地种植人参，全省人参种植向非林地发展。通过制定行业标准，推广、应用人参及其产品的标准化生产，支持发展人参精深加工产业，推广非林地种植、精深加工及安全生产技术，保障了人参产品质量。

4. 人参产业进入了高质量发展阶段

人参产业是吉林省农业的支柱产业。[③] 在《吉林省人民政府办公厅关于推进人参产业高质量发展的意见》的推动下，全省着力构建现代人参"三大体系"[④]，坚持绿色发展，打造吉林省人参产业和产品品牌，培育人参种植业、加工业新主体，发展人参加工业新业态，通过强化新动能，推进全省人参产业升级转型，提高人参产品质量，把人参产业打造成吉林振兴发展的

---

① 《吉林省人参管理办法》已经 2010 年 9 月 15 日省政府第 11 次常务会议讨论通过，自 2011 年 3 月 1 日起施行。

② 《吉林省人参产业条例》2015 年 3 月 27 日吉林省第十二届人民代表大会常务委员会第十五次会议通过。

③ 《吉林省人民政府办公厅关于推进人参产业高质量发展的意见》（吉政办发〔2019〕5 号），吉林省人民政府网站，2019 年 1 月 22 日，http://xxgk.jl.gov.cn/szf/gkml/201901/t20190122_5502695.html。

④ "三大体系"指产业体系、生产体系、经营体系。

战略支柱产业。全省确定了"统筹利用采伐迹地种参、林下参、非林地种参三种模式",并且在过去 15 个人参生产核心区的基础上,扩大到 24 个人参生产保护区①。

(二)人参产业发展基础建设取得丰硕成果

1.区域化生产格局基本形成

吉林省人参产业主要集中在中、东部的长白山区。经过多年的市场化运作,人参产业"三大体系"基本建成,包括产业化龙头企业、合作社、家庭农场、农户以及科研机构的人参产业经营主体已经形成,全产业链分工协作的全省人参产业的区域化生产格局基本形成。

以敦化市、延吉市为核心的长白山人参北部片区。在空间上,覆盖敦化、延吉及安图、汪清、珲春、和龙、龙井、图们、蛟河、桦甸、磐石、舒兰、永吉等县(市)的长白山北部"人参产业园区 + 种植基地 + 科技支撑"的人参产业集群已经形成。充分发挥敖东人参产业园与延吉人参产业园的带动作用,由省级龙头企业牵头,联合大学科研机构,以敦化市、延吉市为核心,带动其他 11 县(市)人参合作社与农户共同组建长白山人参产业集群北部片区。

以抚松县、靖宇县、柳河县、通化县与集安市为核心的长白山人参南部片区。在空间上覆盖抚松、靖宇、柳河、通化、集安及长白、临江、江源、浑江、辉南、梅河口等县(市、区)的长白山南部"人参产业园区 + 种植基地 + 科技支撑"的人参产业集群已经形成。充分发挥抚松人参产业园、靖宇人参健康产业园、通化快大人参产业园、集安现代农业产业园的带动作用,由省级龙头人参企业牵头,联合人参加工、制药、保健品等龙头企业,依托大学科研机构,以抚松、靖宇、柳河、通化与集安 5 县(市)为核心,带动其他 6 县(市)人参合作社与农户共同组建长白山人参产业集群南部

---

① 确定"长白、抚松、靖宇、临江、江源、浑江、通化、集安、辉南、柳河、梅河口、敦化、安图、汪清、珲春、和龙、龙井、延吉、图们、蛟河、桦甸、磐石、舒兰、永吉"等 24 个县(市、区)为全省人参生产保护区。

片区。

在全省范围内基本形成了，以敦化、延吉、抚松、靖宇、柳河、通化、集安等 7 个县（市）为核心，辐射带动其他 17 个人参主产县（市、区）种植、加工、销售各方面全面发展，形成全省人参产业"一盘棋"的产业发展模式。通过近年来的品种选育、药食同源精深加工新产品开发、林下参与非林地种参生产标准化、人参冷链仓储与交易等重要环节，全省人参全产业链全面升级。

2. 吉林省人参品牌建设跃上新台阶

吉林省高度重视人参产业的发展，始终将品牌打造作为推进人参产业高质量发展的重点工作。

打造"吉字号""长白山人参"品牌。按照吉林省委、省政府打造"吉字号"人参品牌的战略部署，全省集中力量打造了"长白山人参"品牌。自 2010 年成功注册以来，吉林省陆续出台了一系列支持人参产业发展的政策措施，开启了企业主体运作、政府推进的品牌运营模式，建立了品牌产品专卖和连锁营销模式。在省级层面成立了品牌管理委员会，建立并逐渐完善品牌产品安全追溯体系，并且制定了行业品牌标准，实施品牌企业筛选及品牌产品认证。

建设和保护品牌，提高"长白山人参"品牌产品质量。"长白山人参"品牌获得了马德里联盟缔约国及中国港澳台地区的商标保护，完成了商标的认定。在全省范围内，建立人参良种繁育基地、成立"长白山人参"种植联盟、启动品牌产品质量追溯体系建设，提高"长白山人参"品牌产品质量。目前，全省已有 52 户企业的 206 种产品加盟"长白山人参"品牌，"长白山人参"品牌价值 190.48 亿元，在全国 374 个著名区域公用品牌中排名第一。

全省人参企业品牌数量大幅度增加。截至 2020 年末，全省注册资本超过 200 万元的人参生产、加工企业 25 家，注册资本总计 241.27 亿元（见表1）。

表1　吉林省主要人参企业品牌

单位：万元

序号	品牌	企业名称	注册资本
1	和善堂	华润医药控股有限公司	1500000.00
2	新开河	康美药业股份有限公司	497386.17
3	紫鑫	吉林紫鑫药业股份有限公司	128075.98
4	敖东	吉林敖东药业集团股份有限公司	116277.82
5	恩珍源	吉林韩正人参有限公司	66279.22
6	益盛药业	吉林省集安益盛药业股份有限公司	33095.16
7	金立华	珲春华瑞参业生物工程股份有限公司	13770.00
8	加一	吉林加一健康产业股份有限公司	10500.00
9	东升伟业	吉林东升伟业生物工程集团有限公司	8100.00
10	皇封参	长白山皇封参业股份有限公司	8000.00
11	吉林参威	吉林省参威人参产品科技股份有限公司	7000.00
12	康老大	通化百泉参业集团股份有限公司	6900.00
13	修正	修正药业集团股份有限公司	5000.00
14	白山传奇	吉林白山传奇健康药业有限公司	5000.00
15	身魂	延边大阳参业有限公司	3300.00
16	汪特	吉林省中华参科技开发有限公司	2360.56
17	长白山人	吉林省利生源生物制品有限公司	2000.00
18	开城医药	延边开城医药有限公司	1000.00
19	吉韩庄	长春市吉韩参业有限公司	1000.00
20	龙岗山	吉林省龙岗山生态特产科技开发有限公司	606.00
21	吉内实 Gnes	珲春闻晓堂参业有限公司	510.00
22	丰义	吉林省丰义健康科技集团有限公司	500.00
23	万河	白山市万河参茸有限公司	500.00
24	大森林派	集安市大森林派电子商务信息咨询有限公司	350.00
25	一庆堂	吉林省华成土特产有限公司	200.00

资料来源：品牌网，https：//www.maigoo.com/news/473647.html。

（三）人参种植业已经成为农业支柱产业

全省人参产业无论是播种面积增长率，还是产值的增长率均好于农业，并且人参产业产值的绝对值几乎接近全省种植业产值，人参产业已经成为农业支柱产业。

1. 规模不断扩大

"十三五"时期，吉林省人参产业规模不断扩大。全省人参种植面积

2020 年达到 12568 公顷，产量达到 31734 吨，分别比 2015 年增长了 1.23 倍、17.56%，年均分别增长了 17.39%、3.29%（见表2）。全省人参产业播种面积"十三五"时期增长率比全省农作物同期增长率多 24 个百分点，呈显著增长态势。

表2　2015～2020 年吉林省人参生产发展情况

年份	播种面积(公顷)	产量(吨)	产值(亿元)
2015	5637	26996	320
2016	6334	27145	422
2017	7904	30088	550
2018	9801	36103	700
2019	11182	30786	850
2020	12568	31734	1000

注：2020 年面积和产量数据是组织根据 2015～2019 平均增速计算而得；产值数据是根据省参茸办公室提供的 2010、2017、2020 年产值，由作者按年平均增速计算而得。

资料来源：2016～2021 年《吉林统计年鉴》。

2. 效益跨越式增加

全省人参产业 2020 年产值达到 1000 亿元，比 2015 年增长了 2.12 倍，"十三五"时期年均增长 24.07%，相比全省农林牧副渔总产值或者农业（种植业）产值，呈现跨越式增长态势（见表2、表3）。

表3　2015～2020 年吉林省农业生产情况

单位：千公顷，亿元

年份	农作物播种面积	农林牧副渔总产值	农业（种植业）产值
2015	5997.9	2292.97	1114.70
2016	6063.3	2167.89	948.98
2017	6086.2	2064.29	895.83
2018	6080.9	2184.34	992.96
2019	6117.0	2442.73	1014.12
2020	—	—	—

资料来源：2016～2021 年《吉林统计年鉴》。

（四）发展方式不断转变升级

1.园区集聚带动产业发展

截至 2020 年，全省已经建立 6 个省级（含国家级）人参产业园区，即抚松人参产业园、靖宇人参健康产业园、通化快大人参产业园、集安现代农业产业园、敦东人参产业园与延吉人参产业园（简称"六园"）。通过"六园"建设，集聚了全省人参产业中的大型企业和绝大部分规上企业，同时构建了沿长白山脉南北拓展的人参优势特色产业集群带，带动全省人参种植、加工和销售业快速发展。

2.市场集聚带动产业发展

全省通力打造人参产业专业市场，通过市场的建立，培育吉林省、东北地区甚至是全国人参产品的集散地和交易中心，进而通过市场把分散的个体经营和错综复杂的交易整合成有机整体，较好地促进了消费市场发展，带动了全省乃至全国人参产业快速健康发展。一是万良长白山人参市场的营销正在由过去的人流带物流的模式向信息流带物流的模式转变。目前，万良长白山人参市场已经成为亚洲最大的人参交易集散地，水参年交易总量 58520吨，人参年交易额达 160 亿元。万良人参价格已经成为全国乃至世界人参市场的"晴雨表"。二是集安清河澳洋野山参国际交易中心充分利用"集安边条参"全国农产品地理标志资源，在原有边条参市场的基础上，引进澳洋集团出资新建"中国·清河澳洋野山参国际交易中心"，这将成为全国最大的野山参交易中心和人参文化展示、体验中心，每年可实现交易额 100 亿元。三是通化快大人参产业园人参交易市场①打造长白山人参产业领军品牌。快大人参交易市场背靠快大人参产业园，由鲜参市场和干参市场构成，主要经营园参、生晒参、西洋参及各种人参粗加工产品，并提供野山参、林下参等干鲜山参、山参系列产品。快大人参交易市场采取统一构架、统一生

---

① 卢红：《通化快大人参交易市场全面开市》，网易新闻，2017 年 6 月 29 日，https：//www.163. com/news/article/CO2BGU9B00018AOP. html。

产、统一品牌和统一营销的运营方式增强企业发展竞争力，全力建设成为中国最大的人参及其产品集散地，打造长白山人参产业领军品牌。

二　吉林省人参产业发展存在的问题

人参产业快速发展的同时，也暴露了人参种植、生产、加工及标准化管理等方面的问题，这些问题是吉林省人参产业高质量发展的瓶颈。

（一）种植技术不规范，影响人参质量

"一家一户"分散经营，种植技术不规范，影响人参产品质量。《中国药典》修改以后，对人参质量标准提出了更高的要求。但是吉林省部分地区人参种植规范化水平低，仍沿用以"一家一户"分散经营为主的传统种植模式，质量监管难以到位；非林地种参方兴未艾，种植水平参差不齐；部分参农急于收回成本，将人参提前作货，致使人参有效成分含量低；有个别参农盲目追求高产而过量使化肥农药，导致人参出现农残、重金属超标，对全省人参品质和安全性有一定负面影响。

（二）规模化程度低，缺乏市场竞争力

产业化程度低，制约规模化发展，缺乏市场竞争力。吉林省中、东部地区人参加工产业发展不平衡。中部加工企业数量较少，大部分为初级加工企业，原料不能自给，产品未品牌化，属于粗放型经营；东部地区加工企业数量较多，产品品类较丰富，但龙头企业数量少，带动能力较弱，缺乏精深加工的拳头产品，原料型产品比重大、高精尖产品比重小，产品附加值低，质量参差不齐，产业链条短，市场占有率低，品牌知名度不高，同时新产品开发滞后，在国际市场上，企业竞争力不强。

（三）缺少要素投入，人参企业全面转型困难

缺少要素投入，重要技术突破仍需时日，参地选择面临"两难"。一是

科技贡献率不高。由于各级政府部门和生产企业科研经费投入没有明显增加，对老参地再利用等重大课题还没有攻克，对一系列非林地种参关键性技术难题尚未完全突破；技术创新体系和标准化生产体系还不健全，导致技术创新能力不足，标准化技术推广普及不到位，高级人才短缺，人员队伍老化，致使技术力量薄弱，导致企业全面转型困难。二是参业用地资源减少，制约产业规模化发展。随着国家天然林保护政策的实施，吉林省东部白山市和集安市等传统伐林种参地区，面临参地资源枯竭，广大参农无地可种参的窘境。而非林地种植技术仍需要进一步完善和提高，老参地再利用技术没有实质性突破，参农面临着"上山"破坏环境，"下山"不能重复利用的两难境地，参业用地供需矛盾突出。

（四）种植面积不足，传统优势弱化

种植方式变化，使传统优势逐渐消失，严重影响吉林人参市场份额。一是人参种植用地中林地栽参和非林地栽参面积不断萎缩。例如，集安市剩余宜参地面积仅为3万亩，通化县剩余宜参地面积仅为5.3万亩，两县（市）宜参地可持续发展期仅有8～10年，10年后将面临人参无地可种的局面。二是传统种参优势逐步减弱。边条参是经过几百年培育出来的适应于长白山区伐林种参的自然品种之一，是吉林省鲜人参品质领先于韩国人参的法宝。边条参是新开河红参的唯一原料，新开河红参也是我国唯一能与韩国高丽红参媲美的红参产品。但随着种植模式的转变，新开河红参的品质优势由于缺少原料将逐渐消失。

三 吉林省人参产业高质量发展的对策建议

长白山人参产业，按照"点、线、面"结合、人参全产业链功能有机衔接的布局要求，突出打造"六园、三片区"（"三片区"即长白山人参产业集群北部片区、长白山人参产业集群南部片区和长白山人参产业集群辐射带动片区）的发展格局，引导人参精深加工、交易流通等二、三产业向园

区聚集，支持人参标准化种植基地在三大片区集中连片规模化建设，通过"六园、三片区"合力构建沿长白山脉南北拓展的人参优势特色产业集群带。

（一）建设集聚区，创新人参产业发展平台

充分利用吉林省长白山资源优势，发挥产业集聚的作用，使"长白山人参"在长白山区域高度集中，打造全国领先、具有相当大规模的专业化市场，形成具有完整产业链的集种植业、加工业、销售服务业的人参产业集群。一是建设人参产业示范村。在长白山区域，选择资源禀赋较好、长期种植人参、有丰富参地资源的行政村，推广先进的种植技术，规范人参种植，建设人参产业示范村。二是建设人参产业强镇。在比较连片种植人参的乡镇，因地制宜，结合自身优势，按照"一镇一品""一镇一业"的模式，以人参产业为主导产业，建设人参产业强镇。三是提升人参现代农业产业园功能。强化全省人参产业"六园"建设，不断提升、扩展"六园"功能，吸纳更多的企业进入园区，逐渐形成园区特色，避免同质化发展。四是建设优势特色产业集群。在提升"六园"功能的基础上，打造具有吉林特色的长白山人参产业"三片区"集群，逐步形成长白山区域乃至全国山参、林下参、非林下参（园参）集散地和交易中心，带动全省人参产业高质量发展。

（二）引导企业联合，促进人参加工业转型升级

强化政策引导，加强六大人参产业园区建设，引导人参精深加工龙头企业向园区集聚发展。以国家级、省级农业产业化龙头企业为重点，在"三片区"打造培育集生产、精深加工、流通、营销、服务全链条于一体的人参精深加工产业化联合体示范样板，采用产业链带动、品牌带动、市场带动、技术带动、标准带动等多种模式，促进产业链上的中小企业集聚发展，支持联合体突出人参文化与特色，培育新业态与新模式，促进产业深度融合。一是打造领军型人参产业龙头企业。加速本土企业家的培育，为龙头企业实现转型升级启发思维，提供智力支撑和保障。全面落实支持人参产业科

技创新的各项政策，激励企业加大研发投入力度，调动创新积极性。二是壮大人参产品加工企业集群。各产业园区要加大招商引资力度，培育大型人参加工龙头企业，建设大众化及高端化的精制人参产品开发和生产基地；培育投资规模大、带动作用强的以人参提取物、食品、保健食品及日化产品为主的精深加工龙头企业，延长产业链条，丰富产品品种，向人参加工规范化、规模化、集约化、集群化方向发展。三是培育人参产业化联合体。推动新型人参经营主体走向联合，促进人参产业向标准化、现代化发展，探索人参终端产品，增强人参产品加工业发展后劲，提高人参产品附加值和产业整体竞争力。

（三）通过政府主导，培育人参特色产业品牌

一是在政府主导下，借鉴"吉林大米"品牌的打造方式，按照"地理标志产品吉林长白山人参"（GB/T 19506–2009）国家标准，全力打造人参"吉字号"品牌。二是做大做强优势特色品牌。充分发挥人参产业化龙头企业品牌的优势，坚持公益性和商业性宣传相结合，在政策扶持下，通过企业自身开展品牌宣传。运用各种营销手段，在扩大宣传"长白山人参"品牌的同时，提升人参企业品牌知名度，提高品牌的价值和市场占有率。三是强化品牌保护和监管。四是实施人参绿色产品认证。提高产品档次，增加市场份额，满足市场对高端人参绿色产品需要。

（四）实施政策扶持，推进人参产业标准化生产

全面实施对人参产业的支持政策，建立起涵盖人参种植、加工、流通等全产业链，涵盖药品、保健品、化妆品和食品及野山参、移山参鉴定等各领域的系列标准，为全面提升人参产品高质量发展提供依据。一是扶持好人参产品标准化示范基地建设。利用"六园""三片区"已有的人参产业发展基础，本着严格、规范、务实、发展的原则和提高管理水平的要求，建立人参产品标准化生产基地，大力推进人参产品标准化生产和全程质量控制，促进人参产业持续健康发展。二是建立完善的人参产品质量安全追溯体系。三是

健全完善人参产品质量安全监管体系。遵照乡村振兴战略关于支持建立生产精细化管理与产品品质控制体系和采用国际通行的良好农业规范的部署，按照农业农村部关于质量兴农、绿色兴农、品牌强农和积极推动农产品质量安全全程控制体系生产基地创建的要求，在全省开展人参产品全程质量控制技术体系工作。

（五）培育国内外市场，做大做强人参产品流通产业

一是开发人参产品省内外市场。开展人参"药食同源"特性的宣传推广，培养人参入食的消费习惯，创造更广阔的人参消费市场。二是创新人参产品营销模式。由原来单一线下销售，创新为线下销售、网上销售和期货销售相结合。根据不同的消费群体，对吉林省人参产品的不同需求，进行精确的市场划分；探索人参产品进入期货市场的路径，避免人参现货市场价格的大幅波动，有效保障人参产业的持续健康发展。从我国期货市场实际情况来看，积极开展人参期货交易试点，并最终推动人参期货上市交易,[①] 能够丰富当前商品期货市场的交易品种，优化现有农产品期货市场的结构，使人参种植户、人参经销商及人参相关中医药企业有机会利用期货市场价格发现和套期保值的作用，改变传统的交易模式，为种植户减少损失、企业锁定成本和利润提供更有效的保障。三是对焦国际市场，建立人参大数据平台。通过吉林省人参产业大数据分析平台建设，为全省人参产业提供信息化数据化支撑系统，促进吉林省人参产业高质量发展。

---

① 王忠伟、张璇：《我国开展人参期货交易的可行性研究》，《大众投资指南》2020 年第 2 期。

创新开放篇

Innovation and Opening

B.9
吉林省科技创新生态优化研究

肖国东*

摘　要： 科技创新生态为各种相关创新主体与创新环境之间相互作用和相互影响的有机系统。创新的力量，源于优良的生态，持续营造良好创新生态，有利于全面激发市场活力和社会创造力，形成创新驱动发展强大合力，让创新源泉充分涌流。目前，吉林省科技创新主体地位日益突出，科技创新平台有序推进，研发力量不断增强，一批科技创新成果也取得新突破，但仍然面临着研发投入强度较低、科技创新人才不足、科技成果转化不显著、体制机制有待完善等问题，导致创新主体与创新环境之间协同作用难以发挥。基于面临的主要问题，借鉴外省市在发挥企业在科技创新中主体作用、推动产业链与创新链互动融合、完善科技创新服务体系、创新体制机制等方面的有益经验，应全面激发企业作为创新主体活力、全方位全领域推进协同创新、全面支持建设新型研发

---

* 肖国东，吉林省社会科学院经济研究所副研究员，博士，研究方向为数量经济学、产业经济学。

机构、全面营造先进创新文化氛围，以进一步优化吉林省科技创新生态。

关键词： 科技创新生态　区位熵　协同创新

一　吉林省科技创新生态现状

（一）科技创新主体地位日益突出

2020 年吉林省认定高新企业 1085 户，有效期内国家高新企业数量达到 2495 户，首次突破 2000 户，同比增长 46.9%，增速居全国前列，较"十二五"期末的 342 户增长 629.5%。高新企业在全国排名快速上升，数量实现历史新突破。在航空航天、生物医药、装备制造、光电信息等领域涌现了一大批科技"小巨人"企业，科技"小巨人"企业数量达到 1049 户，年均增幅达 91.7%。金赛药业、长光卫星、希达电子等一大批科技企业成为国内同行业排头兵，吉林奥来德、长春研奥、吉大正元三家科技企业成功上市，奥来德实现了吉林省科创板上市"零的突破"。长光卫星技术有限公司作为东北地区唯一企业进入 2020 年中国独角兽企业榜单。中车长春轨道客车股份有限公司已经成为我国高铁的"亮丽名片"，具有完全自主知识产权的"复兴号"动车组，引领世界高铁发展方向。

（二）科技创新平台建设有序推进

国家级创新载体建设持续推进。国家农业高新技术产业示范区、国家新一代人工智能试验区申建工作扎实推进，中白科技合作园区成为中国和白俄罗斯政府间科技合作唯一战略基地并已投入运营。国家半导体激光技术创新中心、吉林大学"综合极端条件实验装置"、光机所"大口径空间光电载荷

综合环境"实验中心等重大科研基础设施建设进展顺利。"黑土地保护与利用"等国家重点实验室和空间光电领域省部共建重点实验室正在积极申请建设中。长春市建立了长春红旗、数字经济、固态电池等产学研创新联盟,先后支持产学研合作项目200余项。四平市的吉春制药股份有限公司承担的"吉林省梅花鹿产品精深开发中试中心"为省内鹿产业开展保健食品中试服务和技术指导。四平市巨元瀚洋板式换热器承担的"吉林省换热系统中试中心"建立了用于换热器及换热系统测试的8个平台,提供成熟的工艺和技术模拟试验成果,并为域内外企业提供产品测试,支撑创新成果产业化应用等服务。

(三)研发力量不断增强

吉林省共有两院院士22人,聘请43位两院院士为"吉林振兴发展高端智库"专家。吉林省科技领域不断释放出创新动能。"十三五"以来,累计获得国家科技奖励33项。其中,国家科技进步奖一等奖2项、二等奖21项,国家自然科学奖二等奖4项,国家技术发明奖二等奖6项,获奖数量和质量均较"十二五"有显著提升,一批关键共性技术、前沿引领技术实现突破。当前,长春市的创新资源正在不断集聚,区域创新中心作用日益显现。长春市有40余所高校86家科研机构,院士工作站9个。通过国家"双计划"项目累计引进国外高端人才224人次。长春市现有国家重点实验室12个,国家级工程(技术)研究中心5个、技术转移示范机构10个、国际科技合作基地16个、大学科技园2个,科技企业孵化器15个、众创空间18个,省部共建重点实验室3个。长春新区积极发挥创新"主引擎"作用,加快夯实基础创新能力,扎实推进长吉图科技成果转移转化,已吸引50余个国家级研发机构、国家重点实验室,近100家省部级重点实验室落户新区。

(四)科技创新成果取得突破

从创新成果来看,科技攻关和成果转化取得积极进展。攻克"高效双电机混动系统""时速400公里动车组系统"等100余项关键核心技术,红旗第三代高级轿车、中车长客复兴号动车组列车、"吉林一号"卫星、冻干鼻喷流感减毒活疫苗成为吉林省的科创名片。国内首台商用12英寸全自动晶圆探针台研制成功,"大面阵、高灵敏度CMOS图像传感器"等多项研发成果达到世界领先水平。

中科院长春光机所研制的世界最大口径单体碳化硅反射镜技术、通化东宝三代长效甘精胰岛素注射液、辽源鸿图锂电隔膜公司的湿法工艺制备锂离子电池PE隔膜等技术均处于世界领先水平。此外,省院合作不断推进。吉林省与中科院33家研究所进行了50余场成果交流,落地"中科院近代物理所重离子治肿瘤"等众多项目,签订170余项科技合作项目,并在"吉林省光电子产业孵化器""长春中俄科技园"等园区孵化了一批科技型企业。

二 吉林省科技创新生态优化面临的主要问题

(一)研发投入强度仍然较低

2020年吉林省研究与实验发展(R&D)经费为159.5亿元,R&D经费投入强度为1.30%,低于全国平均水平1.1个百分点。从历年情况看,吉林省R&D经费投入强度仍然处于较低的水平。2013~2020年,吉林省R&D经费投入强度均值为1.0%,而全国平均水平为2.2%,吉林省低于全国1.2个百分点。吉林省R&D经费投入强度最小值为0.76%,最大值为1.30%,而全国水平最小值为2.05%,最大值2.40%(见表1),由此可见,吉林省R&D经费投入强度仍然较低。此外,吉林省R&D经费投入强度与发达地区的差距仍然较大。从R&D经费排名看,全国前5名分别为广东、江苏、北京、浙江、山东,R&D经费分别为3479.9亿元、3005.9亿元、2326.6亿元、1859.9亿元、1681.9亿元,而吉林省R&D经费均值仅为135.3亿元。从R&D经费投入强度看,全国前5名分别为北京、上海、天津、广东、江

苏，R&D 经费投入强度分别为 6.44%、4.17%、3.44%、3.14%、2.93%，
而吉林省 R&D 经费投入强度均值仅为 1.0%。

表1　2013～2020 年吉林省 R&D 经费投入强度

单位：亿元，%

年份	吉林省		全国	
	R&D 经费	R&D 经费投入强度	R&D 经费	R&D 经费投入强度
2020	159.5	1.30	24393.1	2.40
2019	148.4	1.27	22143.6	2.23
2018	115.0	0.76	19677.9	2.19
2017	128.0	0.86	17606.1	2.13
2016	139.7	0.94	15676.7	2.11
2015	141.4	1.01	14169.9	2.07
2014	130.7	0.95	13015.6	2.05
2013	119.7	0.92	11846.6	2.08

资料来源：吉林省科技厅，下同。

（二）科技创新人才相对不足

吉林省 R&D 人员占全国比重较低，尤其是吉林省规上工业 R&D 人员占
全国比重更低。2019 年吉林省 R&D 人员全时当量 4.23 万人年，占国家比
重为 0.88%，而吉林省 GDP 占全国比重约 1.5%，区位熵为 0.58，小于 1，
科技创新人才占比处于较低水平。从历年情况看，吉林省 R&D 人员全时当
量占全国比重呈现明显的下降趋势，从 2013 年的 1.26% 下降到 2019 年的
0.88%，下降了 0.38 个百分点，年均下降 0.05 个百分点。同时，R&D 人
员全时当量也下降明显，从 2013 年的 4.46 万人年下降到 2019 年的 4.23 万
人年，年均下降 0.03 万人年。

此外，从规上工业 R&D 人员情况看，情况也不容乐观。2019 年吉林省
规上工业 R&D 人员全时当量 1.18 万人年，占全国比重为 0.37%，而吉林

省规上工业营业收入占全国比重为1.31%，区位熵仅为0.28，远小于1。吉林省R&D人员全时当量占全国比重下降趋势也比较明显，从2013年的0.95%下降到2019年的0.37%，下降了0.58个百分点。同时，规上工业R&D人员全时当量也下降明显，从2013年的2.37万人年下降到2019年的1.18万人年，下降了1.19万人年（见表2）。

表2　2013~2019年吉林省R&D人员全时当量

单位：万人年，%

年份	吉林省	全国	吉林省占全国比重	吉林省规上工业	全国工业	吉林省占全国比重
2019	4.23	480.1	0.88	1.18	315.18	0.37
2018	3.63	438.1	0.83	1.11	298.12	0.37
2017	4.55	403.4	1.13	2.10	273.62	0.77
2016	4.82	387.8	1.24	2.34	270.24	0.87
2015	4.93	375.9	1.31	2.32	263.83	0.88
2014	4.97	371.1	1.34	2.44	264.15	0.92
2013	4.46	353.3	1.26	2.37	249.39	0.95

（三）科技成果转化效果不显著

从科技投入情况看，2019年吉林省R&D人员全时当量、R&D经费分别为4.23万人年、148.4亿元，占全国的比重分别为0.88%、0.67%，而吉林省地区生产总值占全国的比重约为1.50%，区位熵小于1。从历年情况看，吉林省R&D人员全时当量大幅度下降，2017~2019年，下降幅度12.2%。从科技产出情况看，吉林省科技成果占比较低。2019年吉林省专利申请数为3.1万件，占全国的比重为0.71%；吉林省专利授权数为1.55万件，占全国的比重为0.60%，而吉林省地区生产总值占全国的比重为1.50%，区位熵小于1。从历年情况看，吉林省专利申请数占全国比重、吉林省专利授权数占全国比重，均处于较低的水平。从科技投入产出情况，吉林省科技投入大于科技产出，投入产出效率不高。2017~2019年吉林省

R&D 人员全时当量占全国比重均值为 0.96%，吉林省 R&D 经费占全国比重均值为 0.66%，而吉林省专利申请数占全国比重均值为 0.63%，吉林省专利授权数占全国比重均值为 0.59%。

表3 2017～2019 年吉林省科技投入产出情况

年份		主要指标	吉林省	全国	吉林省占全国比重（%）
2019	投入	R&D 人员全时当量（万人年）	4.23	480.1	0.88
		R&D 经费（亿元）	148.4	22143.6	0.67
	产出	专利申请数（万件）	3.1	438.04	0.71
		专利授权数（万件）	1.55	259.16	0.60
2018	投入	R&D 人员全时当量（万人年）	3.63	438.1	0.83
		R&D 经费（亿元）	115	19677.9	0.58
	产出	专利申请数（万件）	2.7	432.31	0.62
		专利授权数（万件）	1.37	244.74	0.56
2017	投入	R&D 人员全时当量（万人年）	4.82	403.4	1.19
		R&D 经费（亿元）	128	17606.1	0.73
	产出	专利申请数（万件）	2.04	369.78	0.55
		专利授权数（万件）	1.1	183.64	0.60

（四）科技创新体制机制有待完善

科技创新工作涉及多个部门，但是相关部门间协同统筹不够，尚未形成各部门齐抓共管的工作格局。科技创新扶持政策力度不够，吸引力不足。科技领军人才和优秀创业团队缺乏，创新人才"引用留"政策比较优势还不明显，人才外流问题尚未从根本上解决。此外，多元化投入机制不健全。吉林省财政科技资金支出规模小、增速低，支持力度不足。以政府投入为引导、企业投入为主体、社会资金为补充的多元化投融资体系还未有效建立。解放思想、大胆创新，鼓励探索、宽容失败的氛围还不浓厚。从地方体制机制建设来看，对科技创新重视不够，较多县区级科技管理部门被合并或取消，直接影响了科技业务职能的上传下达。例如辽源市、通化市、白山市等部分县区级科技管理部门被合并或取消。

三 外省市优化科技创新生态的主要经验

（一）发挥企业在科技创新中主体作用

只有调动企业的积极性才能把科技成果转化为生产力。在培育发展高新技术企业和科技型企业方面，福建省建立省级高新技术企业培育库，出台《省级高新技术企业扶持办法》，设立省级高新技术企业培育库和专项资金补助，坚持精准施策和精准服务，规定入库给予补助 20 万～200 万元，省级高新技术企业通过国家高新技术企业认定给予 20 万元补助，省级高新技术企业从 2018 年的 903 家增长至 2020 年的 3748 家，政策实施效果十分显著；福建省重点打造科技"小巨人"领军企业，共有 2816 家企业加入"科技小巨人领军企业培育发展库"进行培育，对企业享受加计扣除政策实际减免的所得税额进行奖励，减多少税财政就补贴多少。在高新技术企业和科技型企业扶持方面，深圳市充分发挥企业科技创新主体的作用，提出了"4 个 90%"，即创新主体 90% 是企业，创新人才 90% 来自企业，创新研发机构 90% 来自企业，科技创新的成果 90% 来自企业；针对科技型企业设立"同股不同权"制度，极大地避免企业在起步阶段，投资机构会用少量的资金占有大量股份，进而稀释企业股份，未来将会影响企业的发展方向。

（二）推动产业链与创新链互动融合

安徽省着力推动创新链紧扣产业链，让更多前沿科技研发"沿途下蛋"，形成"成果—产品—企业—产业集群"转化孵化链条。启动了"高新基"全产业链项目，组织实施"卡脖子"关键核心技术攻关项目 13 项，既获得一系列重大科技创新成果，又通过引导研发主体加速产业化进度。"沿途下蛋"提醒科研工作者，从科研开始就要有产业化的意识和行动。为推动前沿科技研发实现"沿途下蛋"，安徽省积极打造"创新愉快"的科研生

态。把扶持高层次科技人才团队创新创业作为创新驱动的重要举措，提出完善首席科学家、科研人员股权激励，柔性引才等制度政策。通过打造"创新愉快"的科研生态，构建起从实验室到车间的完整生态链条。安徽省战略性新兴产业占规上工业产值的比重，由2015年的22%攀升至2019年的35%。南昌在现有产业基础上面向高端升级，围绕产业链布局创新链，在做大做强装备制造、航空航天、新能源等优势产业的基础上，大力发展北斗科技、物联网、5G等数字产业，推动优势产业与数字产业融合发展，促使产业迈向中高端。

（三）完善科技创新服务体系

加强金融机构与科创企业之间供需渠道建设，通过服务机制的"软创新"，实现对科技企业融资需求的精准对焦，为科技企业发展提供服务。抓科技企业，精准化清单化管理。一方面建立科创型小微企业金融服务清单，根据浙江省6.2万家科技型企业清单，指导银行保险机构建立名单制管理和备选企业库，"一企一档"，优先支持国家级高新技术企业、省级科技型中小企业发展。另一方面实行企业帮扶"白名单"制度，量化细化民营企业发债需求清单、上市公司股权质押纾困帮扶清单、困难企业帮扶清单等，着力化解民营企业流动性风险和股权质押平仓风险。安徽省通过建立规模达300亿元的"三重一创"产业发展基金，发起14只子基金，建设科技大市场，推动资金链、创新链、产业链协同发展、打造六位一体的"政产学研用金"科技服务支撑体系，促使科技融资担保覆盖所有县城。

（四）着力推动体制机制创新

湖北省推行"一网通办""一事联办""松绑减负""公平竞争"等14条工作措施，深化了科技领域"放权、松绑、减负"。通过项目管理放权、经费管理松绑、科研人员减负，人才高效流动，通过搭建科技成果转化、市场化应用等平台，促使科研人员在科技创新成果转化中研发积极性进一步提高。太原市通过市、县两级财政科技投入列入预算保障重点，稳定科技投入增长机制。围绕重大共性攻关技术、公共服务平台、基础性技术的研发，优化科技投入结构，提高财政科技投入的公共化水平。通过引入第三方科技投入绩效评估制度，推动公共项目、产业技术项目和工程项目分类考评，提高财政科技投入透明度。

四 进一步优化吉林省科技创新生态的对策建议

（一）全面激发企业作为创新主体活力

按照以企业为主体、以市场为导向、产学研深度融合的要求推动技术创新，支持量大面广的中小企业提升创新能力，培育一批核心技术能力突出、集成创新能力强的创新型领军企业。推进科技与金融的融合，加大引进创投风投力度。鼓励科技型中小企业"首投""首贷""首保"业务，完善高技术企业上市培育库。围绕汽车、卫星、智能制造、新能源、光电子、医药健康、新材料、特色农产品和数字信息技术等重点科技攻关专项，构建优势产业的科技创新生态体系。围绕战略性新兴产业发展需求，组建一批学科专业群，实施国家和省级一流专业建设计划，创建一批国家级和省级一流专业点。支撑行业龙头企业进行产业技术攻关"组阁揭榜制"。推动企业与社会各方面的科研力量深度耦合。

（二）全方位全领域推进协同创新

建立创新要素相互依存的生态关系，首先是企业产学研协同创新，深化与吉大、中科院系统、省农科院、吉林农大等科研院校科技合作，集聚创新资源、聚焦产业、企业发展，解决制约技术难题，实施科技攻关与成果转化项目，加强对口联系，扩大科技开放合作。鼓励企业与高校院所共建研发机构、产业技术创新联盟，形成校企合作长效机制。充分发挥应用技术研发及产业化中心的桥梁纽带作用，推动企业与相关研究所合作共建企业研发分中心。二是深化军民融合，推动企业与军工科研机构、军工企业集团开展技术

合作和协同创新。三是区域间协同创新。突出长春核心作用，构建中心驱动、多点协同、开放共享的区域科技创新格局，"十四五"期间，创新布局国家级创新平台、研发机构、重点产业化项目。充分发挥长春在区域创新发展中的辐射带动示范作用，与各市（州）协同联动，开展双向产业转移、技术转移，打造引领全市高质量发展的新动力、新引擎。

（三）全面支持建设新型研发机构

新型研发机构是顺应科技革命和产业变革的产物，对于盘活创新资源，实现创新链条的有机重组，提升国家创新体系的整体效能，具有重要的意义。围绕"芯、光、星、车、网、农"等领域，支持政府、学校、科技机构和企业，联合建设一批集技术研发、项目中试、成果转化、孵化投资、创业服务、人才培养等功能于一体，投资主体多元化、管理制度现代化、运行机制市场化、用人机制灵活的新型研发机构。允许政府投资参股新型研发机构建设，政府股权可根据考核业绩情况，逐步奖励给该研发机构及其科技骨干、高管和核心团队，并对新型研发机构在研发设备投入上给予支持奖励。支持高等院校、科研机构的科技人员及创新团队依法到新型研发机构兼职开展项目研发、成果转化和创新服务，兼职期间与原单位在岗人员同等享有参加专业技术职务评审、项目申报、岗位竞聘、培训、考核、奖励等方面的权利；获得的职务科技成果转化现金奖励计入当年本单位绩效工资总量；到新型研发机构开展离岗创业或自主创办新型研发机构的，经人事关系所在单位批准，3年内保留人事关系；创业后返回原单位的，聘用至不低于离岗创办企业时原岗位等级的岗位。鼓励高等院校与新型研发机构建立研究生联合培养基地。

（四）全面营造先进创新文化氛围

健全知识产权创造、运用、服务、保护制度，完善知识产权制度体系。突出成果转化、市场前景和产业贡献。在专利权、计算机软件著作及生物医药新品种等方面，对市场前景明朗的成果，赋予科研人员科技成果所有权，激发科研人员的积极性。调动全社会力量，着力挖掘人才、服务人才、展示人才，营造崇尚创新、尊重创新、踊跃创新的文化氛围，强化创新者的荣誉感、获得感、认同感，强化以科技、知识、贡献来评价的导向。大力弘扬科学家精神、工匠精神，加强容错文化建设。推动科技与文化深度融合，在资本、人才、法律、知识产权保护市场拓展等方面为科技创新型企业提供更多的支持和帮助。挖掘吉林科技创新文化精神，打造吉林创新文化品牌，推动吉林省科教文化资源向现实生产力转变，推动"吉林制造"向"吉林智造"转变。

参考文献

刘畅、李建华：《五重螺旋创新生态系统协同创新机制研究》，《经济纵横》2019年第3期。

王庆金、王焕良、周健：《区域一体化创新生态系统演化及治理机制研究》，《东岳论丛》2021年第9期。

吕晓静、刘霁晴、张恩泽：《京津冀创新生态系统活力评价及障碍因素识别》，《中国科技论坛》2021年第9期。

B.10
吉林省创新型省份建设路径研究[*]

王天新[**]

摘　要： 近年来，吉林省创新成果产出不断增多，科技与经济社会融合
发展加快，具备建设创新型省份的基础和优势。然而，与已列
入国家试点的创新型省份相比，吉林省仍在财政科技保障、创
新高地建设等方面存在不足，需要进一步优化创新发展布局，
打造区域创新高地，持续在科技投入、人才引育、对外合作、
环境优化等方面做出提升和完善，加快推动创新型省份建设迈
上新台阶。

关键词： 创新型省份　创新型城市　科技引领　吉林省

　　"十三五"以来，全国多个省份相继将建设创新型省份列入发展目标，
截至 2020 年，已有江苏、安徽、陕西、浙江、湖北、广东、福建、四川、
山东、湖南 10 省获批为全国创新型省份试点，这在很大程度上提升了创新
对省域发展的支撑力以及这些省份在国家创新体系中的位置。2021 年 12
月，吉林省获批建设创新型省份。本报告通过对吉林省创建创新型省份的基
础和优势进行梳理，进而以创新型省份试点建设情况为参照，分析吉林省创
建创新型省份面临的问题并据此提出对策建议，期望对于吉林省率先建成创
新型省份、有力支撑创新型国家建设具有一定的决策参考价值。

---

* 本报告是吉林省社会科学院规划项目和城市发展研究所调研项目的阶段性成果。
** 王天新，吉林省社会科学院城市发展研究所助理研究员，博士，研究方向为城市经济。

一 吉林省建设创新型省份的基础和优势

吉林省高度重视创新引领经济社会发展，近年在产出创新成果、建设创新载体、发展高技术产业等方面持续取得重要进步，为创建创新型省份打下了坚实基础。

（一）创新产出提质增量

近年来，吉林省着力推动科技创新，推进实施重大科技专项，在基础科学和前沿技术领域取得了重要成果，根据《中国区域科技创新评价报告2020》，吉林省科技活动产出指数升至全国第15位。具体来看，一是吉林省在关键技术领域实现了新突破。长光卫星"星载一体化"、"机载一体化"、大丝束化纤、1.5亿分辨率CMOS图像传感器等关键技术领跑全国，"吉林一号"高分02F卫星成功发射，在轨卫星达到31颗。二是吉林省的研发成果数量和质量均实现提升。2020年，国内专利申请量和授权量较上年增长了14.1%和53.7%，其中，发明专利申请量增长0.5%，发明专利授权量增长32.0%。三是吉林省的技术应用较以往更加活跃。2020年，全省签订技术合同数较上年增长了17.9个百分点，实现成交额462.15亿元，平均每份技术合同的成交额是2015年的7.9倍；全省技术市场吸纳技术、输出技术成交额均迎来了大幅提升，分别较上年增长了116.64%、55.49%，万人吸纳技术、输出技术成交额也分别增加了921.31万元、498.85万元。可以说，吉林省创新成果产出日益丰富，在一些先进技术领域确立了特色优势，为全省创新型经济提质增效发展打下了重要基础。

（二）创新载体发展加快

吉林省各级科技创新载体日趋呈体系化发展，对于建设创新型省份的支撑作用日益增强。截至2021年，吉林省已建成国家级重点实验室11个、省级重点实验室114个、省级各类科技创新中心153个，有力地推动

了先进装备制造、光电子、生物工程、新材料等重点领域实现创新成果突破。吉林省各类创新服务机构也在不断壮大，"十三五"以来建成了国家级技术转移示范机构 10 个、科技企业孵化器 23 个、大学科技园 8 个及各类省级以上"双创"平台 593 个，建立起涵盖科技孵化、技术创新、投融资、咨询培训等全方位的科技服务体系。此外，吉林省还大力支持政府发展战略研究院、科技创新研究院、工业技术研究院建设，强化了政产学研用融通合作，对于推动全省经济转型、技术创新、体制改革更是发挥了高水平的智库作用。

（三）新动能领域创新活跃

近年来，在科技创新的赋能下，吉林省高技术产业增长点加速形成，新动能日益成长壮大，根据《中国区域科技创新评价报告 2020》，吉林省科技促经济社会发展指数排名升至全国第 12 位。从制造业情况来看，2020 年吉林省高技术制造业增加值增长 5.6%，2021 年前三季度实现增长 34.7%，高技术制造业逐步壮大。从营收情况来看，2019 年吉林省高技术产业实现营业收入 617 亿元，获得利润总额 145 亿元，2020 年产业化效益进一步提升，利润率高居全国首位。从新产品情况来看，根据《中国科技统计年鉴 2020》，吉林省高技术产业新产品实现销售收入 19.78 亿元，高技术产品出口实现 147.69 亿元，占全省出口总量近一半。从高新科技企业情况来看，2020 年，吉林省国家级高新技术企业数量增至 2495 户，长光卫星技术有限公司还入选了"2020 年中国独角兽企业"榜单。

（四）民生科技发展进步明显

近年来，吉林省围绕脱贫攻坚、公共安全、资源环境、政务服务等民生热点需求，积极组织实施相关科技专项，促进民生科技发展取得了重要进步。一是科技扶贫成效显著。"十三五"以来，吉林省采取帮扶和培育双发力的方式，一方面，组织专业技术人员精准服务农民需求，实现了对全省1489 个贫困村的全覆盖，另一方面，组织培训 4.5 万余人（次），带动辐射了更多贫困户增产增收。二是疾病防治科技攻关稳步推进。吉林省大力支持重大疾病防治技术创新,在新药创制、中医药现代化等领域取得了重要成果,特别是在新冠肺炎疫情突袭而至的背景下,吉林省率先组织实施疫情防控应急科研攻关专项,研发的消杀产品、标准防护流程、临床诊疗方案等成果迅速落地转化,凸显出吉林省科技力量在应对和处理重大公共卫生安全事件中的重要优势。三是科技助力污染防治取得了重要进展。吉林省启动实施了辽河流域污染防控与生态修复等重大科技专项,累计推广了相关技术20余项。四是数字政府建设步伐加快。吉林省着力推进"互联网+政务服务"发展,支持建设城市智联体,有效提升了便民服务效率和城市治理水平,促进了科技与民生之间的互动日益加深。

(五)创新政策持续发力

近年来,吉林省创新政策环境持续向好,相关政策支持力度加大、改革创新程度不断加深。在完善政策体系方面,吉林省密集出台了一系列配套文件,涵盖科技研发、成果转化、创新服务体系建设等多个方面,建立起具有吉林特色的"1+N"科技创新政策体系。在支持创新企业方面,吉林省逐步完善了科技型企业逐级转型的培育体系,持续通过研发补助、费用加计扣除等补贴方式,鼓励企业进行技术研发和升级。在突破融资瓶颈方面,吉林省大力推进科技金融发展,出台了《吉林省金融助力科技创新行动计划》,通过多样化的政银合作、创新性的科技金融服务,强化了对全省科技创新创业的支持和推动。在促进对外交往方面,吉林省与北京、浙江等14个省(区、市)深化科技合作,与中国科学院、中国工程院加强合作联系,在共用专家库、共促成果转化、共享创新资源等方面推出政策,为吉林省创建创新型省份强化了智力支撑。

二 吉林省建设创新型省份面临的问题

当前吉林省在争创创新型省份工作中累积了重要基础和优势,但与先前

列入国家试点的创新型省份相比，仍存在一定的差距和不足，主要体现在财政科技保障、企业研发投入、创新高地建设等多个方面。

（一）财政科技保障力度偏小

现阶段吉林省公共财政对科技创新的保障相对不足。2020 年，吉林省财政科技支出的占比为 0.97%，与上年基本持平，2021 年前三季度，财政科技支出同比下降 5.2%，仅占财政总支出的 0.52%，财政科技保障力度偏小，引导企业和全社会科技投入的作用相对有限。受此影响，吉林省的研发经费投入水平偏低，从"十三五"的情况来看，全省研发经费投入逐年递减，至 2019 年有所回升，相应地，研发经费投入强度也表现为逐年降低，至 2019年、2020 年分别回升至 1.27%、1.30%，但与全国平均水平相比，落后态势仍较为明显。进一步从创新型省份试点的表现来看，近年来，福建省的财政支出在试点省份中多居末位，但 2016 ～ 2020 年占比仍分别达到了 1.8%、2.1%、2.4%、2.6%、2.9%，相较之下，吉林省仍有很大的提升空间。

（二）科技引领作用有待增强

近年来，吉林省经济社会建设越来越多地得益于科技赋能，但与创新型省份建设走在前列的省份相比，仍需进一步增强科技的引领作用。具体从发明专利储备情况来看，根据《中国科技统计年鉴 2020》，吉林省万人有效发明专利拥有量为 5.46 件，低于江苏省（30.09 件）、安徽省（10.51 件）、四川省（6.62 件）等创新型省份试点，2020 年吉林省的发明专利授权量增加至 3969 件，但仅相当于江苏省的 8.6%、四川省的 28%、福建省的38.7%，说明吉林省的自主知识产权储备仍有待加强。从推动转型升级情况来看，吉林省的高技术产业营业收入和利润总额均不高，2019 年分别为 617亿元和 145 亿元，而试点省份中排名较后的陕西省则分别达到了 3226 亿元和 262 亿元，表明吉林省高技术产业整体优势不强。同时，吉林省高新技术企业数量较少，远低于江苏省（13042 家）、山东省（3157 家）、福建省（2946 家）等，且辐射带动能力不足。另外，吉林省的科技成果产业化落地情况仍待进一步改善，目前高校及科研院所的市场化和社会化导向不强，并且较为缺乏精准匹配供需双方的平台及全流程的技术转移服务。从惠及社会民生情况来看，吉林省在社会治理、公共服务领域的创新成果应用仍不够深入，需要进一步围绕民生热点需求加大科技攻关力度，促进更多科技创新成果在公共领域落地应用。

（三）企业研发力度仍需加大

目前与创新型省份试点相比，吉林省开展研发活动的企业相对较少，企业的创新活跃度明显偏低。根据《中国科技统计年鉴2020》，2019年，吉林省规上工业企业研发投入68.4亿元，不足试点省份中陕西省该项投入的1/3，且在东北三省中也最少，规上工业企业研发投入占主营业务收入的比重仅为0.5%，而各创新型省份试点的该项数据均为1%~2%，表明吉林省企业研发经费投入强度明显偏低。在吉林省规上工业企业中，开展研发活动的企业为323家，居全国第26位，远低于过万家的江苏省、广东省和浙江省，其余创新型省份试点也都超过了千家；有研发机构的企业为136家，居全国第24位，仅为广东省的0.06%、湖北省的6.8%（见图1）。究其原

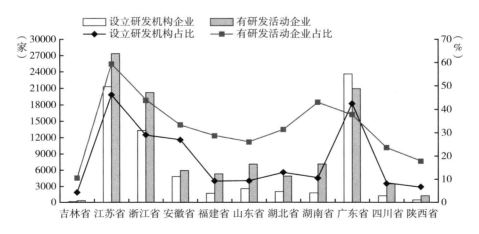

图1　2019年吉林省与创新型省份试点的企业研发活动情况

资料来源：《中国科技统计年鉴2020》、各省2020年统计年鉴。

因，一方面，新技术和新产品研发往往具有高难度和高风险，使企业面临较高的创新成本，而在外部资金来源又相对有限和滞后的情况下，可能导致吉林省一些企业对需要长期投入的创新项目缺乏意愿和动力；另一方面，吉林省传统产业领域的一些企业更多地需要应对经营压力，而新兴产业领域的企业则多缺乏原始创新能力，一些科技中小企业也较少能够参与重大研发项目，这些因素都限制了企业研发活动的有效开展。

（四）重要创新高地建设缺位

近年来，围绕发展成为世界主要科学中心和创新高地，国家积极在各地部署建设科技创新中心、国家实验室、综合性国家科学中心、国家重大科技基础设施等。在创新型省份建设中，试点省份的上述重大创新平台的数量均居全国前列，不仅集聚了大量优质创新要素，产出了大批科技创新成果，还表现出了较强的科技辐射带动力。与这些排名靠前的省份相比，无论是国家级的基础研究平台、产业创新平台还是综合性创新平台，吉林省在现有数量和规划创建方面均处于较为落后的位置，具有重大影响力的创新平台相对较少，并且一些平台的基础优势尚未充分转化为驱动全省创新发展的重要动能，导致全省重要创新高地缺位，整体融入国家创新体系的能力较为有限。另外，长春市、吉林市作为国家创新型城市及吉林省重要中心城市，当前科技创新能级不高，双城在创新领域的联系与互动不足，虽然长春国家自主创新示范区建设已提上议事日程，但仍有待取得实质性进展。

（五）创新人才结构性问题明显

为满足创新发展对各类人才的需求，吉林省持续加大对创新人才引育的政策支持和财政支持力度，创新人才队伍有所壮大，但结构性问题仍较为突出。根据《中国科技统计年鉴2020》，吉林省研发人员为7.57万人，居全国第22位，相当于广东省的6.9%、四川省的28%、陕西省的45.2%，两院院士、万人计划人才储备虽具有一定的优势，但相关高端人才总量仍较为不足。与此同时，吉林省还较为缺少产业领军人才、企业高技能人才、成果转化服务人才、"双创"平台管理人才等应用层面的人才。此外，受到东北经济落后、地理气候以及当前人才政策追赶有余、创新不足的影响，青年创新人才流失现象也比较明显，这也成为吉林省创建创新型省份需要加快解决的重点问题之一。

（六）科创制度环境仍待完善

当前吉林省在科创制度建设方面仍有不足之处，需做出进一步的改进和创新。在政策规划方面，目前针对创建创新型省份，吉林省现已出台与之配套的实施方案、政策措施等，但建设创新型省份的长效政策合力仍需加强。在科技管理方面，与创新型省份试点相比，吉林省科技部门的管理方式仍有待完善，项目形成不够科学、多头管理、经费使用僵化、评价和监管不完善等问题在不同程度上存在，导致各地一些项目重复立项、重复研究，造成相关资源浪费的同时，也较难满足经济社会的发展需要。在产学研合作方面，当前吉林省仍缺少较为完善的协同创新引导和激励机制，创新主体之间中短期合作相对较多，成果落地应用较少，对与全省经济进步、民生改善密切相关的科研问题仍缺乏长期投入。

三　吉林省建设创新型省份的路径选择

基于对吉林省创建创新型省份的现状和问题进行综合分析，并结合创新型省份试点的相关建设经验，本部分主要从完善省域创新体系、打造示范引领高地等方面，提出吉林省加快建设创新型省份的路径措施。

（一）加快创新型市县建设，完善省域创新体系

吉林省应进一步加快国家级创新型城市建设，着力推动创新型县域发展，构建特色突出、优势互补的省域创新体系，提升创新型省份建设的整体效能。第一，提升长春市、吉林市的创新首位度和创新溢出效应，将其建设为具有重大带动作用的创新型城市。支持长春市对标引领性国家级创新型城

市，借助特色产业、高校院所、创新人才的比较优势，着力攻关原创性技术成果，引领汽车电子、智能制造、光电信息等新动能产业跨越式发展。支持吉林市对标特色性国家级创新型城市，通过强化部分领域先发优势和技术创新应用，实现特色产业创新和结构优化升级。加快长春市、吉林市一体化协同发展，借助知识、技术溢出，扩大创新合作网络，发挥双城联动效应，加快发展为具有重大影响力的区域性科技创新中心。第二，充分发挥各市（州）的特色优势，在创建创新型省份中形成差异化定位。支持有条件的市（州）立足区域特色，集聚相关创新资源，形成若干研发中心和基地，争取列入省级及以上创新试点；支持其他市（州）结合资源禀赋、产业特征等基础条件，吸引各级各类创新平台、创新企业、科研机构等建设中试基地、成果转化基地等，带动形成当地创新发展特色。第三，大力推动县域创新型经济发展，争创省级及以上创新型县试点。吉林省应聚焦县域特色产业领域，扶持一批民营创新企业，增强县域创新活力，激发潜力；大力建设星创天地等基层创新载体，支持专家学者与基层农技人才形成团组，共同助力农业科技创新，在县域打造创新引领发展的特色模式。

（二）强化创新载体建设，打造示范引领高地

吉林省应着力提升重大创新平台能级，加快创建国家自主创新示范区、综合性科学中心等，进一步加强长春新区、高新区等区域性创新平台建设，引导形成各类创新资源、新兴产业高度聚集和互动发展的区域创新高地。第一，布局建设国家重大科技创新平台。吉林省应进一步壮大省级战略科技力量，瞄准重大战略方向和优势研发领域，联合中国科学院申报创建长春综合性国家科学中心，加快融入国家创新体系建设；支持有条件的高校院所积极争取国家重大科技基础设施在吉林省布局建设，加快推进国家实验室、科技创新中心等重大创新平台建设，支持围绕智能制造、新材料等优势领域创建国家级制造业创新中心。第二，加快建设各类创新示范区。积极推进长春市创建国家自主创新示范区取得实质性进展；支持建设以公主岭国家农业科技园区为创建基础的国家农业高新技术产业示范区，加快

发展为全国领先的农业领域科技创新中心；深入推进长吉图国家科技成果转移转化示范区建设，加快形成创新成果有效对接技术需求的新模式新业态，进一步增强省域科技创新服务效能和发展优势。第三，着力推动高新区发展跃升。充分发挥长春高新区领跑东北高新区的发展优势，特别是在打造高技术产业新引擎、创新创业新业态、营商服务新环境方面，引领吉林、延吉等国家高新区争先进位发展，带动发展较好的省级高新区争创国家高新区，尽早实现地级市国家高新区全覆盖；加快推进国家创新型产业集群试点建设，探索以长春汽车电子、通化医药和吉林高新区电子信息创新型产业集群为示范，建设一批创新引领发展先行区，有力支撑省域创新型经济发展和创新型省市建设。

（三）加快技术创新突破，赋能经济社会建设

吉林省应着力加深科技与产业融合发展，进一步提升科技服务民生的能力，从科技发展、产业转型、公共提升等多方面加快创新型省份建设进程。第一，加快推进基础科学领域实现重大创新突破。吉林省应进一步加大财政科技支出在基础研究领域的投入力度，支持建设大科学装置，探索打造具有引领性的高能级基础研究平台，加强原始创新能力。第二，加速新动能领域科技与产业深度融合。吉林省应结合产业基础和技术优势，组织实施具有前瞻性的产业技术创新专项，集中突破"卡链""断链"技术；支持企业建设内部研究中心、研究院等，鼓励企业、高校、科研院所等合力打造具有省域特色的创新共同体，对企业研发机构申报的创新项目、长期化发展的产学研合作项目等予以资金和政策支持；支持建设产业创新服务综合体，集中研发设计、知识产权、科技金融、检验检测等相关服务资源和人才，促进更多新技术、新模式、新场景在吉林落地应用。第三，支持围绕民生领域开展社会创新活动。吉林省应加大在公共领域的科技投入力度，支持科技成果在社会治理、民生保障等领域转化应用；鼓励以创新手段解决公共问题的社会企业发展，支持社会创新实验室等城市创想载体建设，进一步促进科技惠民、创新惠民。

（四）优化创新人才结构，改善人才发展环境

吉林省应加快创新人才引育机制，促进各类人才集聚发展，强化对创建创新型省份的智力保障。在引进创新人才方面，第一，吉林省应在重点研究领域和产业领域加大对高端人才及团队的引进力度，探索实施具有省域特色的高端人才支持计划，争取一事一议、特事特办；第二，加快创新人才柔性引进模式，支持有条件的企业设立专家工作室，促进现有专家技术资源有效对接企业的相关技术需求；第三，加强省市各类人才计划对青年创新人才的重视，对于在吉林省各市（州）转化科技成果、创建科技企业的青年创新人才及团队，应加大资金奖励和政策优惠力度。在用好本地人才方面，第一，吉林省应聚焦一汽、长客、华为等重点企业实际需求，鼓励企业与高校、科研院所合作开展人才定向培养和专业技术培训，持续为企业研发中心输送本地人才，将更多青年人才留在吉林省发展；第二，应持续加大对本地高技能人才的关注，进一步拓展产业人才政策的覆盖领域，探索为高级蓝领等专业技能人才提供更多上升空间；第三，应重视科技服务人才发展，在省市科技人才计划中加大对科技金融、技术转移、科技中介等相关人才的支持力度，完善相应的分类评价体系；第四，应进一步优化创新创业服务，完善教育、出行、居住等生活配套设施，为青年群体提供兼具发展机会和生活品质的环境，营造能够留住青年人才的发展环境。

（五）内联外引优质资源，拓展科技交流合作

吉林省应有效利用国内国际优质创新资源，进一步拓展对外合作空间，提升吉林省创新型省份建设的层次和水平。第一，吉林省应深化与京津冀、长江经济带、粤港澳大湾区等经济发达区域的科技与产业合作，吸引技术、资本、人才等关注和投资吉林省新动能领域发展。第二，应学习借鉴其他省市在离岸孵化器、"科创飞地"建设方面的创新经验，探索形成创新要素集聚新模式，实现跨区域的创新创业资源联动。第三，应进一步深化与共建"一带一路"国家的合作，支持打造国际化的创新合作联盟，鼓励省内有实

力的企业在境外建立国际孵化器、联合研究中心等，支持高校院所加强与国内外专家学者进行研究合作。第四，支持举办或承办高端峰会、学术论坛、"双创"大赛等在国内外具有影响力的活动和赛事，打造吉林省集聚高端智力资源的展示平台和活动品牌，进一步吸引国内外科技成果和智力资源在吉林省落地转化。

（六）优化科技创新治理，更快提升创新成效

吉林省应在科创领域加深改革创新，营造有益于创新型省份建设的制度环境。第一，吉林省应进一步推进科技"放管服"改革，着力简化流程、优化服务、降低各类隐形门槛，实现简政放权、科学管理和精准服务的有效结合。第二，应持续深化科研项目管理改革，构建有利于筛选颠覆性创新项目的评审机制，改革科研经费使用和管理方式，完善科技成果转化导向的评价和奖励体系；鼓励企业与高校及科研院所联合申报项目，促进各类创新资源在产学研合作中共享，加快技术创新成果实现产业化应用。第三，进一步完善相关政策法规，实现各级科技、产业、金融、税收等政策的系统集成和衔接配套，可借鉴试点省份制定出台"创新型省份建设促进条例"，有针对性地强化相关规范和保障。第四，围绕科技部提出的建设创新型省份指标体系，结合区域特色形成吉林省创新型省份评价指标，定期发布吉林省创新型省份建设报告，积极获取各方意见和建议，共同促进省域创新发展环境持续向好。

参考文献

《2021年吉林全省科技工作会议在长春召开　高技术产业利润率位居全国第1位》，中国吉林网，2021年3月11日，http：//news. cnjiwang. com/jwyc/202103/3334583. html。

《科技创新助力吉林振兴发展》，吉林省人民政府网站，2021年3月10日，http：//www. jl. gov. cn/zw/yw/jlyw/202103/t20210310_ 7962553. html。

毛明芳：《打造具有核心竞争力的科技创新高地——基于区域创新能力建设的视

角》，《湖南社会科学》2021 年第 1 期。

商丽媛等：《巴斯德象限视角下的创新型省份建设——以江苏省为例》，《中国科技论坛》2019 年第 10 期。

邵安菊：《上海完善企业研发投入主体作用研究》，《科学发展》2020 年第 12 期。

田文富：《打造科技创新高地的制度供给研究》，《学习论坛》2017 年第 9 期。

熊鸿儒：《中国企业创新动力不足　创新能力存在多重短板》，澎湃新闻，2016 年 9 月 23 日，https：//www. thepaper. cn/newsDetail_ forward_ 1533293。

B.11
吉林省推进高水平对外开放对策研究

邵 冰*

摘 要： 吉林省作为国家向北开放的重要窗口，近年来主动融入开放新格
局，积极参与国际经济合作，对外贸易扎实推进，利用外资规模
稳步提升，"走出去"步伐不断加快，积极打通内外通道，打造
开放合作平台，全面提高对外开放水平。吉林省对外开放合作过
程中也存在对外贸易和利用外资规模较小，对外投资合作的质量
效益有待进一步提高等问题。当前，我国对外开放的国际、国内
形势均发生深刻的变化，挑战与机遇并存。在新发展格局下，吉
林省应着力深化改革，努力构建现代经济体系，积极融入国内国
际双循环，强化东北亚地区合作中心枢纽作用，持续优化营商环
境，统筹发展与安全，推进吉林省高水平对外开放。

关键词： 双循环 高水平对外开放 全面振兴 高质量发展 吉林省

实行高水平对外开放是推动高质量发展的需要，也是新发展阶段下构建
新发展格局的必然要求。面对当前国内外的新形势，吉林省应立足地理区位
优势和特色产业优势，找准融入"双循环"发展新格局的契合点和着力点，
将振兴发展与推进高水平对外开放联结起来，构筑对外开放新优势，打造
"对外开放新前沿"，为吉林省全面振兴注入新动能。

---

* 邵冰，吉林省社会科学院研究生处研究员，研究方向为东北亚区域经济。

一 吉林省对外开放的现状

近年来，吉林省对外贸易扎实推进，利用外资规模稳步提升，"走出去"步伐不断加快，积极打通内外通道，打造开放合作平台，全面提高对外开放水平。

（一）对外贸易扎实推进

在全球新冠肺炎疫情延续、海外市场需求疲弱、外贸形势严峻复杂的背景下，吉林省统筹抓好疫情防控和改革发展稳定工作，围绕加快构建新发展格局，出台一系列"稳外贸"政策措施，稳住外贸主体、优化贸易方式、培育外贸新动能，提升对外开放合作水平和跨境贸易便利化水平，持续优化外贸发展环境，积极推动跨境电商发展，全力开拓和深耕国际市场，推动吉林省外贸稳定增长。2021年1~9月，吉林省外贸进出口实现1187.7亿元，同比增长27.7%，高于全国5.0个百分点，居东北三省一区第1位，全国排在第15位，其中，出口253.6亿元，同比增长20.6%；进口934.1亿元，同比增长29.7%。以一般贸易方式进出口增长较快，占同期吉林省进出口总值的90%。对欧盟进出口大幅增长，对俄罗斯进出口成倍增长，对共建"一带一路"国家进出口也较上年取得较大增长。此外，跨境电商持续快速发展，作为连通"双循环"的重要形式和吉林省全面落实"一主六双"高质量发展战略的抓手之一，吉林省跨境电商在2021年前三季度实现进出口30.9亿元，同比增长25.1%，已连续5年保持20%以上的增速，为吉林省外贸高质量发展不断注入新动能。2015~2020年吉林省货物进出口总额见表1。

表1　2015~2020年吉林省货物进出口总额

单位：亿元

	2015年	2016年	2017年	2018年	2019年	2020年
货物出口额	288.6	277.4	299.9	325.8	324.0	290.8
货物进口额	887.5	939.5	954.2	1037.0	978.2	989.3

资料来源：《吉林省2020年国民经济和社会发展统计公报》。

（二）利用外资规模稳步提升

近年来，吉林省立足"一带一路"向北开放重要窗口这一定位，按照推进更高水平对外开放要求，相继出台《吉林省扩大开放100项政策措施》《吉林省人民政府办公厅关于进一步扩大对外开放积极利用外资的实施意见》《吉林省人民政府关于进一步做好利用外资工作的实施意见》等精准措施，不断优化外商投资环境，强化企业服务，加大招商和项目引资工作力度，推动全省利用外资规模稳步提升。2016~2020年，吉林省利用外资平稳增长，直接利用外资合计23亿美元，新批企业368家。为应对疫情带来的不利影响，省商务厅出台促进商务领域企业平稳健康发展18条政策和稳外贸、稳外资"双9条"措施，积极开展网络招商，推动项目落地，延伸产业链条，促进外商对吉林省制造业的投资，2020年实际利用外资额增长9.4%，高于全国平均水平3.2个百分点。2021年以来，吉林省围绕"稳外资"，加大力度促进利用外资提质增效，奥迪PPE新能源、油气合作开发、华润新能源、中吉供应链、网新风电等一大批外资重点项目取得积极进展。2021年上半年，吉林省实际利用外资实现5.94亿美元，总量排全国第18位，同比增长51.29%，高于全国17.38个百分点，增速排在东三省一区第1位、全国第10位，创下实际利用外资历史同期新高，其中，现代制造业实际使用外资4.4亿美元，占全省实际利用外资的89%，同比增长132.6%。

（三）"走出去"步伐不断加快

吉林省依托雄厚的工业基础和完备的产业链条，坚持"请进来"与"走出去"并重，注重政、信、银、企合作，引导优势企业加快"走出去"步伐，促进优势产能再转化，带动全省的对外开放。近年来，吉林省对外投资取得较快增长，对外投资结构不断优化，大项目支撑作用显著增强。2019年，吉林省对外直接投资额为7059万美元，实现125.5%的增长，增速居全国首位；对外劳务人员实际收入总额2.2亿美元，增

长 25.9%；对外承包工程完成营业额 2.8 亿美元。[①] 2020 年，吉林省对外直接投资继续实现 11.2% 的增长。截至 2021 年 6 月，吉林省已经累计备案设立 860 多家境外企业和机构，非金融类对外直接投资累计存量达 30 多亿美元，累计派出对外就业人员 33 万多人次，累计完成对外承包工程营业额 56 亿美元。[②]

（四）内外通道不断畅通

吉林省老工业基地加快推进高水平对外开放，实施"3631 工程"，面向东、南、西、北四个方向推进 13 条对外大通道建设，提升全省对外开放水平，促进吉林省与世界各地的互联互通。向东，3 线联通东北亚，珲春经俄罗斯扎鲁比诺至韩国釜山、束草和日本新潟 3 条陆海联运航线，实现"借港出海"；向南，6 线对接国家战略，推进珲春经扎鲁比诺、罗津、斯拉夫扬卡至南方城市 3 条内贸外运航线，长春至大连、长春至天津铁海联运开通运营，通化内陆港对接 24 个国内外港口；向西，3 线联通欧亚，"长满欧"常态化运营，"长珲欧"完成进境、出境测试，即将实现常态化运营，对中欧班列东线形成有力补充。谋划开通"平蒙欧"，为"滨海 2 号"建设奠定了基础；向北，1 线联通欧美，谋划开通新"北冰洋航线"。"丝路吉林"大通道进一步畅通，积极融入国际国内双循环新格局。[③]

（五）开放合作平台建设功能日益完善

近年来，吉林省深度融入国内大循环，积极开展吉浙对口合作，加强与京津冀、长三角、粤港澳大湾区的联动与合作。与此同时，依托东北亚几何中心优势，积极推进长春公主岭同城化、中新吉林食品区、珲

① 《2019 年吉林省利用外资、招商引资、对外投资合作实现高位增长》，新浪网，2020 年 1 月 7 日，http：//jl. sina. com. cn/city/csgz/2020 - 01 - 07/city - iihnzahk2489592. shtml。
② 《吉林省"走出去"工作推进会在长春召开》，搜狐网，2021 年 6 月 23 日，https：//www. sohu. com/a/473641365_ 120640988？ scm = 1002. 3d003a. f30178. PC_ 24H_ CHANNEL。
③ 郭佳：《吉林力推 13 条对外通道扩开放》，中国新闻网，2020 年 1 月 17 日，https：//www. chinanews. com. cn/cj/2020/01 - 17/9063017. shtml。

春海洋经济发展示范区、中韩（长春）国际合作示范区、长春临空经济示范区、长春"中白科技园"等开放平台建设，多层次打造对外开放合作的新高地。

二 吉林省对外开放存在的问题

吉林省对外开放取得积极进展，但也存在开放度不高、地区发展不均衡以及体制机制制约等障碍因素，对外贸易和利用外资的规模较小，对外投资合作的质量效益有待进一步提高。

（一）对外贸易总体规模较小，开放度不高

随着经济外向度的提高和对外开放步伐的加快，吉林省对外贸易取得较快发展，外贸依存度有所提高，但是与全国水平相比较仍具有较大差距，外贸规模不大，在全国外贸总量中占比较小，增长质量和贸易结构仍需进一步提升和优化。2019 年吉林省外贸依存度为 11.10%，与全国平均外贸依存度 31.8% 的水平相比，相差了 20.7 个百分点，远低于东部地区平均外贸依存度 47.24% 的水平，略高于中部地区平均外贸依存度 10.92% 和西部地区平均外贸依存度 10.05% 的水平。与辽宁省外贸依存度 29.13% 和黑龙江省外贸依存度 13.71% 的水平相比，在东北三省中吉林省的外贸依存度是最低的（见表 2）。2019 年、2020 年吉林省对外贸易额分别占全国对外贸易总额的 0.41% 和 0.40%，这与同期吉林省经济总量分别占全国经济总量的 1.18% 和 1.21% 的份额不相匹配。从贸易方式来看，2020 年一般贸易和加工贸易分别占同期吉林省进出口总值的 90.1% 和 7.6%，加工贸易较为薄弱，制约了出口份额和规模的进一步扩大。从进出口商品结构来看，2020 年吉林省出口商品以轨道交通设备、汽车零配件、汽车（包含底盘）等机电产品和农产品为主，吉林省进口商品中机电产品占比超 80%，随着要素成本的持续上升，需进一步提高出口商品附加值以增强国际竞争力和提升外贸效益水平。从外贸主体来

看，外商投资企业进出口占主导地位，2020 年外商投资企业进出口占比为 49.8%，国有企业和民营企业进出口占比分别为 29.8% 和 19.9%，外贸主体的竞争力不强，外贸进出口过度依赖少数外贸企业。

表2 2019 年中国31 省（区、市）外贸依存度情况

单位：亿元，%

序号	省（区、市）	进出口总额	地区生产总值	外贸依存度	序号	省（区、市）	进出口总额	地区生产总值	外贸依存度
1	上海	34046.8	38155.32	89.23	17	安徽	4740.9	37114	12.77
2	北京	28663.5	35371.3	81.04	18	新疆	1640.9	13597.11	12.07
3	广东	71436.8	107671.07	66.35	19	河北	4001.6	35104.5	11.40
4	天津	7376.0	14104.28	52.30	20	吉林	1302.2	11726.8	11.10
5	浙江	30832.0	62352	49.45	21	湖南	4342.2	39752.12	10.92
6	江苏	43379.7	99631.52	43.54	22	河南	5711.6	54259.2	10.53
7	福建	13306.7	42395	31.39	23	云南	2323.7	23223.75	10.01
8	山东	20420.9	66648.87	30.64	24	湖北	3943.6	45828.31	8.61
9	辽宁	7255.1	24909.5	29.13	25	山西	1446.9	17026.68	8.50
10	重庆	5792.8	23605.77	24.54	26	宁夏	240.6	3748.48	6.42
11	广西	4694.7	21237.14	22.11	27	内蒙古	1095.7	17212.5	6.37
12	海南	905.9	5308.94	17.06	28	甘肃	379.9	8718.3	4.36
13	四川	6765.9	46615.82	14.51	29	贵州	453.6	16769.34	2.70
14	江西	3511.9	24757.5	14.19	30	西藏	44.3	1697.82	2.61
15	黑龙江	1865.9	13612.7	13.71	31	青海	37.3	2965.95	1.26
16	陕西	3515.8	25973.17	13.54	—	—	—	—	—

资料来源：各地统计局。

（二）利用外资的规模、质量有待进一步提升

虽然近年来吉林省利用外资规模稳步提升，但是总体来看，在全国利用外资总额中所占的比重相对较小，2019 年中国实际使用外资创历史新高，达到 1412.3 亿美元，其中吉林省利用外资 125096 万美元，占中部地区利用

外资总额的 12.9% ，仅占全国的 0.9% （见表3），项目数量和合同金额均远远低于江苏、广东、上海、浙江等东部省份利用外资水平。此外，吉林省利用外商投资还存在地区和产业分布不均衡问题，长春市外商投资数额远高于省内其他市（州），而且吉林省外商投资主要集中在第二产业，针对第一产业、第三产业的外商投资项目较少，与吉林省雄厚的科研基础实力和作为农业大省和粮食大省的资源和地理优势不相符。

表3 2019 年东部、中部、西部地区外商直接投资情况

地方名称	数量（家）	比重（%）	实际使用外资规模（亿美元）	比重（%）
总计	40910	100	1412.3	100
东部地区	36613	89.5	1191.1	84.3
中部地区	2138	5.2	97.3	6.9
西部地区	2137	5.2	92.9	6.6
有关部门*	22	0.1	30.9	2.2

注：*有关部门包含银行、证券、保险行业吸收外商直接投资数据。东部地区：北京、天津、河北、辽宁、上海、江苏、浙江、福建、山东、广东、海南。中部地区：山西、吉林、黑龙江、安徽、江西、河南、湖北、湖南。西部地区：内蒙古、广西、四川、重庆、贵州、云南、陕西、甘肃、青海、宁夏、新疆、西藏。

资料来源：《中国外资统计公报 2020》。

（三）对外投资合作规模较小，国际竞争力和抗风险能力有待提高

和东部地区相比，吉林省对外投资企业数量不多，企业跨国经营的历程较短，国际化经验不足，跨国经营管理中人才缺乏，运用国际规则和东道国法律维护自身权益的意识不强，缺乏明确的对外直接投资规划，2019年吉林省企业对外投资仅占全国的 0.05%。吉林省企业与在国际投资市场经营多年的国外跨国公司相比，无论在技术、品牌方面，还是在跨国经营管理、投资风险防范及善后能力等方面都存在较大差距，在全球价值链中的地位相对较低，影响力相对较弱，国际竞争力不强，对外投资的质量和效益有待进一步提高。此外，国际环境的不确定性、复杂性长期存在，

企业对外投资和国际化发展面临诸多挑战，部分发达国家加强对高端产业的保护，收紧外资准入，东道国投资限制壁垒增加，局部地区地缘政治博弈激烈等，都为吉林省对外投资带来了风险和挑战，给企业"走出去"和跨国经营增加了不确定性。

三 吉林省对外开放面临的形势

当前对外开放的国际、国内形势均发生深刻的变化，挑战与机遇并存。

（一）从全球来看，国际政治经济形势正在发生巨大变化

从世界经济形势来看，全球经济处于金融危机后的深度调整阶段，发展失衡加剧，全球经济增长动能不足，下行压力加大。疫情防控常态化时期，世界经济发展将面对更加复杂多变和严峻的形势，全球经贸的复苏发展面临巨大的不确定性风险；从国际政治形势来看，地缘矛盾愈加凸显，政治形势错综复杂，合作与冲突并存，大国之间角力竞争加剧；从国际贸易形势来看，贸易摩擦加剧，国际经贸规则加速调整和演变，以全球多边自由贸易体系为核心的开放型世界经济正在遭受贸易保护主义和单边主义的冲击，全球治理体系和合作体系面临着严峻挑战；从科技和产业发展趋势来看，当前世界经济正处于新旧动能转换、深刻调整演变的重要阶段，科技的迅猛发展与产业的深刻变革将给全球发展带来全新的挑战，世界各国的命运发展与战略利益相互交融、深度链接。展望未来趋势，新一轮科技和产业革命快速推进，5G、物联网、人工智能、云计算、区块链等新技术蓬勃发展，人类社会生产和生活方式将受到深刻影响，国家间的竞争已不再局限于军事、能源、经贸等领域，科技实力的竞争将持续深化，亟须培育新动能、新业态和新产业以形成国际竞争新优势。积极扩大开放合作的范围，提高开放合作的层次，在竞争中彼此合作，是符合大国博弈的务实选择。

（二）从区域来看，东亚合作蓬勃发展，经济区域化发展成为主要趋势

当前世界经济增长面临诸多不稳定不确定因素，但亚洲地区总体稳定，经济保持较好增长，地位与影响力不断上升，东亚合作和区域经济一体化加速推进。在贸易保护主义、民粹主义兴起，经济逆全球化的大背景下，区域合作成为主流，新冠肺炎疫情的传播和应对更清晰地折射出密切地缘关系下的命运共同体关系，在抗击疫情合作过程中所出现的东亚区域意识会随着疫情防控常态化时期所面临的经济恢复、社会发展与稳定等问题得到增强。在新冠肺炎疫情的影响和冲击下，世界各国都更加重视产业链与供应链的安全和稳定，从全球产业链和供应链的调整来看，呈现出明显的区域化特征，亚洲区域内贸易集中的特征突出，产业链调整的区域化进程加快。从东北亚地区来看，当前地区形势稳定向好，和平与发展所需要的安全环境得到了大幅改善，双边、多边合作也迎来新局面。"一带一路"强化向北开放，为吉林打造对外开放新前沿，尤其是为面向东北亚深度开放打下良好基础。RCEP 和 FTA 谈判取得实质性进展，中、日、韩三方同意在 RCEP 基础上打造"RCEP＋"，为吉林省加强对外产业合作，发展高端服务业、生产性服务业以及数字经济等提供了重要合作契机。

（三）从国内来看，中国社会主义改革开放和现代化建设进入新阶段

面对全球贸易保护主义的挑战，中国更加坚定对外开放的方针和步伐，致力于开放型世界经济的构建。经过多年的开放发展，当前中国经济转入高质量发展阶段，新旧动能不断接续转化，经济结构加快转型升级，作为世界商品大市场和投资热土的优势不断显现。随着劳动力成本不断提高、资源环境承载压力不断加大，科技快速变革发展，使依靠劳动和资源密集型投入的发展模式和竞争优势遭遇瓶颈，中国亟须加快培育全面开放新格局中企业的竞争新优势。顺应我国经济深度融入世界经济的发展趋势，中国推动新一轮高水平的对外开放，将进一步放宽外资市场准入，优化对外开放区域布局，构建外贸可持续发展新机制，创造更加公平便利的国际贸易环境。习近平主

席在 2018 年博鳌亚洲论坛年会上宣布，中国决定采取大幅度放宽市场准入、创造更有吸引力的投资环境、加强知识产权保护、主动扩大进口等新的扩大开放举措。[①] 中国积极促进区域经济一体化，坚定地捍卫和维护以规则为基础的世界多边贸易体制和全球自由贸易秩序，致力于维护全球产业链、供应链的安全，积极推动新一轮经济全球化向更高的层次、更广的领域方向发展。中国把自由贸易区建设上升为国家战略，提出了建设立足周边、辐射"一带一路"、面向全球的高标准自由贸易区网络，与来自亚洲、欧洲、南美洲、非洲和大洋洲的 26 个贸易伙伴签署了 19 项自由贸易协定，有 21 个省（区、市）开设了自贸试验区，范围辐射至东部沿海和中部地区，不断提高投资贸易的自由化、便利化水平，并进一步扩大服务贸易领域的开放。

（四）从省内来看，吉林发展处于全面振兴的关键时期

作为中国的老工业基地、主要商品粮基地、生态环境大省、边境重要省份，吉林省正站在转型升级的前沿，在转变经济发展方式和调整经济结构方面任重而道远。当前吉林省工业发展面临的环境复杂，需要加快推进产业转型升级，实施创新发展，为吉林省全面振兴积蓄新动能、开辟新空间。为此，需要加大改革力度，扫除体制机制障碍，进一步激发市场主体发展活力。发挥有效投资的拉动作用，加快现代化经济体系建设，着力推动吉林经济高质量发展，积极拓展发展空间。坚持以智能制造为主攻方向，推进"数字吉林"建设，全力推动制造业振兴。坚持创新驱动发展战略，强化科技创新与实体经济的融合，激励企业提升创新能力，依靠创新培育壮大新动能，培育在全球价值链、供应链竞争合作中的新优势。深度融入"一带一路"，加速开放步伐，加强对外通道和各类开放平台建设，积极推进对外经贸交流与合作对接，助力全面振兴。

---

① 《习近平在博鳌亚洲论坛 2018 年年会开幕式上的主旨演讲（全文）》，中国政府网，2018 年 4 月 10 日，http：//www. gov. cn/xinwen/2018 - 04/10/content_ 5281303. htm。

四　吉林省高水平对外开放的对策

在新发展格局下，吉林省应着力深化改革，努力构建现代经济体系，融入国内国际双循环，强化东北亚地区合作中心枢纽作用，持续优化营商环境，统筹发展与安全，推进吉林省高水平对外开放。

（一）深化改革，解决制约发展的体制机制问题，为对外开放创造有利条件

全面深化改革，着力构建推动经济高质量发展的体制机制，推进机构改革、城市管理体制改革，深化营商环境综合改革，构建开放型经济新体制。在新发展格局下，做到因势利导，充分发挥吉林省工业体系完备、科研实力雄厚、劳动力素质高等比较优势，以更优的市场营商环境、更有吸引力的开放政策和更具活力的制度安排，充分利用国内国际要素助力，促进吉林省技术、产品、市场和产业的创新。一方面，通过深化改革打通阻碍经济顺畅发展的堵点，提升适配国内市场需求的供给能力和水平；另一方面，进一步提升吉林省出口商品与服务的比较优势，增强吉林省商品与服务走进国际市场的竞争力，促进出口向国际市场产业链、供应链中高端延伸。

（二）完善产业链条，努力构建现代经济体系

随着全球制造业进入新一轮技术升级周期，实现制造业升级和高质量发展需要提高资源配置效率效能，抢抓新的产业"风口"，培育更多新动能。因此，吉林省需要继续加大产业集群招商、产业链招商、平台招商、园区招商、以商招商力度，以开放招商强化战略合作，围绕现代产业体系构建、产业集聚区建设实施精准招商，加强产业培育，以重大项目引领产业发展，完善产业链条，打造知名品牌。同时，注重突出优势、整合资源、打造产业集群，推动生产要素集聚和规模效应释放，实现集群集聚效应最大化，进一步巩固提升先进装备制造、电子信息等优势主导产业，培育壮大机器人及智能

制造装备、汽车电子信息产业、卫星及航天信息产业，谋划布局医疗美容、冰雪装备、生物育种等产业链，推动吉林省经济高质量发展和区域经济均衡发展，努力构建现代化经济体系。

（三）积极参与国际大循环，打造我国向北开放的重要窗口

融入双循环，在更大范围集聚高端创新要素，在更广阔空间配置资源，做强产业链、提升价值链，争取产业竞争的主动权。一是深入融入"一带一路"建设，促进贸易的便利化、自由化，增强与东北亚区域资源要素的协同配置能力，发挥吉林省与东北亚国家在经济、产业、科技、资源和市场等各方面的互补优势，继续深化贸易与投资合作，支持有实力的企业"走出去"，与各国开展务实合作，发挥投资在区域经济增长中的拉动作用。二是加强在各合作领域的协作与磋商，在加强东北亚区域金融合作、深化绿色环保合作、推动健康养老产业合作、促进交通运输及与物流、加强科技与创新合作等领域深度挖掘，培育新的增长点。三是进一步促进沿边开放，积极开展跨境经济合作，利用大图们倡议等次区域合作机制，进一步加强沿边地区与东北亚各国地方政府之间的沟通与协作，促进吉林省企业与东北亚各国企业之间的联系与合作，充分发挥沿边地区开放窗口的重要作用，促进沿边地区的开发、开放与经济发展，形成与内陆腹地联动发展，进而带动整个东北亚地区形成互利合作、开放发展的新格局。

（四）积极打通东北亚陆海国际运输通道，完善交通枢纽的联通建设

强化和拓展联结"一带一路"和东北亚市场的流通纽带功能，做强、做大多式联运国际流通体系。积极推进中蒙大通道建设，促进中俄间公铁、陆海联运。在中、日、韩运输及物流部长会议机制下，加强中、日、韩三国之间的物流合作，建立高效的流通通道，以降低运输成本，提高三国产品的价格竞争力。建立连接日韩、面向欧洲的过境通道和无缝连接的东北亚物流网络，加强与朝、俄、日、韩等国家的海关合作，促进区域贸易的便利化水

平，保障区域产业发展的供应链安全，不断夯实吉林省向北开放窗口和东北亚区域中心枢纽的地位。

（五）持续优化法治化、市场化、国际化的营商环境

良好的营商环境是激发市场活力、促进经济社会发展的必要条件。促进吉林省高水平对外开放，要进一步优化营商环境，深化国有企业改革，发展非公有制经济，加快产业转型升级，开辟合作新高地，集聚各类人才，为吉林全面振兴提供强劲的内部政策环境。将持续优化营商环境作为高质量发展的重要抓手，精准对标对表先进水平，以市场需求为导向，以政府职能转变为重点，创新体制机制、强化协同联动、完善法治保障，补短板、堵漏洞、强弱项、促提升，为各类市场主体营造稳定、公平、透明、可预期的良好环境，提升城市软实力，为吉林全面振兴提供有力保障。

（六）谋划高水平对外开放，统筹发展与安全

构建吉林省开放型经济体制，开创高水平对外开放新局面，需要统筹发展与安全，有效防范和化解各类经济与社会风险。一方面，采取合理的监管政策，完善和健全跨境金融监管制度和"走出去"金融监管体系，有效防范和化解各类金融风险；另一方面，在鼓励吉林省企业"走出去"的同时，事先做好市场调研，提前有效防范和规避有关政治外交、投资环境、法律法规等诸多风险，为更好地实施更大范围、更宽领域、更深层次的对外开放保驾护航、奠定坚实的基础。

区域协调篇

Regional Coordination

B.12
长春现代化都市圈协同发展机制研究

刘　恋*

摘　要： 本报告通过深入梳理吉林省建设长春现代化都市圈的历史进程，剖析长春现代化都市圈面临的挑战与机遇。通过系统梳理与分析总结出长春现代化都市圈带动区域协同发展机制的构建模式并提出了符合吉林省省情及长春现代化都市圈发展实际情况的建议，旨在为长春现代化都市圈协同发展机制提供更进一步的研究依据。

关键词： 现代化都市圈　协同发展机制　长春

　　中国自改革开放以来经济快速发展，各地中心城市的引领作用开始凸显，大城市的经济实力和辐射能力增强。2019 年，中国人口超千万的超特

---

* 刘恋，吉林省社会科学院城市发展研究所助理研究员，研究方向为智慧城市与城市经济。

大城市有 6 个, 500 万~1000 万人口的特大城市增至 10 个, 形成了京津冀城市群、长三角城市群、粤港澳大湾区等 10 个国家级城市群, 这些城市群的构建和快速发展为我国重大区域的融合发展战略提供了极大的助力。2019 年, 国家发展改革委出台了《关于培育发展现代化都市圈的指导意见》, 更进一步优化行政区划设置, 充分发挥中心城市和城市群的带动作用, 由此标志着我国正式进入都市圈经济时代。

2019 年, 吉林省发布了《长春经济圈规划实施方案》《关于支持长春经济圈高质量发展的若干政策》等相关文件, 全面推进都市圈建设。2021 年, 吉林省委第十一届九次全会审议通过《中共吉林省委关于全面实施"一主六双"高质量发展战略的决定》, 正式将"一主六双"从产业空间布局提升为高质量发展战略, 建设长春现代化都市圈, 推动区域协同化发展成为全面振兴吉林的主旋律。长春历经多年的发展, 城市面积、人口总数、经济发展等方面都取得了极大突破, 截至 2019 年, 城市总面积达到 20593.53 平方公里, 人口总数突破 750 万人, 地区生产总值达到 5904 亿元, 城市经济综合竞争力在全国排第 60 名, 在东北三省排第 1 名, 吉林省内排名首位, 核心城市优势尽显, 未来发展潜力无限。

一 长春现代化都市圈带动区域协同发展机制分析

(一)长春现代化都市圈带动区域协同发展机制动力分析

都市圈核心城市能否带动周边区域协同发展取决于核心城市的带动辐射动力是否充足, 长春现代化都市圈带动区域协同发展机制主要分为内生动力与外生动力。

1. 长春现代化都市圈带动区域协同发展机制的内生动力

城市发展的内生动力主要来自城市自身资源、技术、人才、政策制度等因素。长春作为长春都市圈的核心城市, 其自身拥有的资源与产业优势等都可以转换为带动区域协同发展的内生动力。

（1）自然资源

长春位于东北地区的中心位置，是多个重要发展战略的节点城市，东北亚经济圈中心城市、"一带一路"倡议北线重要节点城市、中蒙俄经济走廊节点城市、长吉图开发开放先导区战略腹地城市，有着交通便利、物流方便快捷的地理优势，同时"一主六双"高质量发展战略中的"双通道"规划更是打通了长春与周边区域的"1小时"快车道，"双通道"规划计划在2025年，吉林省高速公路通车里程达到4500公里以上，长春形成"两环八射"对外通道，交通环节的打通可以促进都市圈内各类资源有效流动，将极大地推动长春都市圈发展。

（2）人才资源

吉林省拥有各类大专院校62所，研究生培养单位21家，每年可培养各类专业人才30余万人次。虽然同样面临人口流失问题，但核心城市长春市的人才增量比重仍然在全国处于较高水平。2019年，长春市可持续竞争力在全国排第44名，人才密量排第55名，人才增量排第29名，均排进全国百强，在东北三省排名前三。可见核心城市长春市仍具有较为强劲的人才吸引力，同时国内外知名企业助力长春都市圈发展，为都市圈建设带来更多的高科技人才，这些都将成为长春现代化都市圈发展的重要保障。

（3）金融资源

金融资本是建设都市圈的根本基础，对推动都市圈快速发展有着重要意义。2019年末，长春市金融机构本外币各项存款余额12681.9亿元，占到全省的52.5%，在全国排第16名。随着长春现代化都市圈建设的推进，针对都市圈的各类金融政策也纷纷出台，政府应积极为金融机构与产业行业的发展提供最佳的契合平台，在规划产业发展的同时，不断通过金融机构进行引导与扶持，产业资源的良好配置与发展反过来又作用于金融机构，从而使金融机构与产业行业形成良性的健康发展链，共同为长春整体的都市圈建设提供有力保障与发展动力。

（4）产业资源

产业结构是都市圈建设的基本框架，依托产业布局，形成规模性产业集聚，推动都市圈高质量发展。长春现代化都市圈是建立在东北老工业基地基础之上，承载了东北工业产业的巨大优势，依托汽车、生物医药、光电信息等优势产业，创建现代化产业体系，加速传统产业结构转型升级，以产业资源带动都市圈区域协同发展。

2. 长春现代化都市圈带动区域协同发展机制的外生动力

都市圈建设发展自身拥有的资源以及自身不断发展的资源是促进都市圈带动区域协同发展的内生动力，而来自都市圈区域外部，对都市圈建设发展起到间接推动作用的就是都市圈带动区域协同发展机制的外生动力。长春现代化都市圈带动区域协同发展机制的外生动力，即国家对东北老工业基地振兴的战略支持以及国家对都市圈建设的重点规划。

（1）东北老工业基地振兴战略

全面振兴东北老工业基地是国家针对东北地区经济发展的战略性方针。国家自 2003 年发布《关于实施东北地区等老工业基地振兴战略的若干意见》以来，一直密切关注东北老工业基地的经济发展情况。党的十八大以来，习近平总书记先后多次赴东北实地考察为全面振兴东北老工业基地做出重要指示，为东北地区经济发展指明了方向。吉林省深入贯彻习近平总书记关于全面振兴东北老工业基地的重要指示，将建设长春现代化都市圈作为承接全面振兴东北的重要路径。

（2）都市圈建设是国家新型城镇化战略布局

我国经济已由高速增长转向高质量发展阶段，城镇化发展进入到全新历程，2019 年国家发展改革委发布《关于培育发展现代化都市圈的指导意见》，标志着我国正式进入都市圈时代。都市圈建设是我国城镇化从单一城市发展升级到区域协同发展的新历程。该指导意见中针对都市圈建设发展指明了战略性方向，明确了都市圈内要实施创新性体制机制，打破固有的行政壁垒，使资源有效地在区域内流转。长春现代化都市圈建设不仅肩负落实国家战略的使命担当，也面临难得的政策机遇，依托国家级新型城镇化战略布局，切实把都市圈建设目标转化为全面振兴、全方位振兴吉林发展的有效途径。

（二）长春现代化都市圈带动区域协同发展机制构建模式

1. 构建都市圈区域内的政府权力机构

在都市圈建设过程中，区域协同发展不可避免地会出现各种利益冲突和矛盾纠纷，区域所属政府无法很好地解决关于协同发展中所遇到的问题，因为存在跨区域间的协调，若将所有问题都推到上一级政府部门，显然也不是行之有效的办法，需要构建跨区域的政府权力机构，以解决区域协同发展过程中所发生的问题。跨区域政府权力机构应该立于当地政府上一级，可以有效地从整个区域角度规划发展，协调各区域之间的沟通联系，可以更高效地促进区域间协调一体化发展。针对长春现代化都市圈，吉林省政府可考虑在都市圈区域内设立一个高于当地政府的权力机构，主要负责都市圈区域内发展规划、财政预算、产业结构调整及布局等事务，同时负责对区域间协同发展过程中出现的利益冲突进行协调。

2. 构建都市圈发展长、短期规划

都市圈发展规划是都市圈建设过程中可以依据的政策性工具，要兼顾都市圈区域协同发展的整体性、战略性和长远性，要与区域内政府规划相配合，避免有发生冲突的规划。编制规划的重要性，即要解决所属区域政府无法解决的一些发展难题。当都市圈发展规划同地方规划发生冲突时，要及时沟通协商达成共识，如地方规划最终让位都市圈规划时，上级政府应对地方政府给予相应补偿。

3. 构建合理的都市圈利益分配机制

都市圈建设初衷是由核心城市带动区域协同发展，这就表明了都市圈内的各区域存在经济发展水平、技术、产业结构等方面的差距，在协同发展过程中必然会有利益分配不协调的情况发生，因此构建合理的都市圈利益分配机制，明确利益共享和补偿机制可以更有效地促进都市圈区域协同一体化发展的持续性和效用最大化。长春现代化都市圈的利益分配机制首先应先确保公平公正的市场机制，要保证都市圈区域内的城市处于市场平等位置，综合区域内各城镇对都市圈建设的贡献，合理分配利益值；其次，构建都市圈区域内的

流动机制，长春现代化都市圈区域中以长春和吉林两市为核心，核心城市经济发展与产业结构要优于区域内其他城镇，构建都市圈区域内的流动机制，将核心城市中的金融资本、高端技术等优势条件向区域内其他城镇流动，有利于促进都市圈区域内不同地区的经济发展平衡，有效带动区域协同发展。

4. 构建都市圈区域内产业合作动力机制

都市圈区域协同发展一体化的根本是通过合理的产业空间布局，以产业带动经济发展，实现都市圈区域内的整体经济发展。构建都市圈区域内的产业合作动力机制应该从产业互补与产业差异入手。依据长春现代化都市圈的划定范围，以区域内相邻近的城镇进行产业资源互补，实现相互促进、协调发展；利用都市圈区域内存在的产业结构差异，加强区域间的合作，增加区域竞争力，以获得经济发展利益的最大化。

二 长春现代化都市圈建设面临的问题与挑战

（一）都市圈建设存在金融发展不均衡现象

吉林省经济发展增速平稳，但整体金融业发展与国内一线城市相比还处于初级阶段，金融业资金供给总量仍存在较大缺口、金融体制结构尚有失衡之处、金融产品品类不够丰富、资本市场吸引资金能力不强、直接融资市场与间接融资市场发展不均衡等一系列问题都是制约吉林省经济发展的重要因素。2014 年，长春市银行信社类金融机构 37 家，保险公司 30 家，证券公司 2 家，证券公司分公司 14 家，证券营业部 56 家，上市企业 20 家；2020年，长春市银行信社类金融机构 34 家，保险公司 28 家，证券公司 40 家，证券分支机构 1 家，证券营业部 20 家，上市企业 26 家。[①] 通过 7 年的数据

---

① 《2014 年长春市国民经济和社会发展统计公报》，长春市人民政府网站，2015 年 6 月 29 日，http：//www. changchun. gov. cn/zw _ 33994/xxgk/xxgkflzy/tjsj/201612/t20161210 _ 1991690. html；《2020 年长春市国民经济和社会发展统计公报》，长春市人民政府网站，2021 年 6 月 22 日，http：//www. changchun. gov. cn/zw _ 33994/xxgk/xxgkflzy/tjsj/202106/t20210622_ 2863112. html。

对比可以明显看出，长春市上市公司与保险公司数量增幅缓慢。2020年，长春市股票交易成交额11075.5亿元，增长50.7%；国债成交额7532.2亿元，增长19.2%；基金成交额373.8亿元，下降14.9%，基金市场融资仍不乐观。[①]

2020年，吉林省年末境内金融机构本外币各项存款余额27246.54亿元，其中长春市年末金融机构本外币各项存款余额14230.6亿元，占全省52.3%，吉林市年末金融机构本外币各项存款余额3322.6亿元，占全省12%，处于长春现代化都市圈区域内的辽源市，2020年末金融机构本外币各项存款余额为723.85亿元，仅占全省2.7%。除此之外，2020年四平市年末金融机构本外币各项存款余额为1795.6亿元，松原市年末金融机构本外币各项存款余额为1603.32亿元，占全省比重均不足10%，由此数据可以看出，目前长春现代化都市圈区域内的信贷服务资源配置仍然存在区域分布不平衡的现象，部分区域金融服务资源配置不足。

（二）都市圈建设存在技术创新型人才缺失现象

东北地区人才流失问题一直是制约东北地区经济发展的因素，同时也是困扰长春现代化都市圈建设发展的难题之一。究其主要原因是经济相比较东南沿海城市而言较为落后，而人才的流动又具有十分明显的趋向性，即更趋向向经济发展快、知名企业多的城市流转，因此逐渐形成了经济水平较低造成人才流失，人才流失又导致经济发展缓慢的恶性循环。2015年，国家对城市人口流失情况进行了统计，根据统计的结果，长春市在全国人口流失最严重的10个城市中排名第5。2014年长春市人口数量为754.5万人，吉林市人口数量为427.65万人，四平市人口数量为328.1万人，辽源市人口数量为121.8万人，松原市人口数量为278.4万人。根据第七次全国人口普查数据，截至2021年9月，长春市人口数量为906.69万人，吉林市人口数量

---

① 《2020年长春市国民经济和社会发展统计公报》，长春市人民政府网站，2021年6月22日，http://www.changchun.gov.cn/zw_33994/xxgk/xxgkflzy/tjsj/202106/t20210622_2863112.html。

为 362.37 万人，四平市人口数量为 181.47 万人，辽源市人口数量为 99.69 万人，松原市人口数量为 225.3 万人（见表 1）。

表 1　2014~2021 年长春现代化都市圈区域内城市人口数量

单位：万人，%

城市	2014 年人口数量	2021 年人口数量	7 年人口增长率
长春	754.5	906.69	20.17
吉林	427.65	362.37	−15.26
四平	328.1	181.47	−44.69
辽源	121.8	99.69	−18.15
松原	278.4	225.3	−19.07

注：由于 2020 年公主岭市划归长春市代管，故数据中 2021 年长春市人口数量包含公主岭市人口。

资料来源：各城市国民经济和社会发展统计公报。

通过数据对比可以看出，2014~2021 年，长春现代化都市圈区域内的城市人口数量大多呈现负增长，长春现代化都市圈区域内人口流失现象仍未发生较为明显的改变。吉林省属于科教大省，教育资源雄厚，校址位于长春市内的吉林大学是全国重点大学，国家"双一流""211 工程""985 工程"重点建设学校，吉林大学 2019 届毕业生中共有研究生 6490 人（博士生 971 人，硕士生 5519 人），本科生 9634 人，然而毕业后本科生中只有 12.39% 的人留在本地就业，硕士研究生中只有 29.23% 的人留在本地就业，而博士研究生中有 45.02% 的人留在本地就业，总体上选择在吉林省本地就业的人数只占毕业总人数的 25.08%。高校人才的流失意味着高端人才竞争力较弱，长春现代化都市圈的建设离不开高科技创新型人才的支撑，正如习近平总书记所言"全部科技史都证明，谁拥有了一流创新人才、拥有了一流科学家，谁就能在科技创新中占据优势"。[①]

---

① 《习近平：着力夯实创新发展人才基础》，求是网，2021 年 3 月 17 日，http：//www.qstheory.cn/zhuanqu/2021-03/17/c_1127220765.htm。

（三）都市圈建设发展中资源环境问题日益加重

吉林省特殊的地理位置及空气气候等客观因素造成人口与资源环境的关系相对脆弱，生态资源环境压力日益加大，特别是随着城镇化步伐的不断加快、都市圈一体化发展进程加速，人口向核心城市集中，产业大量集聚，城市资源环境问题开始凸显。《中国城市竞争力报告 No. 18》中数据显示，2020 年，吉林省可持续竞争力全国排第 21 名，整体处于下滑状态，长春市与吉林市可持续竞争力下滑幅度较大。城市可持续竞争力主要是反映一个城市持续高效发展的能力，与城市中居民生活环境、交通便利、空气污染等因素息息相关。通过分析长春现代化都市圈区域内的城市在可持续竞争力分项指标"环境韧性"中的排名表现来看，长春都市圈发展面临的资源环境问题愈加严峻。

在交通便捷度指数中可以看出，核心城市长春与副核心城市吉林面临的城市交通问题压力较大，而区域内城市辽源则在交通便捷度方面有着很好的表现，这充分说明了核心城市承载了较多的人口，由人口密度带来的交通压力直接影响了城市居民的生活感受。除此之外，气候舒适度与环境污染度指数都表明了作为都市圈核心城市所承受的环境压力仍然很大（见表2）。单独依靠某一个城市，解决这些问题难度较大，必须通过加强区域合作，共同探索生态文明建设，促进人口资源环境协调发展。

表2　长春现代化都市圈区域内可持续竞争力环境韧性指标

城市	交通便捷度指数	全国排名	电力充沛度指数	全国排名	生态多样性指数	全国排名	气候舒适度指数	全国排名	环境污染度指数	全国排名	自然灾害指数	全国排名
长春	0.317	275	0.521	116	0.910	9	0.323	276	0.145	240	0.800	39
吉林	0.413	256	0.339	202	0.851	33	0.323	276	0.183	217	0.800	39
四平	0.874	29	0.434	153	0.775	84	0.706	205	0.144	242	1.000	1
辽源	0.951	7	0.409	162	0.867	24	0.708	204	0.183	214	0.800	39
松原	0.655	124	0.305	226	0.854	32	0.682	241	0.184	213	0.617	151

资料来源：中国社会科学院城市与竞争力指数数据库、吉林省社会科学院城乡发展指数数据库。

三 长春现代化都市圈带动区域协同发展机制的对策建议

（一）创新投融资体制提升金融服务能力，助力长春现代化都市圈发展

当前，长春现代化都市圈正处于基础再造和产业链提升的关键阶段，巩固和壮大实体经济根基，特别是做强做优制造业，金融支持尤为必要。一方面，要做好传统制造业升级改造金融服务。创新理财融资、产业基金、债券承销、银团贷款、银担合作等多种方式相结合的中长期资金供给模式，积极支持传统产业与新技术、新业态、新模式的"嫁接"和融合，推动科技成果向现实生产力加速转化，提高制造业智能化和信息化水平，进而提升制造业的创新力和竞争力；另一方面，要挖掘新发展格局中的经济增长极，以新基建、高技术等关键领域的核心企业为抓手，进一步拓展"链上"金融业务，为都市圈内一汽、长春轨道客车等核心企业和上下游企业提供集成化融资方案，"一企一策"精准创新产业链融资信贷产品，做实做细配套金融服务，充分发挥应收账款融资服务平台作用，促进搭建更多"链上"企业对接平台，支持优势产业排产回归、配套回归和产能回归。

（二）完善长春现代化都市圈评价激励机制，构建组织协调机构

长春现代化都市圈的建设发展必须要有法律护航，制定权威性的立法规定。都市圈区域一体化发展虽然可以为都市圈内区域带来整体利益的增加，但对于不同地区而言，很难实现平均分配，这就会导致不同利益主体之间出现利益的博弈，甚至抵制有利于区域一体化政策的实施，此时有必要通过具有权威性和执行力的制度机构来进行协调，否则将影响区域整体效益的提高。都市圈的协调机构要具有一定的权威性，上级行政部门要针对都市圈设立协调机构，并通过立法规定确保协调机构的执行力。

163

同时，为了更好地促进都市圈区域内的协调发展，应构建完善都市圈的评价激励机制，以充分调动都市圈内各区域政府参与协同合作的积极性，保障都市圈区域内规范、持续性的经济发展。构建评价激励机制应首先确定评价指标体系，评价指标体系可以由政府或都市圈专门协调机构来组织专家学者、都市圈区域内的企业代表等共同制定符合长春现代化都市圈发展实际情况的评价指标体系。有了明确的评价指标体系，可对都市圈区域内经济协调发展情况进行科学评价，对都市圈建设发展有极大推动作用的地方政府应给予一定资金奖励，反之对都市圈经济协调发展不达标的地方政府，要通过协调机构及时查找原因，寻求解决方案，促进长春现代化都市圈区域经济协调发展。

（三）强化长春现代化都市圈区域创新驱动力，构建高效信息传导平台

长春现代化都市圈区域协同发展过程中仍缺少必要的信息传导平台，这就容易产生因为区域之间信息不对称而造成的都市圈区域内的信息冲突。建立有效的信息共享机制，可以很好地改善信息不对称的情况，同时也能够进一步增进各区域地方政府之间的沟通与联系。目前，长春现代化都市圈内部分地方政府之间已经建成相对健全的信息化协调沟通平台，如长春与公主岭之间的协同发展一体化已有双方政府相关部门进行对接，但都市圈内信息化建设程度不同，完整的信息共享平台仍是都市圈发展必不可缺少的，特别是信息化的制度保障也必须建立完整。

（四）建立长春现代化都市圈利益共享机制，形成共建共享渠道

都市圈建设发展的最终目的是实现都市圈区域内经济的共同发展，因此经济增长常被放在发展的首位，但一味追求经济增长率的发展思路并不适用于都市圈的发展，都市圈的发展应该更注重区域之间的合作发展，一旦出现区域间的利益格局失衡就可能会导致都市圈区域合作链的断裂，同时因为利益而不断产生冲突和矛盾的区域合作也很难形成高效的经济发展。由于长春

都市圈区域之间在经济发展基础、人才资源等方面存在较大差异，因此在区域合作中所取得的收益也会有差距。处于生产价值链高端位置的区域，可以获取较多的利益，而处于生产价值链低端位置的区域，势必会获得较少的利益，由此产生都市圈区域内合作收益分配差异，进而出现分配不公的情况，这种情况的出现会加大都市圈区域内经济发展水平的差异，如利益分配有失公平性，会破坏都市圈内区域的良好合作关系。因此，建立利益共享机制是均衡都市圈区域发展、有效保障都市圈区域内利益分配公平性的方法。构建都市圈的利益共享机制，并在制度上给予明确规定，可以有效避免出现利益失衡现象。

（五）聚焦长春现代化都市圈产业协同互补，统筹推进吉林省城乡融合发展

都市圈协同发展本质上来讲就是指都市圈内的产业协同发展，长春现代化都市圈带动区域协同发展未来应进一步深化区域产业协同集聚，充分发挥政府机构引导和监管作用，针对都市圈区域内产业优势互补协同创新发展建立相应的领导组织模式，在政府层面制定完善产业全面协同发展的政策体系，对都市圈内的产业协同互补形成制度和法律保障。都市圈区域内的各级政府要勇于打破行政区划固有的限制和束缚，针对都市圈区域内整体产业结构有长远性的制定产业协同创新发展的中、长期政策与规划。政府机构应积极出台各类优惠政策及切实可行的措施来引导、鼓励、规范都市圈产业合作发展模式。从资金、高端技术、人才资源等多方面全力搭建都市圈产业协同发展关系网，为都市圈产业发展做好政府服务工作和监管工作，以实现都市圈产业协同发展的最佳状态。长春现代化都市圈的产业协同发展应进一步全面开放都市圈区域内市场，加强区域内各类要素的有效流转和产业跨区域转移，细化都市圈产业分工体系，合理分工提高协同发展效率。要优化产业结构，加大创新型产业发展力度，避免出现产业结构单一化现象。

（六）提升长春现代化都市圈承载力，打造民生福祉共享

　　都市圈建设是为了以核心城市的辐射带动能力来带动区域整体协同发展，最终让都市圈区域内的居民都可以享受到都市圈经济发展带来的红利。因此，长春现代化都市圈要不断提升城市承载力，打造民生福祉共享。大力提高都市圈的经济和人口承载力，必须充分发挥各地区的比较优势，促进各类发展要素在区域内有效合理流动，形成高效聚集；大力提高都市圈的经济和人口承载力，还要不断加强城市公共服务软硬件基础设施建设，大力提升城市公共服务均等化、普惠化水平；大力提高都市圈的经济和人口承载力，关键是要充分发挥科技创新的第一生产力作用，加快各类创新技术在超特大城市治理与建设领域大规模应用。承载经济和人口需求的增加，必然会给城市治理的技术基础与技术能力带来全新的考验。

B.13
长吉接合片区国家城乡融合发展试验区发展路径研究

李 平*

摘 要： 城乡关系是我国改革与发展的重要内容，健康融合的城乡关系对我国经济社会的持续稳步发展具有积极的促进作用，推进城乡融合发展是国家战略的重要方面。长吉接合片区肩负着在城乡融合发展体制机制方面试点示范的任务。试验区的发展基础相对较好，本报告在长吉接合片区发展现状分析的基础上，深入探究目前长吉接合片区发展依然存在的城乡产业融合程度相对不高、城乡要素双向流动依然不畅、城乡空间融合不充分、城乡社会融合度依然不高等问题，并围绕产业融合、要素融合、空间融合、社会融合四个方面提出切实可行的促进长吉接合片区快速健康发展的路径，以期能够加快形成长吉接合片区城乡全面融合发展、共同发展的格局。

关键词： 长吉接合片区 城乡融合 产业融合 要素融合 空间融合

自改革开放以来，我国的城乡关系经历了动态的变化过程，基本呈现从"城乡分割"逐步到"城乡统筹"再到"城乡融合"的变化趋势，可以说城乡融合发展是我国的城乡关系发展到一定阶段的必然要求，是现代化的重要

---

* 李平，吉林省社会科学院城市发展研究所助理研究员，理学博士，研究方向为城市发展与产业经济。

标志。早在党的十九大报告中就提出要加快城乡融合发展，2019年国家发展改革委批复同意11个国家城乡融合发展试验区，吉林省的长吉接合片区作为东北地区唯一的试验区位列其中。2020年，吉林省制定了《长吉接合片区国家城乡融合发展试验区改革实施方案》，在该方案的指引下2021年吉林省长吉接合片区的建设开始全面启动，各级政府及部门从多方面全力保障长吉接合片区的城乡融合发展。本报告在长吉接合片区发展现状分析的基础上，深入探究目前长吉接合片区在发展过程中依然存在的亟待解决的问题，并提出切实可行的促进长吉接合片区国家城乡融合发展试验区快速健康发展的路径，以期能够加快形成长吉接合片区城乡全面融合发展、共同发展的格局。

一　长吉接合片区国家城乡融合发展试验区发展现状

城乡的融合发展涵盖内容较多，包括城乡的产业融合发展、城乡的各类要素的流动、城乡的社会公共资源融合发展、城乡空间的融合等多个方面，是一个系统的工程。长吉接合片区的建设，是国家赋予吉林省在城乡融合发展方面先行先试的重大任务。长吉接合片区包括长春市的四个区，分别是长春新区、长春净月高新技术产业开发区、九台区和双阳区；吉林市的四区一县，分别是中新（中国—新加坡）食品区、船营区、昌邑区、丰满区、永吉县，其总面积为11081平方公里。在城乡融合发展方面，长吉接合片区具备开展试点示范的先天优势条件，区域内拥有1个国家级新区、2个国际开放合作平台、3个国家级开发区和12个省级开发区，无论是产业基础，还是发展平台都具有不可比拟的优势。

（一）城乡产业协同发展态势较好

产业的协同发展是城乡融合发展的重要内容。长吉接合片区在城乡产业协同发展方面积极探索，取得了一定的成效。长吉接合片区内各类城乡产业协同发展平台建设稳步推进，各类的特色产业小镇也在积极地创建和培育过程中，试验区内有长春市的双阳区梅花鹿小镇、吉林市永吉县万昌生态农业小镇、吉林市的中新食品区奶酪小镇、吉林市永吉县北大湖林果小镇等省级特色产业小镇。长吉接合片区内的长春市双阳区、吉林市永吉县在推进农村产业融合发展方面积极探索，取得了较好的成效，在国家农村产业融合试点的基础上，积极推动区域内相关产业的融合发展。此外，长春净月区也在积极地推进城乡产业的协同发展，新湖高科技园区项目是净月—双阳产业合作区一期项目，地点位于新湖镇林家村，建设面积 10 平方公里，将着力发展农产品加工、食品加工和高端制造业等高科技产业和工业项目，填补了镇域农产品深加工产业的空白。长春市双阳区依托开发区区位优势和产业基础，形成北部"工业＋"产业融合发展平台，依托鹿乡特色小镇建设，形成西部"梅花鹿＋"产业融合发展平台，依托神鹿峰、万龙湖等重点旅游景区，初步形成南部"旅游＋"产业融合发展平台。长春市九台区波泥河街道清水村大力发挥苗木产业优势，以龙头企业领着集体经济发展、集体领着庭院经济发展，打造服务平台、孵化平台和营销平台，实现镇域产业创富，探索形成了"双领多平台"产业带富模式。

（二）农业转移人口市民化制度逐步健全

近年来，长吉接合片区国家城乡融合发展试验区逐步建立起了城乡一体化的户籍登记制度，试验区内的落户通道进一步拓宽，不断降低了农业转移人口的落户门槛。目前，长吉接合片区内已经全面取消了所包括的各县区和建制镇之间的落户限制，试验区内的常住人口已经全面开始实施居住证制度，这一政策为试验区内的城乡人口流动提供了极大的便利，农业转移人口的市民化待遇得以进一步的完善。试验区内居住证持有人与城镇居民同样享有在适龄儿童接受义务教育、基本的公共医疗卫生服务、相应的就业服务等方面的权利。随着长吉接合片区城乡融合发展试验区内农业转移人口市民化制度的不断完善，区域内的公共服务便利化程度得以不断地提高，各县市（区）基本实现了同城同待遇。

（三）农村改革持续深化

农村的持续深化改革可以加快城乡融合发展的进程。近年来，长吉接合片区在农村体制机制的改革方面不断地进行探索，取得了一定的成绩。其中，长春市九台区的"三块地"改革是长吉接合片区农村改革的典型成功案例。2015 年 3 月，九台区开始开展农村集体经营性建设用地入市改革试点，截至 2020 年，长春市九台区集体经营性建设用地入市改革试点共组织实施入市地块 222 宗，总面积达到 102 公顷；2016 年 9 月开展了农村土地征收制度改革试点，长春市九台区土地征收制度改革试点累计上报审批 70 个批次，总面积 1350 公顷；2017 年 12 月开展了农村宅基地制度改革试点，完成存量宅基地审批 1117 宗，发放 33 本使用权证书，办理宅基地使用权抵押 113 宗，有效利用闲置宅基地 273 户，复垦面积 73 公顷。① 长春市九台区的"三块地"改革为乡村产业的发展提供了用地保障，在一定程度上促进了城乡要素的流动，实现较好的经济效益的同时带来了良好的社会效益，逐步释放了改革活力，为试验区的乡村振兴注入了新动能。此外，2017 年吉林市的昌邑区被确定为全国农村集体产权制度改革试点，为加快推进昌邑区农村集体产权制度改革步伐，制定了《昌邑区农村集体产权制度改革试点方案》。目前，吉林市昌邑区已经完成了清产核资、成员界定和折股量化、登记发放证书等工作。

（四）农村金融改革全面推进

吉林省作为农业大省、粮食大省，农村资源丰富，但农村资本短缺，农村融资难、融资贵的问题长期制约"三农"转型升级。吉林省在 2015 年底成为全国唯一省级农村金融综合改革试验田，积极探索一条可操作、可复制的普惠型农村金融发展之路，力争通过金融综合改革，促进农业转型升级，率先实现农业现代化。目前，长吉接合片区城乡融合发展试验区内已经搭建了完善的县、乡、村三级基础金融服务体系。同时，长春市九台区开展了农民住房财产权抵押贷款试点工作，九台区政府与九台农商行深化合作，该项政策推出以来，已

---

① 《吉林省人民政府办公厅关于印发长吉接合片区国家城乡融合发展试验区改革实施方案的通知》，吉林省发展改革委网站，2020 年 9 月 7 日，http://jldrc.jl.gov.cn/fzgz/tsczh/ptzc/202009/t20200907_7459590.html。

有 50 多户农户用自己的住房抵押获得 500 多万的贷款，为破解农民贷款难、抵押难提供了重要途径。亿联银行作为东北首家获批的民营银行，不断探索农村金融服务新模式，在 2018 年 12 月底，推出"亿农贷"线上信贷产品，极大丰富了涉农金融产品结构。长春市双阳区加速构建新型农村金融产业生态，截至 2021 年，除城中村外的 130 个行政村均已完成村级基础金融服务站建设，建设银行推行以农村土地经营权流转为核心的贷款业务，提供效率高、费率低的融资服务，累计发放土地经营权流转贷款 3607 万元。

（五）城乡基础设施日益完善

长吉接合片区国家城乡融合发展试验区内基础设施加快建设，长春经济圈环线高速公路农安至九台段、双阳至伊通段已确定施工单位，即将建设。长春净月高新技术产业开发区也积极推进城乡融合发展，作为重要的交通基础设施，长双快速路已开工建设，未来将成为长春市东南部的一个重要公路出口，能够有效改善区域路网布局，减轻龙东公路的交通压力，改善交通运行环境，减少周边区域交通拥堵，为长春市与双阳区之间提供更加快捷、舒适、优质的交通服务，对交通运输业起到直接促进作用，同时，也将成为支撑沿线地区经济、旅游、特色产业发展的重要通道。自长吉接合片区获批国家城乡融合发展试验区以来，长春市加快"四好农村路"建设，深入推进水利基础设施建设、5G 基础设施建设、配电网升级改造，积极推动农村基础设施建设提档升级。吉林市为促进城乡融合发展，加快推进乡村治理体系和治理能力现代化，从补齐农村基础设施短板入手，努力提升农村公共服务水平，高质量推动"四好农村路"建设。

二 长吉接合片区国家城乡融合发展试验区发展中存在的问题

目前，长吉接合片区城乡融合发展试验区在城乡融合发展方面取得了一定的成效，城乡产业协同发展态势较好、农业转移人口市民化制度不断完

善、农村改革持续深化、农村金融改革全面推进。但是，我们在看到成绩的同时，也应该关注到长吉接合片区城乡融合发展仍然面临着一些问题亟待突破和解决。

（一）城乡产业发展水平差距较大，产业融合有较大提升空间

近年来，虽然我国大力实施和推进乡村振兴战略，在加快农村发展方面有一定的政策倾斜，农村地区也得以加快发展。但是，目前我国大部分的农村地区经济发展方式仍然是比较粗放的，产业的发展水平相对较低。虽然，长吉接合片区一些农村地区为促进发展，大力发展乡村旅游以及农产品加工等产业，在一定程度上吸引了城市居民和资金流向农村，在产业融合发展方面取得了一定的成绩，对促进地方经济发展起到了一定的推动作用，但是长吉接合片区产业融合的程度还相对不高，还有较大的提升空间。比如，一些农产品加工的企业，仍然停留在初加工的阶段，乡村旅游的发展也处于起步阶段，对城市地区的吸引力还有待提升。

（二）城乡要素双向流动依然不畅，要素融合依然不足

长吉接合片区城乡要素双向流动依然不畅，依然存在一些体制机制方面的障碍。由于农村地区的市场发育程度与城市相比是较低的，导致各类劳动力要素、资金要素、技术要素、人才要素等不能自由地在城乡之间进行流动，制约城乡融合发展的进程。以劳动力的城乡流动为例，由于城市能够提供比农村更好的就业机会、生活条件和公共设施，对农村劳动力具有很强的虹吸效应，导致农村地区的人口长期处于净流出的状态。此外，资本、技术等城市先进的生产要素向农村流动依然面临着制度障碍，目前的农村各项产权制度在一定程度上制约了城市资本流向农村，并且尚未建立起引导城市资金有序适当的进入农村的制度和机制，与此同时，科研人员在农村地区兼职和科研成果转化相关机制尚不健全，制约了技术向农村地区的流入。

（三）城乡土地市场分割依然存在，空间融合不充分

长吉接合片区城乡融合发展试验区内的长春市九台区、吉林市昌邑区等

部分地区已经在农村集体经营性建设用地确权、入市等方面进行了积极的探索，但大部分地区在农村集体用地的利用方面还没有得到有效的落实以及推进，试验区内的城镇国家土地和农村集体土地彼此之间的流通渠道还未真正打通，城乡土地市场分割的问题依然存在。城乡规划缺乏统筹，在空间形态方面，城市地区与乡村地区的依然没有实现有机的结合。此外，农村地区生态环境治理水平与城市相比较为落后，大部分的农村地区在环卫设施建设方面相对滞后，农村的生活污水处理率不高，部分贫困落后地区的厕所改造问题需要尽快解决，农村的环境治理能力急需提升。

（四）城乡服务保障不平衡，社会融合度不高

长吉接合片区城乡在社会服务、社会保障方面依然存在不平衡的问题。在城乡二元结构的背景下，城市地区公共服务配套相对较为完善，然而农村地区由于分散化的布局，公共服务设施配套相对薄弱，尤其是在教育和医疗卫生方面差异更加明显。一方面，城乡在义务教育方面依然存在较大的差距，由于城市和乡村在教育投入方面差距较大，农村地区各类教育配套设施较为落后，无论在软件设施还是在硬件设施方面都极大地落后于长春市和吉林市主城区；另一方面，城乡在医疗卫生服务领域的差距较为明显，农村地区在医疗卫生服务方面基础较差，虽然近年来对农村地区的医疗卫生投入不断地增加，但是农村地区的整体医疗卫生水平依然远远落后于城市地区。长春市和吉林市主城区集中了大量的优质医疗卫生资源，城乡医疗卫生服务均等化依然是长吉接合片区城乡融合发展试验区未来需要努力的方向。

三　长吉接合片区国家城乡融合发展试验区发展路径

针对长吉接合片区在发展中存在的城乡产业融合程度相对不高、城乡要素双向流动依然不畅，要素融合依然不足、城乡土地市场分割依然存在，空间融合不充分、城乡服务保障不平衡，社会融合度不高等问题，本报告从城

乡产业融合、要素融合、空间融合、社会融合四个方面提出促进长吉接合片区城乡融合发展的具体路径，以期能够加快形成长吉接合片区城乡全面融合发展、共同发展的格局。

（一）围绕产业融合，促进城乡三次产业的大融合

经济和产业融合发展是城乡融合发展的重要内容，而产业的融合发展又是城乡融合发展的核心内容。立足区域差异和资源禀赋，促进城市和乡村的产业协同联动发展，合理规划和布局发展特色产业，从而提高产业发展的区域协调性。长吉接合片区在产业融合发展方面，长春片区重点支持长春市九台区建设城乡产业协同发展先行区，重点对接长春新区等区域内的各类产业发展平台，重点发展生态文化旅游业、农产品深加工产业、生物医药以及现代农业等产业。在农产品深加工产业方面，加快推动玉米化工、肉鸡、肉牛、梅花鹿、饲料加工等产业向上下游延伸，提升片区内农产品的加工能力。在产业园区建设方面，推进双阳区的梅花鹿产业园、九台区土们岭马鞍山乡村旅游示范区等特色产业园区加快建设。吉林片区以中新食品区作为核心区域，加快推进城乡产业协同发展先行区的建设，推进中新食品区奶酪产业园、左家镇生物科技产业园、孤店子镇综合物流产业园、船营区文化创意产业园等特色产业园区建设。加快推进长吉接合片区现代农业产业园建设，发展岔路河—万昌设施农业产业带，建设搜登站东方麦基诺田园综合体、万昌田园综合体、大绥河金黄李子休闲度假区等休闲农业项目。积极探索中新食品区、岔路河镇、桦皮厂镇、搜登站镇、大绥河镇、万昌镇、一拉溪镇和左家镇的协调联动机制，优化产业布局，采取 CAC（国际食品法典委员会）食品安全标准监管、原料基地共建共享等方式，联合打造"食品＋"产业协同发展共同体。

（二）围绕要素融合，健全城乡要素自由流动的体制机制

围绕要素融合，促进长吉接合片区国家城乡融合发展试验区资源要素自由流动、融合发展，从而提高资源要素的配置和利用效率。在农村宅基地改

革方面，试验区其他地区以长春市九台区为样板，在农村宅基地自愿有偿退出以及农村闲置宅基地有效利用方面借鉴九台区的已有经验，试验区不断深入探索农村宅基地的多项权利分开管理，提高长吉接合片区试验区农村宅基地的利用效率，可以探讨经营农家乐、旅游营地、建设小型加工厂等。在农村集体经营性建设用地入市方面，长吉接合片区应加快建立相关的制度，规范农村集体经营性建设用地入市活动，同时，探索规划空白村屯集体经营性建设用地入市"负面清单"制度；加快长吉接合片区建立科技成果在农村地区转化新机制，促进科技要素在区域内实现城乡自由流动；进一步畅通各类人才的返乡下乡渠道，积极引导城市各级医疗、教育等领域的专业人员和种养殖专业技术人员向长吉接合片区试验区内农村地区流动；积极推动试验区的金融改革，从金融方面促进长吉接合片区的城乡融合发展，积极探索设立长吉接合片区城乡融合发展银行；完善农村产权抵押担保体系，推动将农村产权抵押资产纳入农村产权流转交易市场交易品种体系，拓宽银行处置变现农村产权抵押融资呆坏账渠道。

（三）围绕空间融合，构建城乡空间高度协同的发展格局

为促进长吉接合片区城乡融合发展，需加强区域内城乡空间的统筹规划，明确不同区域的发展定位及功能片区规划，从而促进城乡联系、村庄连片建设。长吉接合片区要高度重视县城和特色城镇在城乡融合发展中的纽带作用，按照以点带面的原则促进长吉接合片区城乡空间的向心力持续增强。充分发挥长吉接合片区试验区内特色城镇和特色产业小镇的平台和纽带作用，大力发展特色产业，不断集聚人才、科技、金融等高端要素，搭建城乡空间融合发展的平台，带动农民就业，增加农民收入，缩小城乡差距。同时，在基础设施建设方面，将长吉接合片区国家城乡融合发展试验区作为一个整体，不断加大投入力度，加快试验区城乡基础设施的统筹布局。基础设施建设是城乡空间融合的重要载体，推动长吉接合片区国家城乡融合发展试验区城乡基础设施的统一规划、统一建设和统一管护，以"交通同网"作为重点，推进试验区内城乡基础设施的一体化建设。在交通基础设施一体化

建设方面，加快推进长吉接合片区内重点道路的建设进程，包括长春经济圈环线高速公路、龙嘉机场至北大湖高速公路、长吉南线岔路河段与长春经济圈环线高速公路连接线、长春至双阳快速路、长春市新城大街快速路等重点项目。加快推进长春、吉林市域轨道交通项目建设，加快完成现有线路沿线工程建设，确保尽早通车运营。推动长吉接合片区国家城乡融合发展试验区水电路气向农村延伸，加快推进城乡供水一体化工程建设，重点实施"四好农村路"、农村安全饮水、农村电网改造等工程。

（四）围绕社会融合，助推城乡居民生活水平同步提升

推进长吉接合片区城乡公共服务设施一体化和交通一体化，促进试验区内的公共服务设施相对集中，通过便捷的城乡交通体系和城乡一体化公交制度，实现城乡公共交通全覆盖，促进城市教育、医疗、文化设施共享。根据长吉接合片区内人口的区域分布特征，完善试验区内的公共服务设施，尤其是补齐农村地区在公共服务设施建设方面的短板，逐步加大财政资金的投入，逐步缩小城乡公共服务领域的差距，探索建立多元化的公共服务运行机制。试验区加快建立起城乡一体化的教育发展机制，加快推进城市地区优质学校对口帮扶乡镇中心校工作。完善试验区的基层公共就业服务体系，坚持政府引导与市场主导相结合的原则，结合长吉接合片区重点发展的特色产业、主导产业和优势产业的用人需求，有针对性的组织相关的就业技能培训，为相关产业发展提供人才支撑。持续推进农村剩余劳动力有序向城镇和非农产业转移，健全和完善进城农民工的市民化待遇，做到让进城的农民工既能留得下来，还能享受和城市居民相同的公共服务，让农民工真正地融入城市的工作和生活。加强长吉接合片区城乡公共卫生能力建设，提高重大公共卫生风险的发现、报告、预警、响应以及处置的能力，加强乡村医疗卫生人才队伍的建设。加快长吉接合片区城乡文体公共服务设施建设，推动文化公共设施建设由标准化向特色化和差异化迈进，注重增加区域内的特色化公共文化场所，重点支持搭建有利于促进试验区城乡交流的平台载体。

参考文献

向科：《当前我国西部地区城乡融合发展主要路径探析》，《中国集体经济》2021 年第 25 期。

黄蓉、王颖、郭越：《江苏建设城乡融合试验区的思路与对策研究》，《山西农经》2021 年第 8 期。

《吉林省人民政府办公厅关于印发〈长吉接合片区国家城乡融合发展试验区改革实施方案〉的通知》，吉林省人民政府网站，2020 年 8 月 28 日，http：//xxgk. jl. gov. cn/szf/gkml/202008/t20200828_ 7432828. html。

甄欣然：《以新型城镇化带动菏泽市跨越发展策略研究》，《菏泽学院学报》2017 年第 3 期。

林芳兰：《新型城镇化进程中美丽乡村建设思考》，《新东方》2017 年第 2 期。

高帆：《新时代我国城乡差距的内涵转换及其政治经济学阐释》，《西北大学学报》（哲学社会科学版）2018 年第 4 期。

李斌：《区域产业优势互补协同创新发展的途径与方法》，《科学管理研究》2013 年第 6 期。

B.14
吉林省中小城市发展问题研究

吴　妍[*]

摘　要： “十三五”时期，吉林省中小城市发展取得显著成效，人口城镇化率稳步提高，城市设施水平不断提升，城市基本公共服务产品持续增加，公共服务质量日益提升，节点城市培育成效显著。与此同时，中小城市人口持续减少、产业支撑城市发展能力较弱、营商环境有待继续优化等问题的存在制约着吉林省中小城市的发展。“一主六双”高质量发展战略的全面实施，为吉林省中小城市的持续健康发展提供了机会，也提出更高的要求。

关键词： 中小城市　收缩型城市　高质量发展　吉林省

2021年7月，中共吉林省委第十一届九次全会审议通过了《中共吉林省委关于全面实施“一主六双”高质量发展战略的决定》，将“一主六双”产业空间布局上升到发展战略层面。全面实施“一主六双”高质量发展战略，对吉林省中小城市的发展提出新的要求。中小城市的持续健康发展，有利于缩小吉林省内地区发展差距、有利于增强吉林省发展实力、有利于吉林省全面振兴和全方位振兴目标的实现。

＊ 吴妍，吉林省社会科学院城市发展研究所副研究员，研究方向为区域经济。

一 吉林省中小城市发展成效

（一）人口城镇化率①持续提高

根据《吉林省第七次全国人口普查公报》，在吉林省总人口中，有1500多万人口居住在城镇，吉林省城镇化率为62.64%，与2010年第六次人口普查结果相比，城镇人口增加40余万人，城镇化率上升了9.28个百分点。

就吉林省中小城市人口成长率变化情况来看，四平市城镇化率为51.57%，比2010年第六次人口普查结果增加了4.92个百分点；辽源市城镇化率为57.7%，与第六次人口普查相比，城镇化率提高了7.03个百分点；白山市城镇化率由2010年的68.7%，增加到2020年的73.7%，增加了5个百分点；松原市由2010年的38.61%，提高到46.89%，提高了8.28个百分点；白城市2020年人口城镇化率为54.44%，与2010年相比提高了6.05个百分点。

（二）城市设施水平不断提升

用水普及率、燃气普及率、建成区供水管道密度、人均城市道路面积、人均公园绿地面积、建成区绿地率等是衡量城市设施水平的主要指标。与2016年相比，2020年吉林省用水普及率由93.4%增加到95.6%，建成区供水管道密度由7.97公里/公里^{2}增加到9.96公里/公里^2；人均城市道路面积由14.96平方米增加到15.71平方米；建成区绿地率由31.32%增加到35.68%，增加了4.36个百分点。

从与城市居民生活密切相关的用水和燃气设施以及建成区绿地率指标变化情况来看，吉林省26个中小城市的城市设施水平普遍提高。在用水普及率方面，2020年26个中小城市中有22个城市的用水普及率与2016

---

① 本报告中人口城镇化率指常住人口城镇化率。

年相比得到提升。其中，蛟河市、双辽市用水普及率达到100%，双辽市由2016年的79.43%提高到2020年的100%，提高了20.57个百分点；提高幅度最大的城市扶余市由2016年的57.23%提高到98.37%，提高幅度超过40个百分点；四平市、大安市提高幅度均超过20个百分点，德惠市、舒兰市、图们市、珲春市、龙井市提高幅度超过10个百分点，城市用水情况普遍得到改善。在燃气普及率方面，与上年相比，2020年有17个城市燃气普及率提高，占吉林省中小城市总数的65%。其中，桦甸、舒兰、扶余、集安4个城市提高幅度超过10个百分点。在建成区绿地率方面，26个中小城市中，有19个城市的建成区绿地率相较2016年有所提高，德惠、舒兰、双辽、扶余、大安、和龙6个城市的提高幅度均超过10个百分点。

（三）城市基本公共服务产品持续增加，公共服务质量日益提升

"十三五"时期，吉林省中小城市基本公共服务产品供给不断增加，政府基本公共服务水平逐年提高、基本公共服务质量显著提升。

教育水平稳步提升。从《吉林省第七次全国人口普查公报》已经公布的结果来看，吉林省人口文化程度较高，居全国较为领先地位。公报显示，吉林省每10万人拥有大学文化程度的有16738人，高于全国平均水平，在31个省（区、市）中排在第11位，平均受教育年限为10.17年，排在全国第9位。

公共卫生服务能力不断增强。2020年末，吉林省有卫生技术人员21.21万人，比上年增加2.38万人，增幅为12.6%，比2016年增加4.58万人，增加了27.5%；拥有医疗床位16.71万张，比2016年增加2.43万张床位，增幅为17.0%。2021年，吉林省学习三明市医改经验，推进"三医联动"改革，进一步深化医药卫生体制改革，促进优质医疗资源均衡布局，统筹疫情防控与公共卫生体系建设，继续着力推动把以治病为中心转变为以人民健康为中心，着力解决看病难、看病贵问题。

社会保障范围稳步扩大。2020年末，吉林省城乡居民基本养老保险覆

盖总人数为 945.57 万人，比 2019 年末增长了 34.7%。城乡低保保障标准达到月人均 546 元和年人均 4372 元，分别比 2019 年增长了 3.8% 和 8.0%，给全省 94.1 万人城乡低保对象提供了有效保障。

（四）节点城市培育成效显著

2016 年，《吉林省人民政府关于深入推进新型城镇化建设的实施意见》提出要"加快推进公主岭市、梅河口市、敦化市、珲春市、抚松县、双辽市、扶余市、大安市等重要节点城市完善提升城市功能，增强集聚、承接、连接能力，将有条件的培育成中等城市"。2019 年，吉林省政府印发《"一主、六双"产业空间布局规划》，细化实施"产业空间布局"，作为重要节点城市的梅河口市、公主岭市、珲春市等城市得到长足发展。

以梅河口市为例，自 2013 年被省委、省政府确定为扩权强县改革试点以来，梅河口市全面践行新发展理念，经济社会发展取得长足进步，是吉林省县域经济发展"排头兵"。"十三五"时期，梅河口市经济实力不断增强。2016 年，梅河口市人均生产总值为 54801 元，超过吉林省平均水平 933 元；2018 年，梅河口是人均生产总值突破 6 万元，超过吉林省平均水平 7191 元，2019 年，受国内外诸多因素影响吉林省经济下行压力增大，梅河口市人均生产总值虽然减少到 48981 元，但是仍然超过吉林省平均水平 5506 元。相较于吉林省大部分中小城市城区人口减少，城市建成区面积保持不变或者微增，存在不同程度的城市收缩问题，梅河口市则稳步增长。2016 年，梅河口市城区常住人口为 28.48 万人，到 2019 年则增长为 38.91 万人，2020年梅河口市城区人口较 2019 年虽然有所下降，但是梅河口市总人口却保持持续增长，是吉林省少有的几个人口流入的城市。2016 年，梅河口市城市建成区面积为 25.4 平方公里，2019 年增加到 34.57 平方公里，2020 年继续增长到 36.49 平方公里，5 年间城市建成区面积增加了 11.09 平方公里，增长了 43.7%。根据《梅河口市 2020 年政府工作报告》公布数据来看，2020年，梅河口市地区生产总值增长 3.8%，高于吉林省地区生产总值增速；县域经济综合发展水平连续 7 年居全省第 1 位，高新技术产业开发区在全省开

发区综合实力考评中居第 1 位；招商引资到位资金 141.5 亿元，增长 15%；
实际利用外资总量居全省市州第 2 位。

2021 年 7 月，吉林省人民政府办公厅正式印发《梅河口市建设高质量
发展先行示范区规划（2021—2035 年）》，将梅河口市确定为吉林省"一主
六双"产业空间布局"长辽梅通白敦医药健康产业走廊"节点城市。该规
划指出"到 2025 年，将梅河口市建设成为吉林省高质量发展先行示范区，
经济发展质量、产业竞争力、公共服务、生态环境等方面达到省内领先水
平。打造成为吉林省发展战略格局中的重要增长极，推动高质量发展的样
板，吉林省向南开放的重要枢纽，现代化区域中心城市，为吉林省乃至东北
全面振兴全方位振兴提供示范、探索经验。"

二　吉林省中小城市发展存在的问题与挑战

（一）中小城市人口下降趋势明显

根据《吉林省第七次全国人口普查公报》已经公布的结果，吉林省总
人口与 2010 年的第六次全国人口普查结果相比，2010～2020 年共减少
3379362 人，这 10 年减少 12.31%。吉林省 8 个地级以上城市中，只有长春
市总人口与 2010 年第六次全国人口普查结果相比是上升的，其他 7 个地级
以上城市常住人口均有不同程度减少。吉林省总人口已步入下降轨道。

从作为城市规模划分标准的城区常住人口来看，2020 年，吉林省 26
个中小城市中，城区常住人口超过 50 万的中等城市只有四平市和延吉
市，占吉林省中小城市总数的 7.7%，其余 24 个城市的城区常住人口均
低于 50 万人，皆为小城市。在 24 个小城市中，城区常住人口 20 万以上
Ⅰ型小城市 10 个，占吉林省中小城市总数的 38.5%；城区常住人口 20
万以下的Ⅱ型小城市 14 个，占吉林省中小城市总数的 53.8%。同 2016
年相比，吉林省中等城市的数量保持不变，但是中等城市城区常住人口
总数减少；Ⅰ型小城市数量由 11 个减少到 10 个，Ⅱ型小城市数量则由

13 个增加到 14 个。

同 2016 年相比，2020 年有 20 个城市的城区常住人口减少，占吉林省中小城市总数的 77%。有 11 个城市城区常住人口 5 年减少幅度超过 10%，占吉林省中小城市总数的 42%，其中，四平市由 2016 年的 66.36 万人减少为 54.21 万人，减少了 12.15 万人，5 年减少 18%；公主岭市、大安市 5 年人口分别减少 35.4% 和 34.5%；龙井市 5 年人口减少 27.1%；德惠、桦甸市、双辽市、敦化市城区常住人口减少幅度均超过 15%；辽源市、洮南市、图们市城区常住人口均减少 10% 以上。就 2018～2020 年城区常住人口变化情况看，有 6 个城市连续 3 年人口数量逐年递减。

（二）中小城市对吉林省经济发展影响力下降

"十三五"时期，吉林省城市发展得到长足进步，但是吉林省中小城市经济发展水平与省内大城市，尤其是省会长春市的差距却没有缩小，中小城市对吉林省经济发展影响力降低。

按照城市规模和城市行政级别，将吉林省 28 个城市分为三组，大城市长春、吉林 2 市为一组，除长春、吉林之外的地级市为一组，其余县级市为一组，对照三组城市年度地区生产总值分别加总，计算得出三组城市生产总值占全省生产总值比重。与 2015 年相比，"十三五"时期长春、吉林 2 市生产总值占全省生产总值比重逐年上升，对吉林省的经济影响力日益增强，占比由 2015 年度的 56.3% 增加到 2020 年的 65.7%，增加了 9.4 个百分点。与此同时，除长春、吉林之外的 6 个地级城市四平、辽源、通化、白山、松原、白城生产总值占全省生产总值比重却连续下降，2016 年 6 个城市的生产总值占全省生产总值的比重为 40.3%，2017 年减少到 34.1%，2018 年降为 33.4%，2019 年继续降低到 31.2%，2020 年则跌破 30% 减少到 26.5%，6 年减少幅度为 13.8 个百分点。2019 年吉林省 20 个县级市的生产总值仅占全省生产总值的 22.6%，对比 2015 年占比，降低 7.6 个百分点（见表 1）。

表 1　2015～2020 年吉林省各市生产总值占全省生产总值比重

单位：%

城市分类	2015 年	2016 年	2017 年	2018 年	2019 年	2020 年
长春、吉林	56.3	57.1	58.2	62.2	62.4	65.7
地级市（长吉除外）	42.4	40.3	34.1	33.4	31.2	26.5
县级市	30.2	29.0	25.9	25.7	22.6	—

资料来源：根据《吉林统计年鉴》数据资料整理。

从人均生产总值变化情况看：2016 年，除长春、吉林市以外，辽源、白山、松原、桦甸、梅河口、临江、延吉、珲春 8 个城市人均生产总值超过吉林省平均水平；2017 年和 2018 年，地级市中各有 1 个城市人均生产总值超过吉林省人均生产总值，分别为辽源市和白山市；2019 年地级市中没有一个城市人均生产总值超过吉林省人均生产总值；与吉林省首位城市长春相比，8 个地级市与长春市的差距呈现逐年扩大的趋势。

（三）收缩型中小城市数量增加

2019 年，国家发展改革委在《2019 年新型城镇化建设重点任务》首次提到"收缩型城市"，对于收缩型中小城市要改变增量思维，要"瘦身强体"；2020 年，国家发展改革委在《2020 年新型城镇化建设和城乡融合发展重点任务》中再次提及"收缩型城市"，强调要优化行政区划设置，统筹培育新生城市和"瘦身强体"收缩性城市，强调调减收缩城市市辖区要稳妥推进。这意味着我国关于城市发展的理念有所转变，收缩型城市正在成为我国城市发展所必须面临的新问题。

城市收缩现象自 20 世纪 50 年代在欧美出现后逐步蔓延。人口流失、经济衰退、城市建成区荒置等为城市收缩的主要标志。关于收缩型城市的定义与标准，学界尚无统一定义，但是普遍认为人口减少、经济活动衰退是城市收缩的主要表征。城市收缩是城市生命周期中的客观发展阶段，德国、美国、法国、日本等发达国家的老工业城市以及拉美等地区城市皆经历过大规模、持续化人口流失和产业衰退。乔泽浩等①以延边朝鲜族自治州县市为研究目标，综合分析 2011～2019 年社会经济数据，探讨了延边朝鲜族自治州城市收缩程度，研究结果表明图们市、敦化市、龙井市、和龙市出现过城市收缩现象，占延边朝鲜族自治州城市总数的 67%，其中和龙市城市收缩程度最为严重。刘再起、肖悦②以 292 个地级以上城市为研究样本，选用 2013～2019 年城市经济社会发展数据，测度地级以上城市收缩程度，研究表明四平市、通化市、白山市、白城市均存在不同程度的城市收缩问题，面临人口流失和产业衰退双重问题。

鉴于吉林省人口流失和人口老龄化问题日益严重，可以预见一段时间内，吉林省中小城市人口减少趋势不会改变，以人口减少为主要表征的城市收缩问题，是吉林省中小城市必须要面对的新挑战。

（四）产业支撑城市发展能力不强

产业支撑能力不强一直是困扰吉林省中小城市发展的主要问题。对于吉林省大部分中小城市而言，受困于体制矛盾和结构性矛盾凸显，传统产业衰落，新兴产业发展不足以弥补衰落产业空缺。缺乏有效的产业支撑，中小城市无法提供足够的就业岗位和稳定的收入来源，失业率的增加，导致劳动年龄人口流失，而人口流失会带来一系列社会经济问题，制约城市产业发展，从而形成恶性循环，造成城市发展落后甚至衰退。

（五）营商环境有待继续优化

近年来，吉林省各地注重营商环境建设，不断深化改革，提高政府工作效率，提升政府治理能力，营商环境得到极大改善。但是同东部发达地区相比，差距仍然较大。在中国社会科学院城市与竞争力研究中心《中国城市

---

① 乔泽浩等：《城市收缩的影响因素测度及应对策略——以延边朝鲜族自治州为例》，《延边大学农学学报》2021 年第 2 期。
② 刘再起、肖悦：《中国收缩型城市的地理分布、形成原因及转型发展路径》，《税务与经济》2021 年第 3 期。

竞争力报告 No.18》公布的营商软环境竞争力排名中，白山市在全国 291 个城市中排在第 151 位，四平市、松原市、通化市、白城市、辽源市均排在 200 位以外，其中，四平市排在第 221 位，松原市排在第 241 位，通化市排在第 280 位，白城市排在第 281 位，辽源市排在第 287 位。这表明为企业和投资者建设公平公正、民主法治、城市守信、安定有序的地方经济社会发展环境，吉林省中小城市仍需进一步努力。

三　吉林省中小城市发展的对策建议

（一）培育发展城市特色产业、支柱产业，强化产业支撑能力

坚持以产业发展带动城市发展，充分利用城市原有产业基础，按照"一主六双"产业空间布局，积极调整城市产业发展规划和产业空间布局，主动融入国内国际双循环，主动对接"一带一路"倡议，推动城市经济高质量发展。按"一主六双"高质量发展战略打造精致品牌城市，按老龄化需要和生态强省需要打造绿色健康城市，按未来需求和人文关怀打造慢城市、休闲城市。对于已经出现人口减少、经济衰退的部分小城市，要主动培育、做精做强特色产业，至少达到"一城一业"的目标，为城市发展提供动能。

（二）继续优化营商环境，提升基层政府治理能力

随着我国新发展格局构建、高质量发展的深入推进以及疫情防控常态化时期日益复杂的国际国内环境，各种深层次问题与矛盾逐渐显露，对于地方政府治理能力要求不断提高。而吉林省地方政府在发展规划能力、资源整合能力、公共服务能力、风险防控能力、工具使用能力以及责任控制能力方面仍要进一步提升。中小城市要进一步推进行政管理机制改革，进一步"简政放权"提升工作效率，要进一步优化与经济社会发展密切相关的政务、法制、市场与人文环境，优化中小城市营商环境。

（三）制定积极的人才政策，完善人才政策体系建设

经济发展的根本决定因素是人。随着工业化发展进程，人口的自然增长率很难维持持续增长的趋势，人口迁移和流动成为城市积累人力资本、充实劳动力以及扩大消费市场的首要手段。城市之间的人口争夺尤其是人才大战已经在我国城市之间展开，各地区纷纷出台优惠政策，吸引和留住高素质人才。吉林省中小城市在本轮人才竞争中，处于相对劣势地位。为此要打破条框分割限制，从实际出发，积极主动制定、实施适合本地区发展的人才政策。在人才管理（尤其是公务员和事业单位人才管理）、人才培养、人才引进、人才流动、人才评价、人才激励等方面勇于探索改革，形成具有本地特色、配套完善、管理科学、以人为本的人才政策体系，为盘活本地人才、留住高素质人才、吸引人才流入、用好人才，为城市经济社会持续健康发展提供支撑。

参考文献

《中国统计年鉴 2020》，中国统计出版社，2020。

《吉林统计年鉴 2020》，中国统计出版社，2020。

2016～2020 年《中国城市建设统计年鉴》，中国统计出版社，2016～2020。

《梅河口市 2020 年政府工作报告》，梅河口市人民政府网站，2021 年 1 月 25 日，http：//www. mhk. gov. cn/zwgk/jcxxgk/zfbg/202101/t20210125_ 7923885. html。

倪鹏飞主编《中国城市竞争力报告 No. 18——劲草迎疾风：中国的城市与楼市》，中国社会科学出版社，2020。

民生保障篇

People's Livelihood Security

B.15

吉林省公共卫生事业提升对策研究

王浩翼 *

摘　要： 作为吉林省政府着力解决的重大民生问题，公共卫生事业关系到
社会的和谐稳定和百姓的幸福安康，尤其在新冠肺炎疫情发生以
来，吉林省的基本公共卫生服务能力更是受到了社会各界的普遍
关注。本报告在回顾近年来吉林省公共卫生事业发展情况的基础
上，系统分析当前公共卫生服务能力存在的主要问题和形成原
因，并围绕全面推进吉林省公共卫生事业发展提出相应的对策
建议。

关键词： 公共卫生事业　基本公共卫生服务　吉林省

---

* 王浩翼，吉林省社会科学院社会学研究所助理研究员，研究方向为基层社会治理。

健康既是人民幸福生活的基础，也是现代化发展的重要指标。① 党的十八大以来，随着社会经济高速发展，人民整体生活水平日益提高，民众对于身心健康的需求越发强烈。尤其是新冠肺炎疫情的强烈冲击下，全社会开始重新审视公共卫生事业的整体发展的质量与水平。《中华人民共和国国民经济和社会发展第十四个五年规划和 2035 年远景目标纲要》明确提出了把保障人民健康放在优先发展的战略位置，坚持预防为主的方针，深入实施健康中国行动，完善国民健康促进政策，织牢国家公共卫生防护网，为人民提供全方位全生命期健康服务的总体目标。② 首次将构建强大公共卫生体系放在首要位置，为下一阶段的医疗卫生健康事业的发展指明了方向和目标。在此时回顾近年来吉林省公共卫生事业的整体发展情况和不足之处，具有一定的现实意义。

一　吉林省公共卫生事业发展现状

（一）公共卫生资源总量持续增长

作为公共卫生的重要载体，公共卫生资源总量与配置能够直观反映出一个地区公共卫生的质量与整体社会保障水平。"十三五"以来，吉林省政府深入贯彻落实习近平总书记关于卫生健康事业发展的新思想与新要求，积极打造新时代卫生健康工作方针，持续加大对于公共卫生体系建设的资金投入，着力扩大全省公共卫生资源总量，公共卫生事业的整体实力得到了进一步的增强。在卫生机构数量方面，截至 2019 年，全省各级专业公共卫生机构共计 380 家，其中疾病预防控制机构 67 家，专科疾病防治机构 50 家，妇幼保健机构 70 家，卫生监督机构 45 家。基层卫生服务

---

① 《习近平：健康是幸福生活最重要的指标》，求是网，2021 年 3 月 24 日，http：//www. qstheory. cn/yaowen/2021－03/24/c_ 1127248889. htm。
② 《中华人民共和国国民经济和社会发展第十四个五年规划和 2035 年远景目标纲要》，中国政府网，2021 年 3 月 13 日，http：//www. gov. cn/xinwen/2021－03/13/content_ 5592681. htm。

力量也得到了显著提升，全省共有社区卫生服务中心（站）300 个，提供诊疗服务 553.57 万人次；乡镇卫生院有 761 个，提供诊疗共计 1015.87 万人次。在卫生机构床位方面，全省医疗卫生机构床位数达到 17.06 万张，相较 2015 年增加 2.59 万张，平均每千人拥有病床数也从 2015 年的 5.26 张增加到 6.34 张。在人力资源方面，截至 2019 年，全省卫生技术人员总数为 18.83 万人，较 2015 年的 15.91 万人增加 2.92 万人，增长 18.35%，其中疾病预防控制机构人员有 3383 人，专科疾病防治机构人员有 788 人，妇幼保健机构人员有 4703 人，卫生监督机构人员有 1282 人，执业医师有 4712 人，注册护士有 2746 人。①

（二）基本公共卫生服务水平进一步提升

近年来，吉林省严格按照《国家基本公共卫生服务规范》的要求，积极组织各地为全省常驻城乡居民提供基本公共卫生服务，截至 2020 年，吉林省基本公共卫生服务已覆盖全省常住人口，凡是在吉林省生活、工作的居民均能够享受到涵盖 12 大类 45 个项目的基本公共卫生服务项目。人均基本公共卫生服务经费标准也从 2016 年的 45 元增长到 2020 年的 65 元。

"十三五"以来，吉林省围绕防控重点传染病做出了积极努力，加强了对全省重点传染病的监测工作和防治措施实施，传染病的预防控制工作效果显著，吉林省传染病发病率始终保持低流行水平，2019 年全省甲乙类传染病发病率为 118.21/10 万，死亡率为 0.61/10 万，远远低于发病率 220.00/10 万和死亡率 1.79/10 万的全国平均水平，仅次于江苏省，排全国第 30 名。

在高血压、糖尿病等常见慢性病的管理方面，吉林省不断完善政府主导的慢性病综合防控协调机制，建立健全以辖区内综合性和专科医院为技术支撑、以疾病预防控制机构为指导、以城乡基层卫生服务机构为基础的全省慢性病防控工作网络，先后印发了《关于推进家庭医生签约服务的实施方案》

---

① 根据历年《中国卫生健康统计年鉴》和《吉林统计年鉴》数据整理。

《吉林省家庭医生签约服务内容与签约服务费等有关意见（试行）》《吉林省农村贫困人口慢病签约管理工作实施方案》，把慢性病人列入家庭医生签约服务范围，将高血压、糖尿病、结核病等慢性疾病和严重精神障碍患者作为签约服务重点。[①] 为进一步明确各级政府、相关部门、医疗机构、疾控机构工作责任，吉林省出台了《吉林省防治慢性病中长期规划（2017—2025年）》《"健康吉林2030"规划纲要》，提出了因脑血管疾病、癌症、慢性呼吸系统疾病和糖尿病导致的过早死亡率降低20%等18项具体的工作指标。为了进一步减轻居民负担，2019年，吉林省将高血压、糖尿病患者纳入普通门诊统筹保障范围，政策范围内年度最高报销限额为700元，报销比例为50%；将符合条件的糖尿病患者纳入城乡居民医保门诊慢性病保障范围，政策范围内年度最高报销限额为2400元，报销比例为60%。[②] 整个"十三五"期间，实现规范管理全省高血压患者193万人，二型糖尿病患者77万人，整体规范管理率达到70%以上。

（三）突发公共卫生事件应急处置能力全面提升

新冠肺炎疫情发生以来，吉林省进一步加快公共卫生体系建设步伐，建立健全疾病预防控制、重大疫情救治、公共卫生应急管理等机制，全面提升应对重大突发公共卫生事件的检测与处置能力。在新冠肺炎疫情监测方面，吉林省强化了新冠肺炎常态化监测预警实施方案，大力推动新冠肺炎监测预警信息平台建设，加快实施中央财政支持的3.69亿元重大疫情防控救治体系建设项目，提升了新冠肺炎疫情监测、实验室检测能力。截至2021年5月，全省共有223家医疗机构和64家疾控机构、15家第三方实验室可独立开展新冠病毒核酸检测工作，同时建立了5个省级公共检测实验室和13个城市检测基地，日最大检测能力达到80万管，能够满足大

[①] 《优化资源保障民生——吉林省基本形成有序就医的分级诊疗格局》，吉林省健康委员会网站，2019年8月22日，http://wsjkw.jl.gov.cn/zdzt/shylwstzgg/201908/t20190822_7868825.html。

[②] 《吉林省城乡居民高血压糖尿病门诊用药保障工作新闻发布会》，吉林省人民政府网站，2019年11月29日，http://www.jl.gov.cn/szfzt/xwfb/xwfbh/2019/2016sejesschy_168585/。

规模疫情的应急检测需求。① 此外，进一步提高核酸检测效率，破解全员核酸检测过程中效率低、操作烦琐、信息不准确等问题，吉林省在2021年2月推出"全员核酸检测信息登记系统""全员核酸检测快速登记系统"两套系统，实现了从"线下"到"线上"的信息化管理与服务，极大地提升了核酸检测效率。

在应急处置方面。吉林省进一步完善应急管理体制机制，制定了《吉林省公共卫生防控救治能力建设实施方案》，聚焦提高强化发热门诊接诊、可转换传染病区收治、可转换 ICU 救治、实验室检测等"七个能力"和补齐完善重大疫情救治保障、应急医疗物资保障、应急医疗物资启用预案保障这"三个保障"短板。此外，通过印发《吉林省卫生应急工作规范化建设实施方案》，全面加强了全省卫生应急体系建设，层层压实市、区、街道（乡镇）公共卫生机构责任，将公共卫生和健康工作纳入各级党委政府的议事日程，建立起政府、医院、学校、社会单位、社会组织、家庭协同防控的大防控体系。除此之外，通过加强部门合作，全省建立了多渠道、多形式、信息互通的联防联控机制，及时向社会公布突发公共卫生事件、传染病疫情动态及防控工作信息，建立起预防与应急并重、"平战结合"的卫生应急管理机制。在应对境外输入风险方面，全省充分落实了对境外返（来）吉人员实行全流程闭环管理，入境转运、隔离管控、核酸检测等防控措施，对所有确诊病例及疑似病例的密切接触者进行核酸检测，仅用17天时间就有效遏制了2020年5月吉林市舒兰地区的聚集性疫情。

在应急队伍能力建设方面，吉林省组建了吉林大学第一医院国家级紧急医学救援队以及以吉林大学中日联谊医院、省人民医院、延边大学附属医院、吉林市中心医院、通化市中心医院5支省级紧急医学救援队。此外，全省各地组建流行病学调查队伍共325支1125人，专业消杀队伍共255支745

---

① 《对省政协十二届四次会议第174号委员提案的答复》，吉林省人民政府网站，2021年5月6日，http：//xxgk.jl.gov.cn/zcbm/fgw_ 98077/xxgkmlqy/202105/t20210506_ 8055684.html。

人，应急机动队伍共 230 支 2076 人，应急医疗队伍共 76 支 1780 人，实验室检测队伍共 2460 人，应急采样队伍共 2480 人，社区心理服务专业团队共 500 个，能够满足各类突发卫生事件的应急处置需要，有效提升了基层公共卫生防控救治能力。

（四）应急物资储备体系日趋完善

2020 年 4 月，习近平同志在中央全面深化改革委员会第十二次会议强调了应急物资保障体系在疫情防控中的重要性，[①] 也为吉林省建立健全应急物资管理机制指明了方向。在充分汲取新冠肺炎疫情初期医疗物资供应紧张教训的基础上，吉林省积极推进重大疫情防控应急物资储备、流通体系建设，2020 年，省发展改革委、省工信厅等部门联合印发了《吉林省健全公共卫生应急物资保障体系的实施方案》《健全吉林省应急物流体系实施方案》，建立了省级应急物资储备库，科学制定了各级各类医疗卫生机构应急物资的储备目录，要求各医疗机构的防护物资储备能够满足医院 30 天满负荷运转需要。[②] 为了确保应急物资的及时供应，吉林省建立了从生产、采购到运输的一整套应急物资供应体系。在生产环节上，吉林省在结合医疗物资属性、产能、需求量等要素的基础上，积极联系省内重点生产企业和省外医疗物资专供企业，制定了涵盖防护用品、检测试剂及设备、医疗设备和专用车辆、专用仪器和设备、消杀用品等 5 个大类 19 个储备品种以及储备重点企业名单，进一步强化了重点企业产能和实物储备。截至 2021 年 1 月，吉林省的口罩、防护服生产企业日产能分别达 1000 万只和 6.25 万件，库存储备量口罩有 2500 万只，防护服有 20 万件，完全可以保障全省疫情防护物资需要。

---

① 《习近平主持召开中央全面深化改革委员会第十二次会议强调：完善重大疫情防控体制机制　健全国家公共卫生应急管理体系》，中国政府网，2020 年 2 月 4 日，http：//www. gov. cn/xinwen/2020 – 02/14/content_ 5478896. htm。

② 《吉林省疫情防控工作新闻发布会》，吉林省人民政府网站，2020 年 1 月 17 日，http：// www. jl. gov. cn/szfzt/xwfb/xwfbh/xwfbh2021/jlsdssjrmdbdhdychy_ 180301/。

二　吉林省公共卫生事业发展存在的主要问题

吉林省目前的公共卫生事业发展总体呈现一个良好的发展态势，基本公共卫生服务、突发公共卫生事件应急处置和重点防护物资储备能力均有很大程度的提升，但仍有一些结构性、体制性的问题亟待调整和完善，对此需要有清醒的认识。

（一）区域发展不均情况依然存在

1.城乡基本公共卫生服务水平差距较大

"十三五"期间，吉林省显著加大了基本公共卫生服务方面的投入，乡、村两级的医疗卫生机构的硬件建设有了很大程度的改善，实现了公共卫生服务体系城乡居民的全覆盖。但从目前的情况来看，乡镇卫生院和村卫生室在人员技术水平和医疗设施配置方面还比较薄弱。从医疗卫生机构人数来看，虽然全省卫生技术人员数量近年来显著增长，但是乡镇、农村的卫生技术人员却呈现减少趋势。2015～2019年，吉林省农村卫生室人员总数从23909人减少到21969人，累计减少1940人，下降幅度达8.1%，其中乡村医生和卫生员数量下降更为明显，累计减少3872人。吉林省农村地区每千人拥有的执业（助理）医师和护士仅分别为2.3人和2.1人，城市地区每千人拥有的执业（助理）医师和护士则分别为4.7人和5.2人，差距尤为明显。总体来说，吉林省农村地区的公共卫生服务的供给水平与群众对于健康的旺盛需求之间存在明显的不匹配现象。

2.省内各地区公共卫生资源分布不均

吉林省的9个地市从地理分布来看可以分为东部、中部以及西部三个地区。东部地区包括通化、白山、延边州，中部地区包括长春、吉林、四平、辽源，西部地区包括松原、白城。吉林省的医疗卫生资源呈现从中部、东部再到西部的金字塔式分布，这与地区的经济发展水平呈现正相关。截至2019年，吉林省共有医院796家，其中长春、吉林两地的医院数量之和接近全省一半，东部通化、白山、延边地区的医院数量为 189 家，西部松原、白城医院数量仅为 129 家，分布严重不均。另外，重要的医疗卫生资源分布过度集中。作为一个地区整体卫生医疗水平的重要量化指标，吉林省三甲医院的建设一直较为滞后，全省 39 家三甲医院中有 34 家分布在长春、吉林两地，白城、松原与通化三市仍然没有三甲医院。

（二）基层疾控机构力量略显薄弱

钟南山曾公开指出，疾控中心的地位太低，作为一个特殊的技术部门没有引起足够的重视。[①] 虽然近年来随着中央转移支付项目、地方配套资金以及省级相关政策的支持，吉林省的基层疾控机构得到了一定发展，但总体力量依然稍显薄弱，其中疾控机构的卫生技术人员数量从 2015 年的 3703 人下降到 2019 年的 3383 人，[②] 这一现象需要引起高度重视。此外，部分地区的县区级疾控机构在实验室仪器配置方面距离国家的相关要求还有一定的差距，主要表现在实验室仪器设备欠缺，原有设备陈旧、老化、报废，却不能得到及时更新和补充，由于设备运行经费不足，仪器设备不能得到及时维修维护，实验室关键设备配置不全等方面。[③] 究其原因，主要还是长期以来的"重医轻防"观念导致"医疗"与"卫生"两大体系之间依然存在衔接不畅，各级疾控部门、科研单位与医疗机构之间在信息共享方面相对滞后的情况，这必然会影响传染病防控的整体效能。

（三）基层公共卫生机构人员短缺问题极为突出

一是基层专业技术人员缺口较大。省内部分市、县两级的公共卫生机构受到编制待遇等因素的影响，在不同程度上存在"空编"现象。截至 2019

---

① 《钟南山 CDC 特殊地位没有得到足够重视》，环球网，2020 年 2 月 27 日，https：//china. huanqiu. com/article/3xCVSAcl1Oi。

② 历年《中国卫生健康统计年鉴》和《吉林统计年鉴》数据。

③ 蒋素等：《吉林省基层疾控机构实验室仪器设备状况调查》，《中国公共卫生管理》2020 年第 3 期。

年，吉林省共有乡镇医院779家，乡镇卫生院编制共计23875个，在编在岗人员约占85%，其中医疗卫生技术人员占比为75%。部分地区乡镇卫生机构由于卫生专业技术人员严重不足，导致无法有效开展基本检查和保健指导，风险评估也难以做到及时准确。此外，在新冠肺炎疫情的影响下，疾病预防控制和卫生综合监督工作的任务量不断加大，一些地区的疾控中心和卫生监督机构的技术人员专业素质不高，人员梯队建设出现断层，不能满足工作需要，而且人员编制与待遇的影响往往是长期化的，短期内难以预计人才匮乏的问题将会持续较长一段时间，对于全省公共卫生事业的发展势必会产生一定影响。

二是学历结构仍不理想。在吉林省乡镇卫生机构中的技术人员中，具有本科及以上学历的仅占9.11%，大专和中专学历占比达到76.53%，距离全国平均数据的17.4%和80.0%还有较大差距。

三是乡村医生配置不均衡。全省行政村有9323个，应设村卫生室有8771所，已设村卫生室有8863所，村卫生室村医有13245人，其中执业（助理）医师有1517人，60岁以上在岗村医有1161人。①各地村医配置不均衡，有的地方村卫生室人员较多，存在竞争问题，有的地方有村卫生室却无固定村医执业。此外，全省村医队伍也存在年龄老化、结构不合理且后续不足问题。随着"十四五"时期基层医疗卫生机构各项业务工作的进一步扩展，基本公共卫生服务任务只会不断增加，如不及时调整，全省的基层医疗卫生机构在人员配置方面恐怕难以满足更高层次的发展需要。

三　吉林省公共卫生事业发展的具体建议

当前，新冠病毒及其新的变种依然在全世界范围内传播，境外输入病例及其关联病例时刻考验着吉林省公共卫生服务的整体水平。截至2020年11月，吉林省60岁以上人口占比达到23.06%，已经步入深度老龄化社会，

---

① 根据吉林省卫生健康委员会公开信息数据整理。

随之而来的心脑血管、恶性肿瘤等慢性非传染性疾病将在未来对全省的医疗卫生服务体系带来新的挑战。因此，需要加快优化吉林省公共卫生资源分布，建立运转高效、保障有力的公共卫生服务体系，在满足居民对于高质量公共卫生服务的需求的同时，随时做好应对重大突发事件的准备。

（一）深化公共卫生供给侧结构性改革，逐步缩小城乡地区差距

1.增加对基层医疗与公共卫生机构的投入，提高医疗卫生资源等级

全省的公共卫生服务水平不是依靠一两个发展好的市（州）能够代表的，公共卫生领域的"木桶效应"在此次新冠肺炎疫情中得到了很好的诠释，在全省"一盘棋"的战略下，吉林省9个市（州），60个县（市、区）中的任何一个薄弱环节都将成为全省疫情防控链条上的"短板"。因此，吉林省下一步应进一步提升政府的预算管理和公共卫生资源规划水平，扩大对基层医疗卫生机构的财政投入规模，对于除长春、吉林以外的市（州）适当予以政策倾斜，提高松原、白城等地的医疗卫生资源等级，提升公共卫生服务可及性，逐步缩小城乡、地区间的差异。

2.进一步优化现有医疗卫生结构

针对吉林省公共卫生体系自此次疫情发生以来暴露出能力不足的问题，下一步应加快实现"平战结合"，将省内部分定点医疗机构临时设立的应急医疗体系转换为长期存在的体制性保障，实现应急与常态医疗的均衡发展。除此之外，在现有医疗机构的基础上，应尽快在全省重点地区建立具有一定规模的、标准化的、具备防治传染性疾病能力的医疗机构，在硬件上配备应急专用医疗设施与打造完善的传染病隔离诊疗环境，在软件上建立起一支专业化的医务人才队伍，以医疗效率、品质为依归，推进常态医疗与突发应急传染性疾病诊疗分开，避免再次出现应急救治冲击常态医疗体系的情况。

3.充分发挥非公立医疗机构的补充作用

针对全省公立医院医疗资源较为薄弱的现实情况，应着重补齐医疗体系短板，适当增加民间资本，发挥市场机制作用，参考武汉等地民营医院发展情况，为社会办医提供一定的政策支持，鼓励具有专业人才队伍的非公立医

吉林蓝皮书

疗机构承担部分医疗任务，发挥其在医疗卫生服务体系中的辅助性作用，提升基层公共卫生服务水平，减轻公立医院负担，提升卫生资源利用率。

（二）加强以预防为主的医疗卫生体系建设

2021年3月，习近平在看望参加政协会议的医药卫生界教育界委员时强调，"预防是最经济最有效的健康策略"。① 此次新冠肺炎疫情是对医疗卫生体系长期以来"重医疗、轻预防"观念的一次沉痛教训，整个社会为此付出了高额的成本和巨大的代价。可以说"预防"所能带来的社会和经济效益是单纯的"临床诊疗"所无法比拟的。根据世卫组织调查，达到同样健康标准所需的预防投入与治疗费、抢救费比例为1∶8.5∶100，也就是预防上多投资1元钱，治疗费可减少8.5元钱，并节约100元的抢救费。对于医疗卫生支出负担较重的吉林省而言，投入最少的成本建立"以预防为主"的公共卫生服务体系应该说是最为经济划算的选择。

在具体方向上，一是针对公众对于科普公共卫生健康知识的强烈需求应积极予以回应，进一步做好公共卫生健康知识的宣讲科普工作，在社区、火车站等公共场所向群众普及传染病预防知识，让更多的群众了解什么是公共卫生、突发公共卫生事件的应急处置方式，提升广大群众的自我保护和自我防范意识。二是尽快强化医院感染控制机制，加强医护人员的感控防护训练，形成敏感的神经末梢，建立传染病分级医疗制度，积极培养防疫人才，改进诊断与治疗方法，使传染病在未来不会对人民的身体健康造成威胁。

（三）强化各级疾病预防控制机构能力建设

一是充分认识疾控机构在应对突发性事件的重要性。充分重视各级疾病预防控制机构的作用，进一步明确各级疾控机构的功能定位，并促进疾控机

① 《金句来了｜习近平：预防是最经济最有效的健康策略》，新华社，2021年3月7日，http：//www.xinhuanet.com/politics/leaders/2021－03/07/c_1127178144.htm。

构与医疗机构的合作。此外，要适当加大对省内各级疾控机构的财政投入力度，并建立经费投入标准与地方经济发展挂钩联动及增长机制。

二是定期更新维护各级疾控机构实验室设备。省内各级疾病预防控制中心是承担传染病监测、预测、流行病学调查、疫情报告以及其他预防、控制等工作的唯一机构，疾控实验室检验检测水平的高低直接关系到整个疾控系统是否能够及时做出应急响应，因此，建议省内各地应在保障疾病预防控制机构实验室经费的基础上，建立检验设备定期更新维护机制，根据各地区的实际检验需要，对于仪器设备的配置数量进行调整，时刻保持检验设备处于最佳状态。

三是加大对检验能力较弱的疾控机构扶持力度。针对部分地区疾控机构监测能力不足的现状，下一步应在系统了解各地区疾控中心实验室设备配置与使用情况的前提下，有目的地加强疾控机构之间的协作，尤其是人员交流、业务指导以及部分检测设备的区域共享，同时探索建立省、市、县三级疾控机构对口帮扶，实现以强带弱、以大带小，促进市、县级疾控机构实验室仪器设备以及检验水平的均衡发展。

（四）加快补齐基层公共卫生人才队伍建设短板

1. 完善基层卫生人才培养制度

吉林省目前共有医学、卫生院校十余所，每年毕业生人数非常可观，未来省内各地应充分利用这一优势，进一步扩大定向生培养规模，推动"以需定招"，做好面向基层医疗卫生机构的订单定向医学人才培养。针对基层卫生机构人员学历、职称、技术"三低"的现实情况，适当为基层人才的继续教育和进修学习提供政策倾斜，同时充分发挥"师徒制"在技术传递方面的优势，鼓励现有技术骨干为青年技术人员提供临床指导，提升机构内部人员的整体医疗技术水平。

2. 创新医疗卫生机构编制管理

充分利用编制资源在吸引基层公共卫生人才方面的独特优势，进一步规范基层机构的编制管理，清理整治"在编不在岗"等不规范行为，同时结

合疾控机构工作要求和现状，在招聘计划分配上给予一定倾斜，尽快配齐专业性技术性人才。

3.优化公共卫生队伍激励机制

工资收入水平是影响基层公共卫生机构进人、留人的重要因素之一，中国疾病预防控制中心流行病学首席科学家曾光指出，仅中国疾控中心3年流失的中青年骨干就有百人之多，地方疾控机构人才流失情况更为严重，造成这一现象的主要原因是疾控机构待遇不如医疗机构。① 因此，应进一步优化工资结构，建立向基层倾斜的工资制度和基本工资正常增长机制，尤其是有针对性的提高基层医疗卫生机构工作人员的工资待遇，充分利用多劳多得的绩效工资分配机制，提升基层工作人员积极性。此外，在职称评定方面，应适当调整职称评定标准，适当给予基层卫生人员一定的政策倾斜。

---

① 《中国疾控中心三年流失百名中青年骨干疾控体制改革补短板迫在眉睫》，光明网，2020年6月3日，https://m.gmw.cn/baijia/2020 - 06/03/33882242.html。

B.16
吉林省居民生育的现状分析与对策研究

周　含*

摘　要： 吉林省第七次全国人口普查数据显示，实行"全面两孩"生育政策后，育龄妇女生育意愿有所提升，但仍然显著低于全国平均水平。吉林省居民生育率低的主要原因包括：生育旺盛期育龄人口外流、结婚年龄推迟、子女生育养育和教育成本较高、妇女职业生涯规划与家庭计划的冲突等。在"三孩"新政策下，可预见范围内，本报告预测吉林省出生人口可能会有平缓增加，但总数依然不会太高。为改善吉林省生育环境，建议强化育龄妇女职业平等保障，降低婴幼儿生育及养育经济成本，探索建设课外非教育类看护机构，改善经济环境，减少人口外流等。

关键词： 生育政策　生育环境　婚姻行为　吉林省

2020年第七次全国人口普查的结果公布之后，人口生育问题得到了高度重视。2021年7月21日，国务院发布《关于优化生育政策促进人口长期均衡发展的决定》，取消社会抚养费，标志着计划生育基本国策的态度转向。然而近年来，吉林省在老龄化形势严峻的背景下，居民生育状况也一直不容乐观。生育是人口问题的根本，从多角度分析吉林省居民生育行为的现状、成因并提出应对建议，有助于提升吉林省居民生育意愿，促进吉林省人口健康发展。

---

* 周含，吉林省社会科学院社会学研究所助理研究员，研究方向为人口社会学、生育政策、妇女与儿童福利。

一　吉林省居民生育状况及预测

（一）2011～2019年吉林省生育状况变化分析

由于第七次全国人口普查详细数据尚未公布，此处将第六次全国人口普查之后，即2011～2019年的《吉林省国民经济和社会发展统计公报》中公布的每年吉林省出生人口数进行整理。

2011～2013年，吉林省新生儿数量逐渐下降，但随着"单独两孩"和"全面两孩"的放开，2014年与2017年出现了两个小的出生率高峰，但之后又发生了回落，生育水平与放开"两孩"之前相比总体持平（见表1）。更重要的特征是，吉林省的人口出生变化趋势是平缓的，并非像其他某些地区一样大起大落。这说明吉林省生育的人口主体并非年纪较大夫妻的补偿性生育，而是育龄高峰人口有计划的生育，属于真实的、可持续的。目前，吉林省全省的2020年出生数据尚未公布，从全国总体情况来看，吉林省的生育数量也可能会有所下滑，但这次下滑主要是受到新冠肺炎疫情及其他间接因素的影响，推迟的生育行为会在未来两三年内得到补偿。

表1　2011～2019年吉林省出生人口数

单位：人

2011年	2012年	2013年	2014年	2015年	2016年	2017年	2018年	2019年
179500	157600	147500	182200	161600	152800	184800	179900	163200

资料来源：2011～2019年《吉林省国民经济和社会发展统计公报》。

将每年的人口出生率制成折线图，则会得到如下结果：

"全面两孩"放开之前，吉林省出生率水平总体呈缓慢下降趋势；"单独两孩"和"全面两孩"放开之后，均出现过一定回升趋势，但总体水平依然很低，并且很快再次缓慢回落（见图1）。

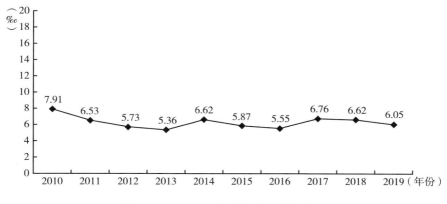

图1　2010～2019年吉林省出生率变化

资料来源：2010～2019年《吉林省国民经济和社会发展统计公报》。

（二）吉林省育龄妇女人口及生育情况

了解吉林省育龄妇女的现状，有助于理解吉林省居民生育行为的真实情况，并对未来的生育效果进行预测。由于吉林省2020年人口普查详细资料尚未公布，此处使用2010年第六次全国人口普查的数据进行估算。首先按照生命表原理，使用年龄别女性人口和年龄别女性死亡率进行推算，逐年估算年度存活女性人口（该计算方法经过人口迁移方面比较稳定的全国数据验证，误差率在0.05以下，可视为可靠）。再结合吉林第七次全国人口普查已公布的数据，估测吉林省每年不同年龄段的净迁出女性人口，从存活女性人口中扣除，最终得到截至2020年末的育龄妇女人口估算数据。经过该方法计算出，截至2020年末，吉林省15～49岁育龄妇女共有约540万人，其中20～34岁的生育旺盛期育龄妇女约220万人。

为去除非育龄期的妇女和男性人口的影响，将2010～2019年吉林的人口出生数只与同年度的育龄妇女人口数相除，可得到2010～2019年吉林省育龄妇女生育率变化情况。在排除其他因素之后，育龄妇女生育率的趋势变化，比全省人口的出生率变化更为显著。在"单独两孩"政策实行一年后的2014年和"全面两孩"政策实行一年后的2017年，育龄妇女生育率均出

现明显提升，虽然补偿性生育高峰之后出现小幅回落，但之后的两三年仍然高于政策放开之前的水平，回落并没有改变生育率上升的总体趋势（见图2）。因此，在去除人口结构和人口外流的影响后，可以认为随着政策逐步放开，居住在吉林省的育龄妇女生育行为有所增加。

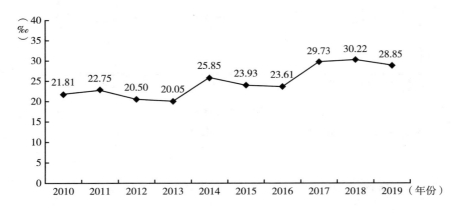

图2　2010～2019年吉林省育龄妇女生育率变化

资料来源：2010～2019年《吉林省国民经济和社会发展统计公报》。

　　然而需要注意的是，这种生育意愿的增强仅仅是与吉林省内部之前的年份进行对比，而在与其他地区，或与全国的平均情况进行对比时，吉林省仍然处在低位。用上述同样方法可以计算全国的育龄妇女生育率，从中可发现全国的育龄妇女生育水平波动明显，在"全面两孩"放开后的2016年显著提升，之后又逐年回落，到2020年的生育率已经与全面"单独两孩"之前的2010年相近，甚至更低。然而在全国数据中，即便是2020年的最低值，也达到了35.76‰（见图3），仍然明显高于2010～2019年吉林省的最高水平30.22‰。其中当然有多重因素影响，最主要的因素应当是育龄妇女的年龄结构。

　　由于这些年份中没有对妇女的生育年龄进行统计，本报告中只能计算育龄妇女生育率，但从客观生理条件来看，居民生育主力仍然是20～34岁的育龄旺盛期妇女。与2010年相比，吉林省2020年的15～49岁育龄妇女减少了大约273万人，其中20～34岁的生育旺盛期育龄妇女减少了大约106万人，这种减少是人口年龄结构和人口净迁出共同造成的，每年减少数量达

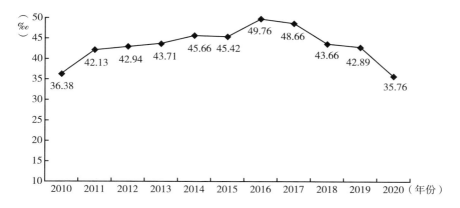

图 3　2010～2020 年中国育龄妇女生育率变化

资料来源：2010～2020 年《吉林省国民经济和社会发展统计公报》。

5%左右。与此同时，虽然全国范围的育龄旺盛期妇女也在减少，但每年的减少数量只有 2%左右，并且还存在一些生育文化不同的地区，使全国总体生育水平一直高于东北地区的吉林省。

（三）吉林省"三孩"政策效果预测

2021 年 9 月，吉林省"三孩"相关的具体配套政策出台。近年来通过一系列其他政策，各地群众都已经认识到，鼓励生育将会成为一种新的政策趋向。但不同地区面对"全面两孩"政策时，响应效果各不相同，其中东北三省均属响应不热烈的地区，这一点在面临"三孩"时恐怕也是同样的，即使出生率会有一定提升，提升幅度也不会太大，并且不能期望短时间内有显著增加，总体可能呈平缓上升态势。"三孩"将更多地作为少部分人的生育上限，而非多数人的生育常态。

做出这种预测的依据是，相比全国其他省级行政区，2010～2019 年吉林省的出生率维持在较低且平稳的水平，即使是不断放开"两孩"的过程中，也受政策影响很小，始终保持着低水平的生育意愿。吉林省在"两孩"之前实行"一孩半"政策，但一方面作为老工业基地，东北早期的城镇化水平就很高，享受"一孩半"政策影响的人口较少；另一方面，由于东北

地区长期以国企和事业单位为主要经济参与者，政策对于这类单位内的员工具有较强的约束力，东北的独生子女政策得到了全国范围内最严格的落实，2000 年估测总和生育率与政策生育率相差无几，甚至略低于政策生育率。在独生子女政策的影响下，少生优生的观念已经得到内化，即使放开"三孩"，受到观念和经济因素的影响，大部分人多生育的意愿也会比较低。

部分地区，如山东省，补偿性生育较多，在 2016 和 2017 年出生率出现了显著的上升。但在吉林省，从纵向方面看，由于计划生育观念的接受程度较高，总体而言年龄较大的夫妻再生育意愿低，出生人口的增加主要来自育龄高峰人口，而吉林省老龄化相对严重，育龄高峰人口少，导致这样出生率迅猛变化的情况基本不会出现。事实上也可以从数据中看出，2016 年出生人口少于 2015 年，2017 年和 2018 年虽然有所增加，但到 2019 年已经再次回落。而从横向方面看，2016 年以来，吉林省出现了人口外流现象，外流人口中又以青壮年劳动力，即育龄人口居多，会在一定程度上影响在本省出生的人口数量。综合以上两点考虑，在"三孩"政策下，可预期的范围内，吉林省出生人口可能会有平缓增加，但基本不会发生突然的大波动。

二　吉林省居民生育的影响因素

（一）人口年龄结构因素

"全面两孩"政策放开的数年后，全国各地均出现了出生率下滑的现象。究其原因，育龄夫妻的生育意愿是一方面，更根本的原因是在计划生育政策实行以来，新生人口减少，经过几十年后，中国的人口年龄结构已经发生了重大变化。其中出生人口开始减少的那一代人，当前正在逐渐离开育龄高峰期，而出生人口明显减少的那一代人，则正在进入育龄高峰期，导致了育龄妇女，尤其是生育旺盛期育龄妇女的减少。据国家统计局和卫健委数据，2011 年育龄妇女人数达到峰值，约为 3.82 亿人，之后则每年都在减少，其中 20～34 岁的生育旺盛期育龄妇女每年减少 400 万人左右。相比之下，2017～2020

年，每年出生人口减少的数量只有 100 万～200 万人，已经说明了"两孩"政策取得的成效，但仍然无法扭转育龄妇女和出生人口均在下降的趋势。

吉林省的情况与之类似。经过计算发现，从 2014 年起，20～34 岁的生育旺盛期育龄妇女每年减少超过 10 万人，减少数量占所有生育旺盛期育龄妇女的比重约 5%。尽管有部分妇女生育了二孩或三孩，但育龄妇女总数的减少基本抵消了这部分增加，出生人口总体维持平稳。从吉林省人口金字塔来看，即使不考虑人口迁出因素，仅从年龄结构考虑，这部分妇女也会持续减少，直到 2035 年左右达到低值。由于此后出生的人口数和性别比总体稳定，如果不考虑人口迁移因素，可以认为从 2035 年起，至少到 2040 年，生育高峰期育龄妇女人数都会维持在接近低值的数量，而 2040 年之后的情况则开始受到 2021 年起的出生人口数影响，即受到促进生育政策效果的影响。

（二）育龄人口婚姻行为因素

目前在吉林省，婚内生育仍然是生育行为的主体。学界普遍认为，随着中国教育事业的发展、青少年平均受教育年限的增加，结婚年龄普遍延后，这也造成了生育行为的推迟和减少。本报告通过《中国民政统计年鉴》，获取吉林省 2010～2020 年的结婚登记和离婚登记情况，2010～2020 年，吉林省结婚人数总体呈减少趋势，离婚人数总体呈增加趋势（见图 4）。根据历年的人口普查资料可知，大部分初次生育发生在结婚的 3 年之内，因此结婚人数的减少、初婚年龄的推迟和离婚人数的增加也对生育有一定影响。

但如果仅看结婚的总人数，无法判断出人数的变化在本质上究竟是人口年龄结构的变化，或是青年居民对结婚的态度变化。因此，本报告试通过婚姻数据和人口数据，计算出不同年份的年龄别结婚率变化。其中，人口数据使用 2010 年第六次全国人口普查的年龄别人口和年龄别死亡率，进行年度存活人口计算，再结合 2020 年第七次全国人口普查已公布的数据，估算每年的净迁出人口并相减，得到每年的不同年龄人口估算数据。按 5 岁一组加和，得到每年的不同年龄组总人口，再用各年度《中国民政统计年鉴》中，分年龄组的结婚登记率与年龄组总人口相除，得到每年不同年龄组的结婚登

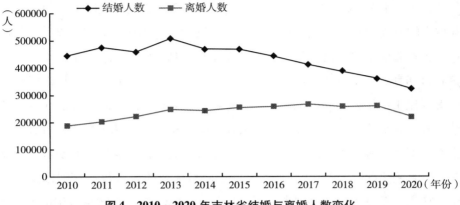

图4 2010～2020年吉林省结婚与离婚人数变化

资料来源：历年《中国民政统计年鉴》。

记率。2010～2019年，不仅仅是人口年龄结构，吉林省的年龄别结婚登记率也发生了明显的变化。在2010年，结婚登记率最高的年龄段是20～24岁，25～29岁稍低于20～24岁，但二者间的差距在2011年缩小了，并且到2012年时，20～24岁结婚登记率出现下降，25～29岁成为结婚登记率最高的年龄段。此后7年中，20～24岁结婚登记率显著下降，25～29岁结婚登记率也在下降，但趋势较缓，到2019年已经成为结婚登记的主力。而30～34岁结婚登记率则在缓慢提升，到2019年已经与20～24岁结婚登记率接近（见图5）。

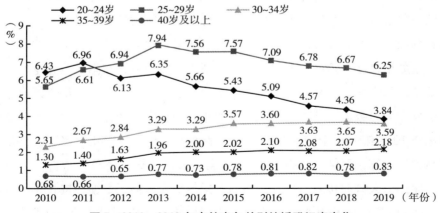

图5 2010～2019年吉林省年龄别结婚登记率变化

资料来源：历年《中国民政统计年鉴》。

在 20～34 岁年龄段的结婚登记中，初婚人群相比再婚人群占绝对优势。这种趋势的变化表明，吉林省居民结婚年龄普遍推迟，但由于生理上的育龄高峰期不会随之改变，结婚年龄的推迟也会对生育能力和生育数量造成一定影响。

（三）社会经济因素

经调查，造成吉林省育龄夫妻生育意愿较低的社会经济因素主要分为以下五类：家庭生活成本因素、女性就业与职业生涯因素、婴幼儿照料因素、子女教育因素和生育过程及并发症恐惧因素。

家庭生活成本因素。当前舆论在有关生育的话题讨论中，最常出现的理由是"生不起""养不起""买不起能住三个孩子的房，将来也没钱给孩子买房"等。有学者通过对吉林省育龄夫妇的访谈发现，在阻碍将生育意愿转化为生育行为的因素中，经济原因占首位，并列的阻碍因素就是多抚育一个孩子的精力成本及相关的各种消耗。家庭生活成本，尤其是低龄婴幼儿生活用品的成本，已经成为制约很多家庭生育行为的重要因素。进一步来说，由于房价上涨迅速以及适龄妇女的数量相对不多，现阶段结婚风俗对婚房和彩礼的需求，也导致了结婚行为的普遍推迟，并进一步延后了生育年龄。

女性就业与职业生涯因素。作为生育主体的女性大量参与到关于"三孩"的讨论中，关注政策变化将对女性处境带来的影响。有学者在访谈中发现，吉林省许多女性因生育和照料子女被迫退出职场，即使没有退出职场，国家卫健委接受新华社采访时发布数据称，女职工生育后工资待遇下降的有 34.3%，其中降幅超过一半的达 42.9%，[①] 从数据的角度证明了女性生育成本极高，也给家庭抚育子女带来更多经济压力。在互联网发展加快后，大量女性公开分享自己在求职和职业生涯中遭到的生育歧视现象。为保障就业权，女性互相劝诫不结婚、不生育乃至主动进行绝育手术，成为新的舆论

---

① 《优化生育政策，改善人口结构——国家卫生健康委有关负责人就实施三孩生育政策答新华社记者问》，中国政府网，2021 年 6 月 1 日，http：//www.gov.cn/xinwen/2021 - 06/01/content_ 5614518.htm。

风向。而且应当意识到，对育龄妇女而言，职业生涯规划除了会与生育行为相互影响之外，也会影响对婚姻行为的规划，从而进一步间接影响生育行为。2020年第七次全国人口普查数据显示，吉林省15岁以上人口的平均受教育年限为10.17年，只比2010年第六次全国人口普查的9.49年增加了0.68年，但结婚登记年龄的推后却要明显得多。在平均受教育年限未达到高中毕业水平的状况下，大部分人将结婚年龄推迟到25~29岁，其更多受到职业生涯规划的影响，其中又以妇女尤甚，因为一旦结婚成立新的家庭，生育就会成为家庭发展规划的一部分，在职业生涯另有规划，并且可能与家庭发展规划存在冲突时，妇女就会有意识地推迟结婚计划。而在现阶段，除少数妇女劳动权益保障较好的体制内用人单位之外，这种冲突很难避免。

婴幼儿照料因素。"没时间带孩子"成为近几年有关生育抑制要素的新焦点。一方面，近年来"996""福报""大企业员工猝死"等事件频发，频繁加班给父母照顾婴幼儿带来很大困难；另一方面，据《吉林省第七次全国人口普查公报》，吉林省流动人口已接近800万人，其中以劳动年龄人口，同时也是育龄人口为主。远离亲属的生活方式，使他们难以用传统的方式让亲朋好友帮忙照料子女，如果由父母一方辞职抚养，又会进一步带来抚养子女的经济压力。这些因素共同抑制了生育意愿，社会化照料势在必行。

子女教育因素。根据《吉林省第七次全国人口普查公报》，吉林省15岁及以上人口的平均受教育年限为10.17年，在全国居于前列，一方面，说明吉林省的基础教育建设达到了很高水平，但另一方面，由于部分人利用课外教育牟取暴利，教育公平也逐渐出现问题。2021年7月，中央出台《关于进一步减轻义务教育阶段学生作业负担和校外培训负担的意见》，主要针对的就是课外教育，这有助于促进教育公平。但在激烈的考试竞争下，许多家长不惜成本也要选择送孩子参加地下课外班、地下补习班或者聘请家教，这些方面缺少监管，而且补习存在风险，教育机构会索求更高的费用，导致课外教育的经济成本不降反升。一个孩子在教育上的开销过高，也就无形中抑制了第二个和第三个孩子的生育意愿。

生育过程及并发症恐惧因素。这种恐惧作为一种反对生育的观点长期存在，且每次出现有关生育的政策新动向时，都会被人重新提起和广泛传播。这种观点宣传妊娠和生育过程的血腥、疼痛、死亡风险，以及产褥期痛苦、产后抑郁和其他并发症、后遗症等问题，造成群体性生育恐惧。尽管这种恐惧大多发生在未婚未育女性中，一般不会影响已婚女性生育一胎的决策，但仍然反映出部分已育妇女的分娩过程存在改善空间。如女性的一胎生育体验很差，可能影响二胎与三胎的生育意愿。

三　吉林省居民生育健康发展的建议

（一）降低育龄妇女生育的机会成本

一方面，为减少职业生涯规划与家庭发展规划（生育规划）的冲突，建议在育龄妇女就业和职业发展方向上加强平等保障。进一步落实有关法规政策，加强劳动监管和劳动仲裁，加大对就业与雇佣关系中对性别歧视行为的处罚力度，并适当选取典型案例加以宣传，确保女性不会因未婚或已婚、未育或已育在求职中遭受隐性歧视，不会因结婚和生育中断事业发展或降低收入水平。为减少隐形的就业性别歧视和女性晋升的"玻璃天花板"，建议探索利用税收杠杆等手段鼓励企业接纳育龄女性就业，对于接纳育龄女性多的企业，探索各类奖励措施和政策倾斜。试点延长父亲陪产假对应母亲产假，设立父亲育儿假对应哺乳假等，力求降低就业中的性别歧视，促进女性就业率和收入水平提高，为育龄女性减少生育阻力。

另一方面，为减少育龄女性对于分娩痛苦及其他并发症、后遗症的恐惧，可采用推广无痛分娩技术和科学育后恢复的方式来解决。在国家卫健委允许的前提下，扩大无痛分娩试点，探索将无痛针纳入生育保险或医疗保险报销范围。建议在吉林省各级医院、城乡社区、广播电视等公共场所展开宣传，普及科学的育后恢复方式，尤其要对传统"坐月子"中落后于时代、不利于妇女身心健康的内容加以批驳。

（二）降低婴幼儿生育及养育经济成本

为降低婴幼儿抚养成本，提高年轻夫妇生育意愿，应进一步规范婴幼儿用品及服务市场。鼓励吉林省本地的婴幼儿用品生产企业发展，平抑婴幼儿用品市场价格，提供一批安全、可靠、平价的婴幼儿用品，在公立医院和社区等地点进行投放销售。严格管理本地奶企，加大针对婴幼儿配方奶制品的抽查力度，并定期公布高质量的本土产品，增强父母消费信心。对民办妇产医院、月子中心、提供月嫂育儿嫂等服务的家政机构加强监管，在确保服务质量的基础上防止形成垄断或联合溢价，让经济普通的家庭也敢于生育。

建立3岁以下婴幼儿托育服务体系，按照《关于优化生育政策促进人口长期均衡发展的决定》要求，结合下一步修改个人所得税法，研究推动将3岁以下婴幼儿照护费用纳入个人所得税专项附加扣除。然而目前吉林省3岁以下婴幼儿托育仅停留在试点阶段，那些没有被选为试点单位的公立幼儿园，更多地选择"按兵不动"，拒绝接收3岁以下的婴幼儿。而民办园应对环境变化风险的能力较差，在2020年的疫情冲击下，有大量民办园被迫关停。在"三孩"新政策下，建议建立3岁以下婴幼儿托育服务体系，扩大公立托育机构接收年龄范围，鼓励效益好的国企率先重开托育所，对民居式托育制定有关指导办法。

（三）降低义务教育阶段教育及看护压力

课外培训对于促进生育是一把双刃剑。一方面，义务教育阶段的教育不公平催生了课外培训，教育成本的提高会抑制生育意愿；另一方面，在家长给予年幼的二孩或三孩更多照料时，年龄较大的子女的课外看护也会成为重要问题，盛行多年的课后班与课外培训除了学习知识技能之外，实际上也帮助部分家长看护了子女。在经济发展新常态下，即使要求所有学校开办课后服务、结束时间不得早于当地平均下班时间，由于不同行业的特性，仍然不可能在短期内要求所有企事业单位都按时下班。除进一步保障义务教育阶段教育公平、消除家长对教育的后顾之忧外，还应加强劳动保障监察，尽可能保证大部分企业能按时结束工作，同时也应探索建设义务教育年龄段的课外非教育类看护机构。

建议在执行中央减负意见时，明确区分教育机构和看护服务，鼓励包括社会自习室、体育活动场馆、博物馆艺术馆、夏令营冬令营以及其他提供非课程教育的民营看护机构等形式在内的看护机构发展。当前没有相应类型机构管理规定的，可以先对原课外培训机构管理规定进行修改，降低管理人员资质与能力风险、场地闲置损失和人员失业风险。所有看护机构均需强调公益性，可建为师范院校的实践基地。

（四）减少育龄人口外流的外部因素

从根本上说，吉林省在育龄妇女生育意愿提高的同时，生育数量有所下降，主要原因是人口的外流。第七次全国人口普查数据显示，目前吉林省各地区除长春市外，均面临人口净流出局面，即使各地区城镇人口有所增加，也多来自省内农村地区的人口转移，而非外省人口流入，这种人口流动同时加剧了生育问题和老龄化问题。想要长时期维持健康的生育和人口结构，首先需要维持住育龄人口的总数。

想要破解人口难题，归根结底是要加快吉林省地区经济、社会、文化、生态等多个方面的综合发展，增强本地区综合实力。具体而言，需要省级政府统筹规划，从义务教育、社会保险、就业服务、住房保障等方面加大对农业转移人口市民化的财政支持力度，大力提升公共服务保障水平，补齐民生社会事业发展短板，进一步增强基本公共服务财政保障能力。大力改善营商环境，促进民营经济发展，持续推进"放管服"改革，提升全省各级政府的政务服务便利化程度，降低准入门槛，确保公平竞争的市场环境，在舆论和实践上共同扫清民营经济发展的障碍。通过发展经济、改善政治和生态，不仅要提高城市的人口承载力，还要彰显出能够吸引外来资本和人口的远大发展前景，既吸引更多高质量人才，也留住本地区劳动年龄及育龄人口，改善吉林省生育环境，促成吉林省的长久繁荣。

参考文献

吉林省第六次人口普查领导小组办公室、吉林省统计局编《吉林省 2010 年人口普查资料》，中国统计出版社，2012。

《吉林省国民经济和社会发展统计公报（2011—2019 年)》，吉林省统计局，http：//tjj. jl. gov. cn/tjsj/tjgb/ndgb/。

国务院人口普查办公室、国家统计局人口和就业统计司编《中国 2010 年人口普查资料》，中国统计出版社，2012。

中华人民共和国民政部编《中国民政统计年鉴（中国社会服务统计资料）2011—2020 年》，中国统计出版社，2021。

B.17
吉林省第三支柱养老保险发展的
对策研究

韩佳均*

摘　要： 从第六次全国人口普查到第七次全国人口普查，吉林省已经从老龄化社会全面进入了深度老龄化社会，养老保障面临的形势极其严峻。一方面，养老保险各支柱发展不均衡，基本养老保险基金面临收不抵支、基金枯竭的问题；另一方面，新就业形态群体仍游离在基本养老保险制度之外，而商业养老保险未能成为居民个人商业养老计划的首选。总体来看，普遍存在居民个人的养老储备意识不强、缺乏长期养老规划、养老金融知识和素养普遍不足、对商业养老保险不信任等问题。吉林省当前应做好角色转换，从养老保险体系的主要承担者、运营者，向养老保险的组织者、监管者的身份的过渡。尽快强化养老金融教育，提升居民投资养老意识；引导投资者树立正确的认识和理念；加快资本市场的发展与完善，为全面发展第三支柱个人养老金制度奠定基础。

关键词： 养老保障　第三支柱养老保险　商业养老保险

第三支柱个人养老金制度的正式落地，可以认为是从 2018 年开始的。五部委联合出台的《关于开展个人税收递延型商业养老保险试点的通知》

---

* 韩佳均，吉林省社会科学院社会学研究所助理研究员，研究方向为社会保障、社会政策。

拉开了个人养老金制度的帷幕；2020 年，"十四五"规划提出发展多层次、多支柱养老保险体系；规范发展第三支柱养老保险也在 12 月的中央经济工作会议进一步明确；2021 年 3 月，《政府工作报告》中首次提出要"规范发展第三支柱养老保险"；5 月，银保监会办公厅发布《专属商业养老保险业务方案》，开展专属商业养老保险试点；9 月，银保监会批复同意筹建国民养老保险股份有限公司，由 17 家企业共同出资筹建，作为国内最大的专业养老保险公司，成为促进第三支柱养老保险发展的重要载体。历时 4 年的试点和筹备，国家层面的养老保险第三支柱的政策框架顶层设计已经呼之欲出，吉林省应提前布局，为第三支柱养老金制度落地提前做好准备。

一　吉林省养老保障发展的现状

（一）吉林省已经进入深度老龄化社会

根据 2020 年第七次全国人口普查数据，吉林省常住人口中 65 岁及以上人口占比为 15.61%。与 2010 年的第六次全国人口普查数据相比，65 岁及以上人口的比重上升了 7.23 个百分点，老年人口的抚养比也从 2010 年的 10.52% 上升为 21.17%，10 年之间抚养比整整翻了 1 倍（见表 1）。全省各市（州）65 岁及以上老年人口比重均在 14% 以上，其中比重最低的是长春市，为 14.15%，比重最高的是白山市，为 17.62%。在全国人口老龄化排名中，吉林省居第 4 位，60 岁及以上人口占比为 23.06%，前 3 位分别是辽宁省、上海市和黑龙江省。按照国际通行划分标准，当一个国家或地区 65 岁及以上人口占比超过 7% 时，意味着进入老龄化；达到 14%，为深度老龄化。可见吉林省已经全面进入深度老龄化社会，在深度老龄化社会向超老龄化社会发展的期间，吉林省应当尽力夯实政府养老金、大力发展雇主养老金，并尽快启动个人养老金制度安排。

表1　2010～2020年吉林省老年人口占比及抚养比

单位：%

占比	2010年	2011年	2012年	2013年	2014年	2015年	2016年	2017年	2018年	2019年	2020年
65岁及以上人口占比	8.38	8.70	7.74	9.66	10.17	10.91	10.85	12.20	12.37	13.29	15.61
老年人口抚养比	10.52	11.07	9.67	12.29	13.10	14.16	14.19	16.18	16.42	17.73	21.47

资料来源：吉林省人口委。

（二）吉林省养老金支付压力长期存在

吉林省企业职工养老保险基金首次出现当期缺口是在2015年，2016年和2017年资金缺口进一步扩大。2018年中央建立调剂金制度后，当期养老保险金收支实现低水平平衡。但据郑秉文教授研究，东北三省的养老金累计结余可支付月数仍旧不足3个月，且在现行制度下未来10年不会得到改善，养老金"紧运行"的状态长期存在。[①] 从2015～2019年吉林省城镇职工基本养老保险收支情况来看，除2018年外几乎年年收不抵支（见表2）。城乡居民基本养老保险能够实现连年当期结余，但总体的体量较小，领取待遇人数较少，还处于积累阶段（见表3）。2020年吉林省企业职工基本养老保险基金收支不匹配，全年基金收入901亿元，与支出1064.8亿元相抵，缺口为163.8亿元（见图1）。[②] 养老金的巨额缺口不仅加重了政府的财政负担，也使基金的平稳和可持续运行面临巨大挑战。

[①]　《郑秉文：16年后养老金可能耗尽，应激励个人多缴多得》，腾讯网，2019年4月11日，https：//page. om. qq. com/page/OdZVs4PvpVg7fJF3OsP683Yw0。

[②]　刘化文：《关于吉林省2020年决算和2021年预算1～6月份执行情况的报告》，吉林省财政厅网站，2021年8月5日，http：//www. jlrd. gov. cn/ztzl/ysjd/yssc/202108/t20210805_8170732. html。

表2　2015～2019年吉林省城镇职工基本养老保险收支情况

单位：万人，亿元

年份	参保人数	领取待遇人数	基金收支情况			当期收支结余
			基金收入	基金支出	累计结余	
2015	693.6	273.7	569.2	609.9	383.1	-40.7
2016	706.8	286.7	636	676.3	342.8	-40.3
2017	814.5	332.2	764.1	767	340	-2.9
2018	862.4	356.6	1055.4	940.3	504.2	115.1
2019	882.1	375.9	1142.8	1263.6	501.9	-120.8

资料来源：吉林省人力资源和社会保障厅。

表3　2015～2019年吉林省城乡居民基本养老保险情况

单位：万人，亿元

年份	参保人数	领取待遇人数	基金收支情况			当期收支结余
			基金收入	基金支出	累计结余	
2015	662.7	218	29.6	25	40.1	4.6
2016	667.2	244.7	29.7	26.4	43.4	3.3
2017	668.4	245.7	38.3	26.8	54.8	11.5
2018	684.3	251.7	41.6	34.1	62.3	7.5
2019	702.1	264.4	47.3	34.1	72.5	13.2

资料来源：吉林省人力资源和社会保障厅。

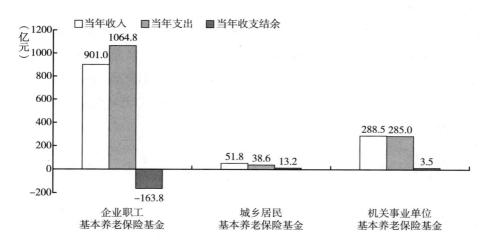

图1　2020年度吉林省养老保险基金预算收支情况

资料来源：刘化文：《关于吉林省2020年决算和2021年预算1～6月份执行情况的报告》，吉林省财政厅网站，2021年8月5日，http：//www.jlrd.gov.cn/ztzl/ysjd/yssc/202108/t20210805_8170732.html。

（三）新就业形态群体仍游离在基本养老保险制度之外

劳动力市场正在经历由新技术革命所带来的就业模式、工作模式的变革。随着互联网、大数据等信息技术的广泛应用，生产资料的数字化和信息化创造了与传统就业形态不同的就业方式，即新就业形态，这种就业形态主要是没有固定的雇主，以平台的模式实现就业。例如滴滴司机、美团配送等，其主要的特点是没有形成固定的劳动关系、就业容量大、灵活性强且入职门槛低。从事新就业形态的劳动者收入水平不易追踪且不稳定，传统的管理手段、服务管理和社会保障政策也对其变得不适用，这些劳动者不一定具备参加基本养老保险的条件。新就业形态下的劳动者极易在不同地区间更换工作，而平台企业具有公共属性，并不具备普通企业的约束力和管理能力。新就业形态的劳动者需要自身承担社会保险或者养老等社会保障责任，带来社会不稳定因素。新就业形态的工作方式更具有灵活化、多样化、弹性化、去组织化和互联网化的特点，网络平台仅具有提供信息并履行监督的义务，并不强制劳动者提供服务，造成现行的基于单位就业制定的保障政策很难适应新就业形态。从体系设计来看，虽然灵活就业群体也被纳入基本养老保障制度范围内，但是由于参保的自主权还在劳动者手中，而劳动者受到工作不稳定、收入波动化、缴费压力大、养老保险转移接续手续烦琐等种种问题，参保意愿并不显著。有关研究显示，42%的个人网店店主、32.7%的企业网店店主没有参加任何社会保险。因此，不受地域限制、可以灵活缴费、能够全国通行的个人养老保险筹集机制势在必行。

（四）养老保险各支柱发展不均衡

市面可见的商业养老保险有传统型养老险、分红型养老险、万能型寿险和投连保险4种，这一类的商业性养老险和政府或者国家的险种是分开的，并不享受国家的优惠政策，一般投保没有地区限制的。清华大学董克用教授认为类似的银行养老理财、养老基金和商业年金保险等不应属于第三支柱的范畴。① 第三支柱个人养老金是政府依据相关法律法规，通过财税激励支持、引导全体经济活动人口建立的，以个人养老为目的，个人自愿参加并主导的积累型养老金制度。② 其强调以养老为目的、以个人为主导，完全私有产权属性，并享受财税支持政策，正是有了财税政策的支持，第三支柱才得以成为国家养老金体系中制度化的重要支柱。但是，从开展的个人税收递延型商业养老保险的试点工作情况来看，试点尚未取得预期效果。从统计数据来看，2020年我国商业养老保险责任准备金积累规模超过5800亿元，覆盖5900万人，65岁及以上老年人商业保险渗透率为35.5%。③ 险种类别包括人寿保险、年金保险、健康保险、意外险等四大类。2020年《关于促进社会服务领域商业保险发展的意见》提出，"力争到2025年，为参保人积累不低于6万亿元养老保险责任准备金"。

按照世界银行提出的养老金"五支柱"模式分析框架下，目前我国的养老保障模式基本可以理想化为四个层次、五个支柱（见表4）。其中"第一层次"是基本养老保险和补充社会保障基金；"第二层次"是补充养老保险，由企业或职业年金构成；"第三层次"则是由个人储蓄性养老保险和商业养老保险组成；第四层次为家庭式养老保障。在五个支柱中，"零支柱"主要由国家承担，是非缴费养老金；"第一支柱"是与收入挂钩的养老金，资金来源由单位、个人、国家三方承担；而"第二支柱"和"第三支柱"账户资金来源于企业或个人的缴纳；"第四支柱"主要是非正规的保障形式，来源于家庭间的资金转移。四个层次的养老保障可以同时兼有，但五个支柱的所应承担的责任缺一不可。在当前的养老保障体系中，"零支柱"保障水平较低；"第一支柱"为绝对主导（资金规模占比超过70%），可持续性堪忧；"第二支柱"覆盖群体有限；"第三支柱"发展最为不足；"第四支

① 董克用、施文凯：《从个人账户到个人养老金：城乡居民基本养老保险结构性改革再思考》，《社会保障研究》2019年第1期。
② 董克用：《建立和发展中国特色第三支柱个人养老金制度》，《中国社会保障》2019年第3期。
③ 《保险业协会：商业养老年金保险责任准备金累计超5800亿元加强第三支柱政策普惠性》，金融资讯网，2021年10月14日，http://news.zgjrw.com/bx/2021/1014/14491.html。

柱"面临时代考验。海外经验表明将个人养老负担全部压在国家财政上既不符合国际惯例，也不符合基本国情。

表4 我国养老保障体系中的"支柱"和"层级"

层级	零支柱	一支柱	二支柱	三支柱	四支柱
	非缴费养老金	与收入挂钩的养老金	强制性个人储蓄账户	自愿性个人储蓄账户	非正规的保障形式
第四层（家庭式养老保障）	—	—	—	—	子女供养、亲戚资助以及家庭间资金转移等
第三层（个人储蓄性养老保险）	—	—	—	商业养老保险（个人税延型养老保险、个人养老年金型保险、房屋反向抵押养老保险）、个人储蓄	
第二层（补充养老保险）	—	—	机关事业单位的职业年金、城镇企业职工企业年金		
第一层（基本养老保险、补充社会保障基金）	老年高龄津贴制度，城乡居民最低生活保障制度、农村"五保"制度、特殊人群的社会救助制度以及社会帮扶制度等	机关事业单位基本养老保险、城镇企业职工基本养老保险、城乡居民基本养老保险			

二 吉林省发展第三支柱养老保险面临的问题

独生子女家庭已经成为社会的中坚力量，随着近年来养老金支付压力的日益增大，以及渐进式延迟退休方案开始渐进实施，越来越多的人开始关注养老问题，但总体来看，社会还是普遍存在个人储备养老意识不强、长期养老规划不明晰、金融知识薄弱等问题。

（一）居民个人的养老储备意识不强烈

蚂蚁财富平台2018年开展的一项养老储备调研①显示，大部分年轻人对退休年龄的期望为57～60岁，并且将基本养老保险和个人现金储蓄作为养老的主要收入来源。在对年轻一代的调研中，仅有9%的年轻人认为自己超过65岁还会继续工作。对于退休年龄的期望上，50%左右的女性希望55岁或之前退休，而男性的理想退休年龄在58岁左右。根据近年来的政策导向，渐进式延迟退休方案开始逐步实施，预计退休年龄延长5～10岁，在2030年或2045年将实现男女65岁同龄退休，即现在的年轻一代几乎都将面临延迟退休。

2019年在吉林省内开展的居民金融素养调查显示②，受访者的养老资金来源主要是自己存钱和参加社会养老保险，占比分别为25.5%、25.21%。各个年龄层次的受访者20%以上都是主要依靠养老保险作为养老的保障开支。具体到将养老钱存在哪里时，大多数人还停留在储蓄养老阶段，选择银行储蓄，仅有15%左右的受访者会选择购买商业性质的养老保险，而选择依靠年金、租金收入、股票、保险产品、以房养老的少之又少。大部分年轻人认为老年生活能够舒适至少要有100万元的储蓄，而按照目前的存款利率计算，实现这一目标至少需要60年。但是年轻一代的储蓄率并不高，财务状况堪忧。随着经济的快速发展，加上国内整体经济的消费型导向，网络信贷的快速发展，P2P、电商平台等小额信贷已经深刻地影响了年轻一代人的生活。消费观念的转变造成了个人负债率的上升，一方面，生活成本增高，要偿还房贷车贷；另一方面，更倾向于信用支付、超前消费，寅吃卯粮。

① 富达、蚂蚁财富：《未雨需绸缪——中国年轻一代的养老储备现状》，富达，2018年8月，http://www.fidelity.com.cn/chinaretirementreadinesssurvey2018/files/assets/common/downloads/publication.pdf。
② 张聪、李丽、王睿姝：《吉林省居民金融素质分析》，《长春市金融高等专科学校学报》2019年第5期。

（二）长期养老规划起步偏晚

调研显示，大部分年轻人并没有为养老做任何储备，相对于养老储备，更多的是子女的教育基金、婚育基金和重大疾病储备。很多保险或家庭理财顾问也会优先推荐保障型保险，如重疾险或意外险，对年轻人想要养老生活更有保障，会建议每年养老保险的投入占年收入40%，规划5年或者10年即可。实际上真正开始考虑养老计划的人，一般都从40~45岁开始，相对于退休理想目标年龄，留给自己储备养老金的时间最长只有17年左右，储蓄时间短、目标金额大，往往会导致积累储备不足。而市场上目前收益比较高的某个人商业养老保险，年缴费3万元，缴费10年后60岁开始领取退休金，每年仅能够领取33480元。

近年来，越来越多的年轻人对养老体系开始有所关注和了解，并随着年龄的增长关注度逐渐提高，但了解的深度和全面性远远不足，甚至还有人认为社会养老保险缴费过高，退休金太少，期待能够像老一辈人一样少缴费并享受高替代率的养老金。尽管年轻人的养老储备目标基金超过100万元，但实际上很多人并没有确切的养老储备目标。近1/3的调研对象表示他们并不知道养老需要准备多少钱。随着生活压力的增大，10%的年轻人认为自己退休后会继续兼职工作，超过50%调研对象没有开始储备养老金，超过35%的调研对象没有考虑过未来养老问题。对于年老后能否得到子女的照顾，也无法确定。

（三）养老金融知识和素养有待提高

调研显示，大部分人对财务规划和理财投资普遍不够了解。不到30%的调研对象表示会在选择养老储备产品时注重长期回报。更多的调研对象更希望有明确的收益，即能够分红或有定期的利息，会优先考虑保本、固定期限或短期收益的产品，养老投资观念偏向保守。对于金融知识的获取，大部分人们通过金融机构网点发放宣传资料、电视宣传、互联网、与家人朋友等渠道来获取金融知识。而对于商业养老保险较为复杂的说明、专业术语的解

释以及相关解释条款，需要有专业基础的人员才能够理解。针对金融机构所提供的相关材料，23.50%的调研对象表示不会阅读或没读懂。例如对复利和通货膨胀等基本金融概念理解尚不准确。57.02%的受访者认为保险最基本的功能是保障（分摊风险）。养老理财主要看重安全稳健和收益保证，已有养老资产主要集中于银行理财，对于以基金为代表的净值类资产配置较少。更有一部分调查对象表示在金融理财中遇到了不同程度的误导和欺骗。尽管关于金融知识的科普和理财风险的提示已经很普及，但是更多的人仅仅是"需要用"的时候才去了解和关注，或者直接咨询专业人士的意见，对养老金融知识的储备缺乏长期的储备和关注。这对强调自愿参与、产品自主选择、责任自我负担的养老金第三支柱来说挑战巨大，广泛、长期、深入的养老金融教育需要得到社会各界的广泛参与。

（四）对商业养老保险信任度不高

目前试点的第三支柱养老保险主要是个人税收递延型商业养老保险，税延养老保险产品积累期养老资金的收益类型，分为收益确定型、收益保底型、收益浮动型，产品的开发还需进一步的推进。前期各大金融机构推出的养老金融产品，例如养老基金、以房养老、养老年金、遗嘱信托等模式，仍处于探索发展阶段，市场接受度不高，加上借"以房养老"概念进行非法集资或者转移老年人房产的案件的出现，误入"以房养老"等投资理财陷阱造成"钱房两空"的结果，极大地打击了正规市场的运作。

当前市场中的商业养老保险产品，并没有激发消费者的购买热情，养老产品较为同质化，区分度不高，针对群体不强。而投资市场本身发展的不成熟，也使消费者对养老市场发展信心不足。同时"重存款轻保险"的观念也深入人心，普遍认为商业保险缴费期长、时间跨度大、预期收益低，同等对比住房投资、银行存款等投资方式收益小。这类想法明显忽略了商业养老保险的长期保障功能，而保险产品在宣传过程中，也过多地强调收益性，弱化了保险的安全性，不免让人产生怀疑。针对的群体也多面向支付能力强、收入有保障的人群，忽略了弹性就业、灵活就业和新就业形态下的就业群体，而这些群体由于缺少制度化的保障，购买灵活性更强的商业养老保险是增加其养老金积累的有效手段，更应多鼓励其投保。

三　吉林省发展第三支柱养老保险的对策

个人储蓄养老是养老保障体系的重要支柱，商业养老保险是个人养老保障的重要补充。吉林省应当未雨绸缪，为迅速建立第三支柱养老保险奠定基础。

（一）强化养老金融教育，提升居民投资养老意识

养老金的储备是一项长期且重要的财务规划，我国的养老金融业正处于发展起步阶段，养老金融产品的投资需要长期坚持才能享受复利效应，而大部分人对养老金融知识和产品缺乏深入地了解。随着医疗条件的提高和人类寿命的延长，有尊严体面的老年生活将成为新的追求，这一需求的满足依靠政府只能实现基本养老需求，更多养老需求的满足需要自身提高养老能力。因此，全面地提高养老金融素养，提升居民的投资养老意识需要做出正确的指引。养老金融素养的提升应从年轻一代入手，将养老的理念贯穿生命周期的始终，提早做好规划、做好准备。一是行业协会要充分发挥引导作用，尽快制定和推广养老金融科普类的规范。各地应积极组织开展养老金融科普宣传和教育活动，通过正面宣传，引导居民树立正确的理性投资观念，为养老金融教育提供多元化渠道，助推养老金融事业发展，为落实好国家战略做出应有贡献。二是立足于基础教育，根植养老金融观念。增加课题普及养老规划内容，加快在青少年群体中普及金融理财相关知识，培育年轻一代对金融风险和投资理财的风险管理意识。三是综合利用多种信息渠道，普适化、大众化养老金融知识。利用多元化的工具和宣传模式，一方面利用大众表演方式提升投资养老意识；另一方面开展有针对性的培训，加深对养老金融知识的认知。

（二）引导投资者正确的认识和理念

个人养老金投资关乎国家未来长期战略，只有在宣传引导上坚持正确的指向，才能确保事业沿着正确的方向前进。一是应当加大对虚假宣传的打击力度，严惩恶意宣传、夸大和不实宣传、娱乐投资行业行为，净化宣传风气。二是监管机构和行业自律组织也应重视对财经媒体从业者的基础知识教育活动，财经媒体从业者只有具备了扎实的基础知识和正确的投资理念，才能不被资产管理行业的乱象所蒙蔽，才能清楚地了解应当宣传什么以及如何宣传。三是加大对行业从业人员基础投资理念的考查力度，只有从业人员具有正确的投资理念，才能保证行业不会偏离正确的基础轨道。四是加强对弹性就业、灵活就业群体等新就业形态群体的宣传。发展第三支柱个人养老金是一个长期的过程，早起步以实现早积累、多积累。

（三）加快资本市场的发展与完善

坚持完善监管，一个是保护消费者权益，另一个是维护公平竞争的市场环境。完善商业养老保险的监管，始终把立足点放在维护消费者合法权益上，鼓励向消费者提供优质的产品和服务，建立以消费者满意度为核心的商业养老保险机构服务评价体系。要使商业养老保险公司充分发挥养老保险资金长期、稳定的独特优势，针对"未老"和"已老"人群开发出切合不同年龄段、不同诉求点以及不同财务支撑度的差异化产品，不断丰富产品的供给。加强统一监管，建立统一性和包容性的产品认证审核机制，确保不同类型的商业养老保险机构都受到公正的政府监管。不断完善保险法制体系，厘清概念、明确责任，尽早研究出台相关的配套制度和实施细则，研究搭建综合一站式服务平台。在继续提供与提高税收优惠幅度的基础上，扩大养老金的投资范围，并适当降低养老金产品的资本金要求，拉长投资业绩的考核周期，同时给予保险企业的产品设计与开发以更大的发挥空间。

（四）进一步完善作为第三支柱的个人养老金制度

促进第三支柱个人养老金的蓬勃发展，需要在养老金融产品和投资管理方面都做出更多探索。除税收递延等优惠外，可以考虑更多的激励机制，按照自愿的原则，提高广义养老金的储蓄意愿和累积存量。基本养老金和个人账户养老金是强制储蓄，如果缴费比例过高，必然挤占企业和个人的其他可支配收入，不利于经济发展；企业年金、养老险及其他养老产品是自愿储蓄，只要能通过制度设计将这种储蓄界定为养老目的，那么整个社会养老金存量就有大幅提高的可能，这是应对老龄化高峰的必然选择。因此，金融产品应当尽可能地多样化和适老化，以实现金融服务对公众养老需求的满足。

首先，要完善相关法律制度，在配套政策实施及相关制度衔接方面做好准备。在确保养老金资产的安全、保值增值，养老金融市场的长期和平稳运行的基础上，打通第二支柱与第三支柱个人享受税收优惠的比例和额度，充分考虑不同群体的公平性，为即将推行的第二、第三支柱的个人缴费税优额度合并奠定基础，实现信息系统的对接。其次，要做好各个相关部门间的通力协作。由保险监管部门和财税部门主导推动试点工作、其他相关部门予以支持和配合。在总结试点经验的基础上，在法律法规、税收政策、资本市场、投资者教育等逐步成熟后，适时对个人商业养老保险账户进行功能扩展，上升到个人养老储蓄账户，向符合养老金安全性、长期性、收益性管理要求的其他养老金融产品和金融机构放开。允许各类金融产品公平竞争，共同参与养老金第三支柱建设。欧美等发达国家和地区的实践经验也表明、通过多项激励措施，鼓励、支持个人和家庭积极参与个人年金计划，使商业养老保险成为个人和家庭保障计划的主要承担者，是我国多层次养老保障体系的有机组成部分，肩负着重大的社会责任和民生使命，有助于多支柱养老保障体系的平衡发展和功能完善，开发有特色、多元化、适合不同年龄段群体需求的产品，应对越来越严峻的人口老龄危机，切实维护、保障老年人生活权益，提高老年人生活质量。

参考文献

董克用：《我国养老金体系的发展历程、现状与改革路径》，《人民论坛》2018 年第 22 期。

郑秉文：《中国养老金发展报告 2015——"第三支柱"商业养老保险顶层设计》，经济管理出版社，2015。

董克用、施文凯：《从个人账户到个人养老金：城乡居民基本养老保险结构性改革再思考》，《社会保障研究》2019 年第 1 期。

孙洁：《个税递延型养老保险试点》，《中国金融》2019 年第 13 期。

路锦非、杨燕绥：《第三支柱养老金：理论源流、保障力度和发展路径》，《财经问题研究》2019 年第 10 期。

齐传钧：《自愿性个人养老金能填补公共养老金缺口吗？——从理论到实践的反思》，《保险研究》2020 年第 8 期。

B.18
吉林省公共法律服务存在的问题
与对策研究

邢宜哲*

摘 要： 近年来，吉林省公共法律服务体系建设已取得显著成绩，基本建构起五级公共法律服务体系建设格局，形成具有吉林特色的高效便捷、专业规范、优质精准公共法律服务体系新模式。但实践中还存在一些难点和问题，公共法律服务体系建设还存在发展不平衡、不充分的问题，尚未建立健全统一、规范的工作机制，经费保障标准和投入总量与公共法律服务发展需要、人民群众实际需求存有一定差距等。对此，本报告认为应积极拓展公共法律服务领域，完善公共法律服务事项清单，健全公共法律服务政府购买机制，推动优质服务资源向基层辐射，激发和引导更多组织和个人投身公共法律服务事业，保障基层服务常态化，持续创新便民服务模式，探索灵活多样的监督评估方式，强化监督评价体系。

关键词： 公共法律服务　基层服务常态化　民生发展

一　吉林省公共法律服务的现状

为了统筹推进公共法律服务体系建设，吉林省司法行政系统认真贯彻习

---

* 邢宜哲，吉林省社会科学院法学研究所研究员，研究方向为区域及地方法治。

近平总书记和党中央国务院重要指示精神，落实省委、省政府和司法部的相关要求，按照"建立由政府主导、财政支撑、司法行政统筹、社会广泛参与、覆盖城乡居民的公共法律服务体系"[①] 这一核心要求，紧紧围绕普惠均等原则，推进基本公共法律服务均等化，促进基本公共法律服务均衡发展，让全省人民享受普惠、平等、便捷、惠民的公共法律服务；遵循统筹城乡、强化基层的原则，加大对基层的财力、物力投入，推动公共法律服务平台向基层、城乡社区延伸，促使公共法律服务资源下沉，方便基层群众就近获得法律服务；按照循序渐进、逐步完善的原则，尽力而为、量力而行，科学制定推进方案，优先保障人民群众的基本公共法律服务，逐步扩大服务范围，提高服务质量，在全省范围内基本建构起省、市（州）、县（市、区）、乡（街道）、村（居）五级公共法律服务体系建设格局，形成具有吉林特色的高效便捷、专业规范、优质精准公共法律服务体系新模式。

（一）强化组织保障体系

2016 年，吉林省工会创新法律援助工作，成立法律服务律师团，维护劳动者权益，促进建立和谐劳动关系；2018 年，吉林省政协召开"关于推进吉林省公共法律服务体系建设"咨政协商座谈会，交流探讨吉林省公共法律服务体系建设中的重点和难点问题，为公共法律服务体系建设建言献策；2019 年，《吉林省优化营商环境条例》颁行，规定"加强公共法律服务中心建设，为市场主体提供法律咨询、法律援助和法律救济服务，引导和帮助市场主体依法维权"，[②] 成立省级公共法律服务指挥中心，指导、推进公共法律服务体系建设工作；2020 年，出台《吉林省关于加快推进公共法律服务体系建设的实施意见》；2021 年，公共法律服务体系建设被纳入吉林省

---

① 《中共吉林省委关于贯彻落实党的十八届四中全会精神全面推进依法治省的实施意见》，中国共产党新闻网，2014 年 12 月 1 日，http：//cpc. people. com. cn/n/2014/1201/c64387 - 26126269. html。

② 《吉林省优化营商环境条例》第 55 条。

"十四五"规划，编制出台了《吉林省公共法律服务体系建设"十四五"发展规划》。目前，吉林省已经形成群策群力、齐抓共管的组织保障体系，使全省公共法律服务体系建设工作的战略位置更高、推动力量更强、协调落实更有力。

（二）完善服务制度体系

深化制度建设，加强制度落实，高起点、高站位规划公共法律服务体系建设。吉林省相继制定出台《关于加快推进公共法律服务体系建设的实施意见》《关于推进"村（居）法律顾问"工作的指导意见》《关于推进妇女儿童公共法律服务工作的指导意见》等规范性文件；下辖各地普遍因地制宜制定了公共法律服务体系建设实施意见和规划，确保公共法律服务体系建设有条不紊开展。加快公共法律服务标准化建设，颁布印发了《吉林省司法厅关于全面推进公共法律服务领域基层政务公开标准化规范化工作实施方案》，明确对公共法律服务领域的政务公开事项进行梳理、完成公共法律服务领域政务公开事项标准目录的编制工作、及时发布公共法律服务领域政务公开对应事项信息等要求；加强对公共法律服务的监督和评价工作，建立接受群众评价工作机制，运用多种手段，多维度对公共法律服务进行监管，对服务质量及时反馈、沟通、改进、规制；完善奖惩制度，开展星级司法所认定活动，密切关联从业人员的薪酬、职责、业绩和实际贡献，对成效显著的单位和个人给予奖励，对落实工作不到位的严格追责。

（三）丰富服务产品种类

积极探索拓展公共法律服务的维度，在开展服务经济社会发展、维护社会稳定、维护群众权利、民情访查和利民便民等"五项"活动的基础上，部署开展"服务保障再深入、为民实践再提升"专项行动、"走进千家商会服务万户企业"专项活动、"十百千万"为民实践活动、"落实'三抓'部署服务企业发展'123'工程"活动、"守护白山松水法律服务在行动"等多种形式和功能的专项服务；开展"法律服务提质行动"，创新"互联网＋

营商类法律服务"模式、打造"商事专业法律服务链"、深化涉企公共法律服务、发展涉外法律服务工作；搭建妇女、儿童、老年人、残疾人法律服务平台等；分批对企业家开展依法经营和依法治企专题培训超千人次、为企业开展免费"法律体检"过万家；为就业、教育、扶贫、扫黑除恶等民生领域提供各类法律服务近300万件次，有效降低了各领域法律风险，有效排查化解了各种矛盾和纠纷，有效助力了民生保障、社会和谐稳定、经济繁荣发展。

（四）提升服务便捷程度

加强便民利民服务和覆盖城乡的服务网络建设，确保服务更加高效便捷。"吉林法律服务网"正式上线运行，12348热线平台向全省人民提供全天候免费法律咨询服务；截至2021年6月，全省各县（市区）和乡镇（街道）共建立公共法律服务中心（工作站）980个、司法所950个；全省现有律师事务所近500家、公证机构73家、司法鉴定机构74家、仲裁委员会9个、法律援助机构70家、基层法律服务所300余个、人民调解组织1.4万余个、律师调解工作室40余个；全省拥有律师超5000人、公证员377人、司法鉴定人795人、仲裁员626人、法律援助律师146人、基层法律服务工作者1300余人、人民调解员6万余人；村（居）法律顾问2528人、服务村（居）10569个，平均每一位村（居）法律顾问服务4~5个村（居），全省村（居）法律顾问实现全覆盖；开辟法律服务"绿色通道"968个，4366家法律服务机构及其人员基本情况在全省公示，应用网络地图即可导航法律服务机构位置。① 不断推出便民服务措施，服务场所普遍设置便民窗口，设立联络点、工作站、信息员等，开展巡查和上门服务，拓展受理公共法律服务申请通道，简化受理程序；为方便异地服务，积极搭建公共法律服务跨区域协作平台，推动设立网上、邮寄、代理等申请受理方式和途径；多次开展

---

① 《〈吉林省人民政府办公厅关于印发吉林省"十四五"公共法律服务体系建设规划的通知〉政策解读》，吉林省人民政府网，2021年8月11日，http://xxgk.jl.gov.cn/szf/zcjd/202108/t20210811_8177449.html。

针对妇女儿童、老年人、残疾人等专项服务；公共法律服务无人亭亮相、公共法律服务机器人登场。

（五）保民生助发展效果明显

围绕民生实事、助企惠企、化解纠纷、保护生态等省委、省政府的发展战略、中心工作、热点工作开展服务。开展"营商环境建设法治护航五大行动"，发布《吉林省政法机关依法保障促进民营企业健康发展三十条意见》，"落实'三抓'部署服务企业发展'123'工程"活动，"走进千家商会服务万户企业"专项活动，就依法治企、依法经营等专题分批分期开展培训，免费为企业进行"法律体检"等；开展"十百千万"为民实践活动、"法律援助惠民工程"等多种形式的专项服务；联合省妇联设立妇女儿童公共法律服务窗口、出台《关于推进妇女儿童公共法律服务工作的指导意见》、成立"吉林省老年人权益保障法律服务中心"、发布《吉林省司法厅关于"法援惠民生·关爱残疾人"法律援助品牌建设的实施方案》和《关于做好新时期退役军人法律服务工作的意见》；探索创建地方特色法律服务，为"人参特色小镇"建设提供助力服务、利用"天池和"App实现旅游纠纷远程视频调解景区全覆盖、展开"守护白山松水法律服务在行动"；在教育、就业、扶贫、扫黑除恶等民生领域提供各类法律服务。

（六）服务宣传推广常态化

开展宣传推广工作，提高人民群众对公共法律服务知晓度。制定出台《关于加强公共法律服务宣传推广工作的实施方案》，建立起公共法律服务宣传推广常态化机制，持续发挥宣传的作用；省政协将公共法律服务体系建设列入重要议政主题，携手不同行业、部门的委员和专家学者共同出谋划策，引发关注、扩大影响力；举办"吉林省公共法律服务'省市一体化'新型运行管理机制"的专题讲座，加强"省市一体化"公共法律服务新型运行管理机制的宣传和推介；研发特色鲜明、主题突出的宣传产品，让群众乐见其成、乐于接受；构建全方位、多层次、广覆盖的宣传网络，整合、利

用传统媒体和新媒体资源，在宣传内容投放和播出上形成规模和热点效应，扩大覆盖面，增加宣传深度。

二 吉林省公共法律服务存在的问题

吉林省公共法律服务体系建设已取得显著成绩，但实践中仍存在一些现实问题。

（一）均衡发展有待推进

公共法律服务体系建设在吉林省的城乡之间、地区之间、群体之间还存在一定差异，存在发展不平衡、不充分的问题，某些经济欠发达地区和乡镇，公共法律服务资源和供给能力明显不足；与国内其他发达省份相比，吉林省公共法律服务资源总量明显不足，供给总量有限；实体平台建设进度不同、发展不均衡，不同地区、不同层级存在明显差异；资源分布不均，服务机构和人员大多集中在城市，城乡服务资源差距明显，公共法律服务的普惠性和均等化程度有很大提升空间。

（二）工作机制有待完善

吉林省还没有形成规范化、适用性强的标准化体系，缺乏相关的服务内容、服务标准、管理标准，尚未建立健全统一、规范的工作机制；服务质量反馈机制、评价监督机制和失信惩戒机制也不完善，无法对服务进行有效跟踪、监督、检查、评价，不利于提高法律服务质量。

（三）经费保障和激励机制有待完善

受财政状况影响，吉林省的经费保障标准和投入总量与公共法律服务发展需要、人民群众实际需求存在较大差距，列入财政预算的法律服务项目标准低，没有实现动态增长；对公益性法律服务的财政支持和必要资金补贴缺乏，直接影响从事公益性法律服务和农村法律服务的人员积极性；以政府购买为主要方式的经费保障制度还没有健全和完善，政府购买力不足，成为公共法律服务常态化发展的阻碍。

（四）作用发挥有待加强

有的法律服务工作者缺乏参与和提供公共法律服务的积极性和动力，深入基层开展公益服务的意愿和热情不足；有的法律服务工作者自我提高的紧迫感缺乏、创新能力缺少、实践经验欠缺，服务的效率和质量都难以保证，必然在一定程度上影响人民群众对公共法律服务的信赖和评价；法律服务资源不足和分布不均，服务人员短缺及正规化、专业化、职业化水平不高，高校法律服务志愿者资源开发利用不足；"互联网＋公共法律服务"的技术运用较少，信息化、智能化对法律服务工作的支撑作用不到位，线上线下融合发展不够，服务的精准性和有效性缺乏；对公共法律服务重要性的宣传仍然不够，人民群众的公共法律服务的知晓度、首选率不高，对公共法律服务的内容和作用不知道、不了解、不会用，甚至不信任的情形依然客观存在，公共法律服务资源利用率低，人民群众获得感不强，难以有效引导社会资本参与。

三　吉林省公共法律服务的对策建议

（一）创新服务产品品种

完善公共法律服务事项清单，制定立足实际、具有吉林省特色的各级公共法律服务项目清单和具体实施标准，明确服务对象、服务内容、服务种类、服务供给主体、服务供给方式和服务标准；将清单向社会公布，为公共法律服务部门和机构提供基本服务指引，为人民群众提供看得见、易理解、会操作的优质服务产品。

拓展公共法律服务领域，加快公共法律服务产品的研发和推广应用，遵

循适销对路原则，围绕人民群众的生活工作和企业的生产经营需求，组织、引导研发公共法律服务产品，不断丰富公共法律服务产品种类；依靠吉林省已经完成的大数据全生命周期管理系统立法，探索公共法律服务"全生命周期"产品，从个人、家庭、企业、社会入手，开展产品研发。

动态管理公共法律服务项目清单，与人民群众保持良性沟通，获取公众最新法律服务需求信息，同时根据国家有关政策的变动加以调整；清单调整实行实时动态调整与年度集中调整相结合机制，确保清单及时、准确、有效，清单调整的内容、办理指南、运行监管等具体事项在政府和部门网站等网络平台上公开，便于公众查询、使用和监督。

（二）完善政府购买机制

进一步明确公共法律服务项目，消除因界定模糊不清给政府购买带来的混乱现象，结合吉林省经济社会发展情况和人民群众实际需求，明确公共法律服务项目的范围和服务质量标准，规范购买流程、环节、责任等内容，明晰考核评价、监督管理、资金保障等方面的管理制度，确保政府采购行为的规范化。

将基本公共法律服务事项纳入政府购买服务指导性目录，购买目录和相应预算获批后应及时向社会公开，接受公众监督，落实追责机制，确保购买过程科学、有序、规范；拓展资金投入渠道，积极鼓励和引导社会力量以捐助、捐款、公益基金会等方式向公共法律服务领域提供资金支持。

（三）保障基层服务常态化

完善基层人民群众参与制度，让人民群众参与公共法律服务的全过程，在公共法律服务的各个阶段，用不同方式表达意见，尽可能消除给人民群众参与和接受服务带来阻碍和限制的"技术壁垒"，把便利性作为网络平台、服务场所设置的创设和审查的重要标准。

建设法律服务从业人员交流机制和跨区域综合公共法律服务团，推动优质法律服务资源向基层、向乡村、向欠发达地区辐射；鼓励引导具有较高法律素养、丰富法治实践的人员加入实体平台法律服务工作者队伍，为基层群众提供公共法律服务。

保障基层人民群众的选择权，引入竞争机制，将经过遴选的公共法律服务机构和人员名单加以公布，供群众从中自主选择；引导人民群众利用大数据和便捷的评价程序监督公共法律服务的供给质量。

加强基层政府的治理权力，梳理县级司法行政部门与街道办事处、乡镇政府之间在公共法律服务供给中的关系，赋予街道办事处和乡镇政府更大的公共法律服务机构建设、遴选和考核权，鼓励街道办事处和乡镇政府就完善、拓展公共法律服务形式和内容进行制度创新。

规范基层公共法律工作者行为，完善公共法律服务中心规范化管理制度，落实基层法律服务站的目标岗位责任制，严格执行日常标准制度，制定引导人民群众办理法律服务事务的相关规章制度，健全服务账户，确保人人有职责、事事有规范。

充分发挥司法所统筹化解矛盾纠纷、法治宣传、基层法律服务、法律咨询等功能，加强司法所的经费保障，健全司法所的组织机构和管理机制，采取从乡镇（街道）调配、区内选拔、聘用等方式来确保司法所的人员数量，提升队伍素质。

特别关注特殊群体公共法律服务权益，优先为老年人、农民工、低收入群体、残疾人、青少年、单亲困难母亲等群体提供公共法律服务，重视为军人军属、退役军人以及其他优待对象提供服务，[1] 鼓励和引导法律服务工作者为特殊群体提供公益性服务。

（四）引导社会主体参与

通过政策支持，激发和引导更多组织和个人投身公共法律服务事业，促

---

[1] 《中共中央办公厅　国务院办公厅印发〈关于加快推进公共法律服务体系建设的意见〉》，中国政府网，2019 年 7 月 10 日，http：//www.gov.cn/zhengce/2019 – 07/10/content_5408010. htm。

使企业、行业协会、自治组织、各类团体、社会公益组织、高校和科研机构、公民个体等在公共法律服务体系中的主体作用得以充分发挥；重视对公共法律服务领域社会组织的孵化，探索培育更多职业化、专业化的社会组织；通过政府购买、志愿服务等方式，支持各类社会组织在法治宣传、维护权益、化解矛盾等公共法律服务领域发挥更好的作用；帮助社会组织对接有服务需求的政府部门、企业事业单位和其他组织；加强对社会组织的监管，提高社会组织服务质量、降低服务成本；健全社会组织党建工作，助力提升社会组织在公共法律服务领域的自治水平和参与能力。

通过有针对性减免税款或税收返还等激励、补偿措施，对参与公共法律服务的主体给予一定的补贴和嘉奖，以此来激发更多主体参与公共法律服务的积极性；推进公共法律服务志愿者队伍建设，培育公益性公共法律服务志愿者队伍，在公共法律服务中心的引导组织下，形成市、县、乡、村四级法律服务志愿者队伍，给予一定的财政补贴和政策支持，统一标识、统一管理、规范运营；进一步强化政校合作，充分发挥吉林省高校法律学科资源优势，鼓励结合本校法学资源建立公共法律服务机构，给参加的师生一定的政策优惠和实践成果认定。

（五）创新便民服务模式

持续推进公共法律服务集成化办理，统一公共法律服务事项认证清单，一次性明确告知服务所需材料以及获取材料的方法，减少办理环节和证明资料，成立专门整治工作组，对各类证明清单进行汇总，提出初步清理意见；对证明清单严加监管，建立健全投诉举报受理机制，将证明清单执行情况纳入督查范围，让便民工作取得实实在在的成效；落实好"容缺受理"机制，明确申请公共法律服务的基本条件、主要申请报材料及法定条件，厘清次要条件或手续的界限，实现多个相关事项"一件事一次办"，可以在线验证的信息不再提供证明资料，让数据多跑路，让人民群众"最多跑一次"。

推进各大平台深度融合，完善省市公共法律服务联合运营管理中心建设，通过加强网络技术支撑不断加强数据分析应用、优化统一指挥调度，完善任务工单管理机制，落实"综合受理、实时感知、精准分配、分类处理"运管流程，实现服务资源的全时空优化配置。

进一步推进服务窗口便利化，对公共法律服务中心、公证处、司法所、便民服务大厅等实施规范化管理，制定服务公约和投诉处理制度并予以明示，建立问题反馈台账，广泛接受社会监督。

开展帮办代办便民服务，在基层公共法律服务窗口设立帮办代办服务岗位，配置必要人员，明确职责；开展辅助帮办代办进企业、进部门活动；除法律法规明确规定须由企业和个人支付费用外，帮办代办服务一律免费。

提高服务模式"智能化"水平，落实实体平台智能终端的配备，与服务机构、"吉林法律服务网"、"12348"热线平台联通，推进信息共享和交互支持；探索实施远程视频公证、视频调解、司法鉴定人远程出庭作证、律师远程视频服务、"互联网仲裁"等智能化服务；开展"面对面"法律视频咨询服务，在线为群众提供法律咨询服务。

（六）完善监督评价体系

加强严格规范的检查管理，加强对各种法律服务机构、人员和服务秩序的统筹管理，完善职业能力考核制度，结合"互联网＋监督"、信用监督、"双随机一公开"检查、跨部门协同监管等手段全程规范化监督管控，并有针对性地对公共法律服务领域的问题开展专项整治活动。

推动加强行业自律管理，引导各类法律服务行业协会完善监督管理标准体系，制定更高层次的自律标准；指导行业协会严格执行日常监督管理制度，健全行业惩戒工作规定，惩戒违纪行为。

完善投诉受理和处理制度，进一步规范投诉事项范围、受理、处理、反馈等程序。探索行政处罚与行业惩戒的衔接机制，建立健全司法行政机关与行业协会之间的重要决策会商、情况及时沟通、信息资源共享等工作机制。

科学制定全面的量化评价指标和奖惩标准，根据量化指标加强公共法律服务质量的考核验收，将评价结果与等级评定、绩效报酬分配等相关联。

摸索灵活多样的监督评价方式，根据相关要求，编制公共法律服务公开

事项标准目录和事项信息，依托统一的政务公开事项查询系统，实现公开事项信息集成发布、在线查询，接受社会公众监督。

建立各级公共法律服务网络监督团队，对驻场法律服务进行监督评价，完善奖惩制度并落到实处；引入第三方质量评估机制，重视专业素质高、覆盖范围广的评估人才储备，由第三方代表或权威第三方机构评估公共法律服务的供给情况，依据评估结果进行考核、评价、奖惩。

完善人民群众满意度动态测评机制，推广"随单评价""一事一人一评"等经验，对窗口满意度调查进行回访，将评价结果与工作人员的个人考核及所在单位的年度考核相结合。

加强社会信用系统对基本公共法律服务的支持作用，将法律服务机构、工作人员、服务对象的信用状况记入信用记录，对严重失信的法律服务机构和人员进行失信惩戒，甚至依法强制退出。

进一步完善法律援助案件同行评议制度，制定科学的评议指标，定期合理抽样，开展交叉评议和专家评议。

（七）注重宣传引导和理论研究

充分利用微博、微信等新媒体，结合报纸、杂志、广播、电视等传统媒体，通过举办主题活动、创建活动等形式，积极宣传公共法律服务的意义，宣传公共法律服务在维护群众合法权益中的作用，宣传公共法律服务可以提供的服务项目、获取服务的渠道和程序，提高人民群众对公共法律服务的熟悉度、知晓度和信任感，营造全社会支持和参与公共法律服务体系建设的良好氛围。

建立健全公共法律服务业务宣传报道的常态化机制，在政府网站、新闻网站和商业网站开设公共法律服务和法治宣传专题专栏，保证投放法治宣传类公益广告的比重，及时更新宣传内容、及时总结基层的成功做法和创新办法；要求设置在主要公共场所的广告媒介投放一定比例的公益广告；微博、微信、手机客户端有责任收集公共法律服务信息，从视觉、听觉、触觉、动态等多方面为受众提供全方位体验，提高人民群众寻求法律服务的认知度和首选率。

充分发挥吉林省高等学校、科研院所的智库作用，为健全公共法律服务体系提供理论支持，为提高公共法律服务能力培养人才，为公共法律服务提供决策咨询和合作交流。

参考文献

高国梁：《公共法律服务体系的欠缺与优化》，《人民论坛》2019 年第 15 期。

关维斌、金源鹏：《新时代甘肃公共法律服务体系建设问题与对策》，《中国司法》2018 年第 3 期。

梁向东：《在公共法律服务的供给侧发力——长春市公共法律服务体系建设的实践与思考》，《中国司法》2018 年第 3 期。

李彦：《山东省公共法律服务体系建设现状研究》，《智库时代》2018 年第 44 期。

王国强：《江西省公共法律服务体系建设调研报告》，《中国司法》2019 年第11 期。

B.19
吉林省农民持续增收对策研究

倪锦丽*

摘　要： 农民增收贯穿农业、农村发展的各个阶段，是一项长期的任务。"十四五"时期是脱贫攻坚向乡村振兴的过渡期。这一时期，提升乡村持续发展能力、确保农民收入稳定增长是重中之重。本报告总结了现阶段吉林省农民人均可支配收入的结构特征和增收面临的困境，重点分析了农民持续增收的制约因素，并提出对策建议。

关键词： 农民持续增收　农民人均可支配收入　吉林省

"十四五"时期是脱贫攻坚向乡村振兴的过渡期。这一时期，提升乡村持续发展能力、确保农民收入稳定增长是重中之重。吉林省是农业大省，为国家粮食安全做出了重大贡献。而农业是弱质产业，比较效益低，在一定程度上限制了农民增收的空间。虽然在中央一系列政策措施的支持下，吉林省农民人均可支配收入逐年递增，但仍然存在农民人均收入水平较低、农民收入增长缓慢等问题。

一　吉林省农民人均可支配收入的结构特征

农民人均可支配收入由经营收入、工资收入、财产收入和转移收入四部分构成。吉林省农民人均可支配收入在总量和结构上呈现如下特征。

---

* 倪锦丽，吉林省社会科学院农村发展研究所研究员，研究方向为农业与农村经济。

（一）农民人均可支配收入的总量不断增加

2010 年吉林省农民人均可支配收入为 6237.44 元，2014 年突破万元达到 10780.12 元。到 2020 年已增至 16067.00 元，是 2010 年的 2.58 倍，比 2014 年增长了 49.04%（见图 1）。

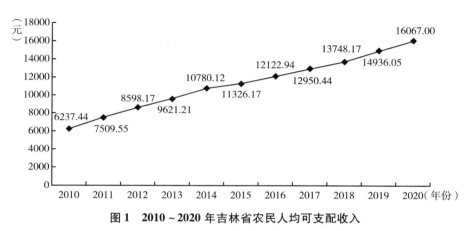

图 1　2010~2020 年吉林省农民人均可支配收入

资料来源：历年《吉林统计年鉴》。

（二）经营收入和工资收入是吉林省农民人均可支配收入的两大支柱

目前，吉林省经营收入和工资收入仍是吉林省农民人均可支配收入的两大支柱。2010 年，农民人均经营收入占农民人均可支配收入比例为 65.51%，2015 年增至 69.56%，2020 年为 56.9%，占一半以上。2010 年，农民人均工资收入占农民人均可支配收入的比重是 17.19%，2015 年为 18.52%，2020 年增至 25.0%，占到 1/4。可见，工资收入俨然已成为农民增收的另一主要渠道，并且 2020 年，农民人均经营收入和工资收入合计占农民人均可支配收入的比例高达 81.9%。

（三）第一产业收入是经营收入的重要构成

作为农民收入主要来源的经营收入，由第一产业收入、第二产业收入和

第三产业收入构成。根据历年《吉林统计年鉴》，从对农民经营收入的结构分析来看，第一产业经营收入的占比一直较高。2010年占比高达94.58%，2015年为93.39%，2019年为92.10%。相比之下，第二产业和第三产业经营收入占经营收入的比例非常低，二者合起来所占的比例历年来都不足10%。这些都表明第一产业收入是吉林省农民家庭经营收入的主要来源。

（四）种植业收入是第一产业收入的重要构成

第一产业收入由种植业、林业、牧业和渔业收入构成。吉林省作为农业大省，种植业占第一产业收入的比重较大。历年《吉林统计年鉴》的数据显示，2010年农民人均种植业收入占第一产业收入的比重为84.73%，2015年增加到89.20%，2019年达到87.25%。这些占比充分说明了种植业收入是第一产业收入的主要来源。而第一产业收入是经营收入的主要来源，经营收入又是农民人均可支配收入的一大支柱。由此可说明，种植业收入是吉林省农民人均可支配收入的重要来源，从占比情况分析也可以得出同样的结论。2010年吉林省农民人均种植业收入占农民人均可支配收入的比重为52.49%，2015年为57.94%。2019年为44.46%。之所以会出现这样的现象，与吉林省是农业大省，并肩负着国家粮食安全的重任息息相关。

二 吉林省农民持续增收面临的困境

吉林省农民增收以2015年为节点，开始从持续高速增长阶段进入缓慢增长阶段，且开始低于全国平均水平，农民增收面临困境。

（一）农民人均可支配收入增速放缓

2010~2014年，吉林省农民人均可支配收入保持在10%以上的高速增长阶段。特别是2010年和2011年分别比上一年增长了20.39%和18.50%，即使2014年也比上年增长了12.05%，始终保持着高速增长。但从2015年开始，农民人均可支配收入的增速开始放缓。2015~2020年的这6年，农

民人均可支配收入分别比上一年增长了 5.07% 、7.03% 、6.83% 、6.16% 、
8.64% 、7.57% （见表1）。可以看出，从2015年开始吉林省农民人均可支
配收入进入了缓慢增长阶段。

表1　2010～2020年吉林省农民人均可支配收入结构

单位：元，%

		2010 年	2011 年	2012 年	2013 年	2014 年	2015 年
农民人均可支配收入		6337.44	7509.55	8598.17	9621.21	10780.12	11326.17
经营收入	人均	4085.92	4950.40	5617.63	6855.13	7445.63	7878.07
	占比	65.51	65.92	65.34	71.25	69.07	69.56
工资收入	人均	1072.14	1469.19	1792.02	1813.23	1937.65	2097.36
	占比	17.19	19.56	20.84	18.85	17.97	18.52
财产收入	人均	377.45	395.73	392.96	187.86	181.84	198.63
	占比	6.05	5.27	4.57	1.95	1.69	1.75
转移收入	人均	701.93	694.63	795.56	764.98	1215.01	1152.10
	占比	11.25	9.25	9.25	7.95	11.27	10.17
		2016 年	2017 年	2018 年	2019 年	2020 年	
农民人均可支配收入		12122.94	12950.44	13748.17	14936.05	16067	
经营收入	人均	7558.94	7399.82	7756.24	8264.27	9141	
	占比	62.35	57.14	56.42	55.33	56.9	
工资收入	人均	2363.14	3018.33	3521.49	3933.16	4019	
	占比	19.49	23.31	25.61	26.33	25.0	
财产收入	人均	231.76	289.07	256.55	307.18	364	
	占比	1.91	2.23	1.87	2.06	2.3	
转移收入	人均	1969.10	2243.21	2213.89	2431.44	2543	
	占比	16.24	17.32	16.10	16.28	15.8	

资料来源：历年《吉林统计年鉴》。

（二）农民人均可支配收入已明显低于全国平均水平

虽然吉林省农民人均可支配收入总量是逐年递增的，但通过与全国平均

水平相比较，已明显低于全国的平均水平。统计显示，2010～2014年吉林省农民人均可支配收入均高于全国平均水平。2010年高于全国平均水平318.44元，2014年高于全国平均水平291.12元。但2015～2020年，吉林省农民人均可支配收入逐渐低于全国平均水平。2015年低于全国平均水平59.83元，2017年差距又加大到481.56元，到了2020年已低于全国平均水平1064元，差距已增至千元（见图2）。

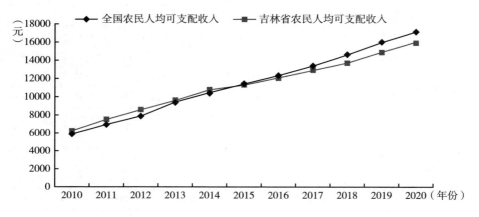

图2 2010～2020年吉林省与全国农民人均可支配收入

资料来源：历年《吉林统计年鉴》《中国统计年鉴》。

（三）经营收入和工资收入对农民增收的贡献率不稳定

经营收入是农民人均可支配收入的重要组成部分，对保障和稳定农民收入起到至关重要的作用。虽然2010～2020年吉林省农民经营收入的总量在不断增加，但从贡献率上进行分析，有较大波动。2010～2012年，经营收入对增收的贡献率均高60%，较为平稳。但2013～2020年出现了较大波动，2013年贡献率为120.96%，2014年却下降到50.95%，2015年又反弹至79.19%。而2016年和2017年的贡献率均为负数，分别为-40.05%和-19.23%，2018年和2019年又恢复到44.68%和42.77%，2020年再次达到70%以上为77.52%（由表1数据计算所得）。这一连串的数字说明了经营收入对增收的贡献率不稳定，上下波动的幅度较大。

工资收入，也就是务工收入是吉林省农民另一主要收入来源。2010 年以来，农民的工资性收入逐年增加，2020 年达到4019 元，比2015 年的2097.36元增长近一倍。同时，通过分析也发现，工资收入占农民人均可支配收入的比重虽然上升，但对增收的贡献率不稳定。2010～2016 年，工资收入对增收的贡献率低于 30% 且有波动，2013 年为 20.7%，2014 年回落到 10.74%，2015 年又上升到 29.25%。在 2016～2019 年的 4 年里，工资收入对增收的贡献率都超过了 30%，但波动仍较大。2017 年和 2018 年分别达到了 79.18% 和63.07%，而 2019 年又回落到 34.66%。2020 年由于受到新冠肺炎疫情影响，工资收入对增收的贡献率又降到 7.59%（由表 1 数据计算所得）。

（四）财产收入对增收的拉动作用小

在吉林省的农民收入结构中财产收入较少，所占份额和贡献率偏低，对农民增收的拉动作用小。2010 年农村居民的人均财产收入为 377.45 元，占农村居民人均可支配收入的 6.05%。2010～2012 年财产收入总量在上升，达到 392.96 元，但占比在下降，为 4.57%。2013～2015 年农民的财产收入均不足 200 元，占比也不足 2%。2016～2020 年，财产收入开始波动增加，但到 2020 年也只达到 364 元，所占份额也仅为 2.3%。从贡献率看，2015年财产收入对农民增收的贡献率为仅为 3.01%，2020 年为 5.02%（由表 1计算所得）。

三　吉林省农民持续增收的制约因素

农民增收涉及方方面面，制约农民持续增收的因素也是错综复杂。从农民收入结构的角度分析，存在如下制约因素。

（一）经营收入增长的制约因素分析

农村产业结构不合理。吉林省农民人均经营收入来自农村三次产业的收

入。历年《吉林统计年鉴》数据显示，来自第一产业的收入占比较高，2019年为92.10%。这说明吉林省农村二、三产业发展相对滞后，农民很难从农村二、三产业中获得收入。农村二、三产业相对不发达所带来的结果是，不能为农村劳动力提供充分的就业机会和场所，农民只能通过从事第一产业获得收入。目前，吉林省农村加工制造等第二产业的发展，由于受农民科技文化素质以及相关产业技术的限制，发展缓慢，层次较低。虽然近年来农村第三产业相比于第二产业发展速度较快，但总量不足，并且主要集中在批发和零售业、交通运输和仓储业、建筑业和商业等传统行业，而一些较高层次的信息技术服务业、金融服务业、农资配送服务业和农业生产托管等行业几乎为空白。

农业内部结构不合理。农民来自农村第一产业的收入，主要包括种植业、林业、牧业和渔业的收入。历年《吉林统计年鉴》数据显示，与林业、牧业和渔业相比，吉林省农民从种植业中获得的收入占第一产业收入的比重在历年来均高于80%，远远高于来自林业、牧业、渔业收入所占的比重。由此可见，吉林省农民的农业收入主要来自种植业的收入，而种植业的比较效益是最低的，增收空间有限。就目前情况来看，吉林省农业内部各产业之间还没有形成和达到一个即符合本地区实际又适应市场需求的最佳平衡点。结构不合理，必然使农民增收的渠道减少，收入增长趋势变缓。

农产品缺乏竞争力。吉林省农产品资源丰富，除了玉米、水稻等粮食作物外，杂粮杂豆、黑木耳、辣椒、燕麦、人参、鹿茸等特色农产品产量丰富。然而，吉林省绝大多数的农产品普遍存在初级产品多、精深加工产品少，低档产品多、优质产品少的现象。其原因主要有两个方面：一是初级农产品由于缺精深加工，产品的附加值低，只能按原材料进行销售，经济效益不高；二是名、特、优农产品的供给严重不足，大多数农产品的品质差，无法满足城镇居民对农产品多样化、优质化和专用化的消费需求，很难找到市场，致使大多数产品销售困难、价格低迷。吉林省农产品的结构性矛盾导致农产品缺少竞争力，无法实现农业提质增效、农民增收。

农业生产资料价格上涨。近年来，受市场供求关系的影响，一些农业生产资料如化肥、种子、农药等的价格不断上涨，造成农业生产成本增加，影响农民增收。2015～2019年吉林省农业生产资料价格总指数从100.2逐年增至到108.3。2021年3月，国产尿素平均出厂价达到每吨2058元，同比上涨19.9%；国内复合肥平均出厂价每吨2279元，同比上涨9.6%。农业生产成本的不断增加，直接关系到农民从事生产经营的积极性，降低了农民的生产收益，压缩了农民增收的空间。

（二）工资收入增长的制约因素分析

劳动力素质不高。农村劳动力的科技文化素质和劳动技能对提高工资性收入至关重要。吉林省农村劳动力普遍受教育程度较低。根据第三次全国农业普查数据，2016年，吉林省从事农业生产经营的人数达到619.09万人，其中未上过学的有120753人，占总人数的1.95%；具有小学文化程度的占39.38%；具有初中文化程度的占52.66%；具有高中或中专文化程度的占4.95%；具有大专及以上文化程度的只有66137人，占1.07%。由此可见，93.99%农业生产经营人员的文化程度都在初中及以下，较低的受教育水平使整个农村劳动力文化素质较差。同时，吉林省的农村劳动力不仅文化程度低，而且无一技之长。在劳动力转移就业的过程中，已无法适应目前劳动力市场对技能型、专业型劳动力的需求。农村劳动力文化水平低、缺少专业技能严重影响了农村劳动力的转移就业，阻碍了农民增收。

农村劳动力转移就业服务体系不健全。目前，吉林省由中介机构或是政府组织的农村劳动力外出务工的比例很低，绝大多数都是靠亲戚、朋友介绍。而这种毫无组织的自我劳动力转移通常会伴有较高的风险，如农民的合法权益无法得到及时有效的维护和保障。究其原因：一是农村劳务中介机构各项功能不完善，服务水平也较低；二是各级地方政府的农村劳动力转移就业服务管理体系、制度尚不完善，监督管理也不到位，还无法为外出务工的农民提供及时的用工信息、相关的就业咨询服务和指导以及相关技能培训

等。这在一定程度上缩小了农村劳动地外出务工的规模，抑制了农民工资收入的增长。

（三）转移收入和财产收入增长的制约因素分析

国家政策性补贴有限。现金政策性惠农补贴属于转移性收入的一部分。历年《吉林统计年鉴》数据显示，2010～2015 年吉林省现金惠农政策性补贴在 500 元和 600 元之间波动，占转移性收入的比例也在 72.75% 和 64.25% 之间波动，占比还是很高的，说明现金政策性惠农补贴是农民转移性收入的重要组成部分。但从 2016 年开始，这一比例开始逐渐下降，到 2019 年占比仅为 47.82%。从对农民的增收贡献率来看，2010 年现金政策性惠农补贴对农民增收的贡献率为 2.80%，到 2015 年为 −8.38%，2019 年为 −3.83%，贡献率为负数。可见 2010～2019 年，政策性补贴对农民增收的贡献力度不大。与转移性收入中的其他部分如养老金或是社会救济和补助等相比，现金政策性惠农补贴更具普惠性，更有利于提高农民从事生产经营的积极性，增加农民收入。而目前的政策性补贴力度不利于增加农民收入。

农村集体资产确权制度不健全。农民财产收入主要包括土地、存款以及集体资产等所带来的收益。其中，存款的利息主要取决于存款的总量和利率。历年《吉林统计年鉴》数据显示，农民的存款数量普遍不高，获得的利息有限，2017 年吉林省农民人均利息收入为 31.17 元，2018 年下降至 12 元，2019 年仅为 9.08 元，可见存款的利息收入微乎其微。由土地所带来的财产收入还仅限于转让土地承包经营权取得的收益，2017 年吉林省农民人均转让土地承包经营权的租金收入为 210.37 元，2018 年为 195.30 元，2019 年 283.06 元，可见所获得的租金收入也是很有限的。而目前由于属于农村集体资产的土地、森林、草原等资产和其他的无形资产的产权主体不明晰，以及土地产权制度改革的相关配套措施不完善等，使广大农民无法通过权属制度获得相应的权益，以及由此带来的收益阻碍了农民财产收入的增长。

四 吉林省农民持续增收的对策建议

吉林省农民持续增收应以维系好原有的增收渠道，并不断拓宽新的增收渠道为基本思路，来消除农民增收的制约因素。

（一）加快结构调整

加快农村产业结构调整。农村二、三产业是农村劳动力转移就业增加收入的重要场所。要大力发展农村二、三产业，同时促进农村三次产业的深度融合，形成新产业、新业态，拓宽农民增收渠道。一是要加快农产品加工业的转型升级。吉林省具有发展农产品加工业的资源数量优势、资源质量优势和资源开发广度和深度优势，可通过延长产业链进一步提升价值链，以及做强产业集群等来实现农产品加工业的转型升级，让农民实现增加收入。二是要大力发展农村第三产业，在扩大传统商业、仓储、交通运输的规模和拓展服务内涵的基础上，还应大力发展信息服务、产品营销和品牌策划等农业新兴服务业。三是要促进农村三次产业融合发展。各地区应充分发挥资源优势，因地制宜挖掘乡村历史、文化价值，发展形式多样、特色鲜明的观光农业、休闲农业和创意农业等新兴产业。

加快农业内部结构调整。在确保粮食安全的基础上，大力发展精品畜牧业和特色农产品产业。一是要加快发展精品畜牧业。吉林省应依托本省粮食资源和自然资源的优势，大力发展精品畜牧业，突出抓好肉牛、生猪、奶牛、肉羊、梅花鹿和肉鸡等六大优势产业，通过全产业链建设和构建现代畜牧产业集群，不断提高核心竞争力，打造精品畜牧业，带动农民增收。二是要大力发展特色农产品产业。要准确把握各地区生态条件、独特资源和文化底蕴等特点，在立足文化传承和资源禀赋的基础上，重点发展人参、鹿茸等道地中药材，绿豆、红小豆、燕麦、向日葵等特色粮油，黑木耳、辣椒等特色蔬菜这些有突出比较优势的特色农产品产业。将特色农产品资源优势转化为产品优势、产业优势和竞争优势，把各地区特色农产品发展成带动农民增

收的大产业。

加快农产品结构调整。以科技、生态等为农产品赋能，提高吉林省生态、高科技农产品的比例。一是以高新技术和信息化提高吉林省的农产品深加工能力。重点研究解决粮、油、牛等大宗优势农产品，以及人参、鹿茸等特色农产品的精深加工技术，提高产品附加值，增加农民收入。二是立足吉林省绿色、生态的环境资源优势，写好绿色、有机、生态农产品这篇大文章。加快形成资源利用高效、产地环境良好、生态系统稳定和产品质量安全的生产加工体系。三是加强农产品品牌的培育和塑造。各地区要共同推进区域公共品牌的整合和创建。重点推出和打造一批"吉林健康米"和"吉林放心肉"等省域公共品牌，以及具有显著地域特色的"长白山人参"、"双阳梅花鹿"和"延边黄牛"等地方公共品牌。同时，要做好品牌的宣传推介和市场开发，充分利用各种展会和电商平台等新媒体进行宣传和推广。

（二）降低农业生产成本

农民增收既要开源，也要节流。一是要稳定农资价格。省市各级供销社要充分发挥和确保农业生产资料储备、保供、稳价功能和主渠道作用，严把农药、化肥、种子等基本农业生产资料进货的质量，绝不销售假冒伪劣农资产品。市场监督管理部门应加大对农资市场的监管力度，对农资商品的生产、流通、供应等环节全力做好监督管理工作，确保农资商品供应量足、价稳和质优。二是要强化科技支撑，集成推广农业节本增效新技术。吉林省应积极开发和运用既经济适用，又节能环保的农业新技术。大力推广保护性耕作、节水灌溉、测土配方施肥等节水、节药、节肥、节能和节地的农业绿色节本增效新技术，通过降低生产成本，增加产出效益，促进农民增收。

（三）提高农村劳动力的科技文化水平和劳动技能

农民的科技文化水平和劳动技能的高低是决定农民收入水平高低的本质因素。吉林省应把发展农村教育，培养有文化、懂技术、会经营的农村劳动力，作为促进农民增收的不竭动力。一是加大对农村教育的投入力度。吉林省农村地区学校的基础设施不完备，办学条件较差，师资力量有限、师资队伍质量不高。为此要加大财政投入的力度，逐步改善农村教育环境，提高农村教师的相关待遇，促进农村教育更好的发展。二是建立和完善农村职业教育培训体系。建立以农业广播电视学校或农民科技教育培训中心为主体，农业科研院所、农技推广服务机构、农民合作社和农业企业广泛参与的农民职业教育培训体系。三是加强技能培训。让广大农民都能够较好地掌握现代农业生产技术、经营管理知识，或是外出务工的相关劳动技能，而且还要对农民进行必要的市场意识和法律常识等相关知识的培训。

（四）完善农村劳动力转移就业服务

完善农村劳动力转移就业服务，有利于提高农民外出务工的组织化程度，降低成本、风险以及不确定性。一是搭建劳动力转移就业信息平台。要逐步建立起简单、实用、安全、可靠的省、市、县、乡镇、村五级农村劳动力转移就业服务信息网络体系，扩大网络信息的覆盖面。借助信息平台，建立农村劳动力资源信息库和网上劳动力市场，为外出务工的农民和企业提供对接的劳务信息，同时提供相关就业指导、就业咨询和政策法规咨询。二是做好外出务工人员的跟踪服务。当务工农民的一些合法权益受到侵害时，应提供相关法律咨询和服务。三是各级政府部门应积极开展跨地区的劳务合作，为本省农民外出务工开拓更广阔的劳务市场。通过不断提高农村劳动力转移就业的信息化水平和组织化程度，保障农民外出务工的及时性、有序性、稳定性和长期性，从而增加农民收入。

（五）加大财政支农力度

目前国家的玉米生产者补贴、稻谷补贴、产粮大县奖励、实际种粮农民一次性补贴政策都对吉林省农民增收起到积极作用。但农业的比较效益较低，还应进一步加大现金惠农补贴等财政支农力度，促进农民增收。一是向国家争取更多的惠农政策补贴。吉林省应根据本省是农业大省，要承担粮食安全重任的实际情况，积极向国家争取相关惠农政策，加大补贴力度，保护农民从事农业

生产的积极性，保障其取得合理的收益。二是增加省级公共财政支农的投入。始终要把"三农"投入作为省级财政支出的优先保障领域，不断提高支农资金投入的规模和比例。未来几年省级财政支农的投入应高于乡村振兴考核的相关指标。三是创新支农投入的方式。应根据各地区的经验和做法，进一步完善以奖代补、先建后补和财政贴息等政策和机制，并在实践中不断发挥和探索财政资金对社会资本的引导和撬动作用，拓宽支农资金的来源渠道。

（六）深入推进农村集体产权制度改革

农村集体产权制度改革是保护广大农民合法权益，有效增加农民财产收入的重大制度改革。要不断探索增加农民财产收入的路径，通过让资源变资产、资金变股金和农民变股东的方式，把集体经营性资产股权化，量化到户、到人，让农民享受到农村集体经济发展带来的收益。一是积极探索农民对村集体资产股份占有、收益、担保和抵押等具体办法，同时要健全集体经济收益分配制度，明确公益金和公积金的提取比例，把村集体资产股份收益的分配权真正落到实处。二是要鼓励和引导各地区农村集体经济组织根据自身实际情况，以可持续、低风险的方式，开展农村集体经营性资产、农业类知识产权、农村集体林权、渔业水域滩涂使用权和四荒地使用权，以出租、托管、合资合作、联营和股份合作等行形式进行运营，盘活农村集体资产，激发经济活力，增加农民收入。

参考文献

何秀荣：《小康社会农民收入问题与增收途径》，《河北学刊》2021年第5期。
姚冉、班容：《促进农民持续增收的现实挑战与优化路径》，《农村经济与科技》2021年第9期。
《2021年3月农资市场供需形势及价格走势预测：国内化肥价格保持上涨势头》，中商情报网，2021年3月24日，https：//www.askci.com/news/chanye/20210324/0855141395674.shtml。

B.20
吉林省促进居民消费的对策建议

刘欣博*

摘　要： 作为实现消费的主体，居民消费对消费发展水平和总体规模起到
了决定性作用。吉林省居民消费呈现逐步增长的趋势，消费市场
保持基本稳定，但仍存在居民消费意愿下降、收入水平较低、城
乡消费不均衡、消费环境亟待改善等制约因素。本报告认为吉林
省需采取积极有效的措施促进居民消费。

关键词： 居民消费　消费水平　消费环境

消费是拉动经济增长的"三驾马车"之一，对经济发展起到不可估量
的作用。促进居民消费是推动吉林省经济又快又好发展的重要途径之一，提
高居民消费水平、优化居民消费结构、扩大居民消费需求逐步成为全省经济
发展的重中之重。

一　吉林省居民消费的现状

（一）消费规模逐步扩大

在新冠肺炎疫情防控常态化时期，吉林省消费趋势日趋向好，消费市场
活力稳步提升。2021年前三季度，吉林省社会消费品零售总额为2937.72

---

* 刘欣博，吉林省社会科学院软科学开发研究所助理研究员，研究方向为消费经济、产业经济。

亿元,同比增长 12.5%;按消费类型分,商品零售 2508.15 亿元,同比增长 11.0%;餐饮收入 429.56 亿元,同比增长 22.2%;限额以上单位 18 个商品类别零售额均实现正增长。同时,社会消费品零售总额增速实现了 2020~2021 年由负转正的飞跃式增长,2020 年前三季度吉林省社会消费品零售总额增速为 - 15.1%,2021 年前三季度吉林省社会消费品零售总额增速为 12.5%。2021 年上半年黑龙江省社会消费品零售总额为 2472.7 亿元,同比 24.8%;辽宁省社会消费品零售总额为 4582.40 亿元,同比增长 17.1%,从数据对比中可以看到,东北三省的增长均高于国家的平均增长水平,吉林省的增长略高于辽宁省 1.7 个百分点(见表 1)。

表 1　2021 年上半年全国及东北三省社会消费品零售总额增长情况

单位:亿元,%

	社会消费品零售总额	增长
全　国	211904.30	12.1
黑龙江	2472.70	24.8
吉　林	1931.43	18.8
辽　宁	4582.40	17.1

资料来源:国家统计局、吉林省统计局、辽宁省统计局、黑龙江省统计局网站。

(二)旅游消费稳步回暖

吉林省文化和旅游厅公布的数据显示,2021 年吉林省春节假日共接待游客 820.36 万人次,同比增长 69.70%;旅游收入总计 74.59 亿元,同比增长 49.28%。受到春节期间吉林省实施倡议居民就地过年的疫情防控政策、居民自身谨慎出行等因素的影响,居民出行的方式多为本地游、自驾游和返乡游,游客的消费方式发生了较大的改变,购物和出行替代住宿、娱乐和餐饮,成为居民主要的消费方式,分别占 45.06% 和 26.62%。冰雪旅游是吉林省独有的特色资源,在疫情防控常态化时期,吉林省冰雪旅游市场逐步复苏,长春冰雪新天地接待游客 8.3 万人次,查干湖景区接待游客 2.1 万人次;全省 22 家重要滑雪场接待游客 16.42 万人次,旅游收入总计 2311.4 万元，分别恢复到 2019 年的 72.98% 和 50.64%。"五一"假日期间，吉林省积极举办一系列促进居民消费的活动和开展市场拓宽工作，旅游业迎来了新的高峰。吉林省累计接待游客 794.77 万人次，同比增长了 79.31%，较历史最好的 2019 年数据相比，同期增长 16.34%，累计旅游收入为 84.58 亿元，同比增长 106.34%，较历史最好的 2019 年数据相比，同期增长 12.18%，其中，跨省旅游占市场份额达到 50% 以上，同比增长 7.75%，游客来自北京市（8.66%）、辽宁省（7.83%）、上海市（2.5%）以及广东省（2.25%）等。与春节假日不同的是，"五一"小长假居民旅游消费主要集中在出行（30.65%）、住宿（25.06%）和餐饮（23.34%）等 3 个方面，旅客人均消费 1010.84 元，同比增长 8.96%。

（三）消费新模式多样化

"互联网 + 消费"的新消费模式为吉林省居民消费注入了新鲜的血液，进一步释放了全省消费潜力。2021 年 1~3 月，为积极应对疫情和促进居民消费增长的需求，吉林省省政府联合各地商贸企业共同举办"2021 吉林网上购物节"，便于居民可以在电商平台上购买食品、服装、家电和防疫物资等商品。该消费新模式不仅保障了居民的日常生活消费需求，同时减少了线下购物的疫情集聚风险，对疫情的防控起到了巨大的积极作用。春节期间，吉林省城市线上消费额约为 42 亿元，同比增长 81.05%；农村线上消费额约为 8.02 亿元，同比增长 73.19%。近年来，全国直播电商呈现飞跃式增长趋势，上下游产业链逐步完善，已然成为数字经济发展的新业态和新亮点，由此催生的网红经济更是将直播电商带入发展快车道。2019 年，吉林省商务厅举办了"中国网红吉林行"等一系列活动，旨在将直播电商网红经济与吉林省的数字吉林建设项目有机结合起来。2021 年 10 月 9 日，首届中国新电商大会在吉林省国家广告产业园顺利举办，该大会不仅聚集了全国多地的 35 名知名电商主播，同时也对接省内 500 余户商家，将吉林省的特色产品如长白山人参、通天葡萄酒、有机杂粮等进行线上销售。据统计，此次整场直播带货总计有 5000 余万人次观看，销售总额高达 2643 万元。"十

三五"期间，吉林省农村网络零售额增速连续三年位于全国前列，拥有 300 多家直播基地，国家和省级电商示范基地、企业 134 家。[①]

（四）居民消费政策效应显著

为持续激发吉林省居民消费活力，进一步推动消费市场有序发展，2021 年上半年，吉林省商务厅相继组织了"2021 吉林网上年货节"、"2021 吉林老字号嘉年华"活动以及"乐享消费，美好生活"吉林省消费促进月活动等，积极举办各类线上线下促销活动；在吉林省委、省政府的领导下，省商务厅指导各地积极开展消费券促销活动，以消费券促销作为加速拓宽消费市场的重要手段之一，深度激发城乡居民消费潜力。在消费券促销活动的刺激下，2021 年 1~2 月全省限上社会销售零售额同比增长 34.6%，其中，四平市累计发放 100 万元汽车专项消费券，限上汽车零售企业总增量高达 7000 万元，同比增长 140%；吉林市投入 1000 万元家电和通信器材大宗商品消费券，全市 13 家大型限上家电经销企业受到该政策红利的影响，销售额同比增长 300%。

二　吉林省居民消费的制约因素

（一）居民消费意愿下降

由于疫情，居民需要尽量减少不必要的流动和集聚，对全省居民消费产生巨大的影响。从居民日常消费的主要流向来看，酒店住宿和餐饮消费均受到了较大的影响，全省很多餐饮酒店因客流量的减少盈利水平迅速下滑，同时房租、工资、折旧等费用开支较大，部分餐饮酒店由于入不敷出而关闭门店。影院、健身场所、娱乐休闲场所等大规模歇业，导致相关消费大幅下

---

① 王培莲：《首届中国新电商大会直播带货活动在长春举行》，中青在线，2021 年 10 月 13 日，https：//s. cyol. com/articles/2021－10/13/content_ k3v2WYu0. html。

降。居民消费意愿的下降进一步影响了居民的消费结构，一是由于省内部分地区因疫情实施封闭管理，居民无法自由出行，导致居民对生活必需品、口罩、消毒酒精灯产品需求量快速增长，对外出旅游、娱乐等方面的消费有所减少；二是疫情严重影响部分产业的经济发展，直接影响到居民的收入水平，居民对未来收入预期偏低，进一步降低了消费意愿；三是面对突如其来的疫情，居民的未来收入不确定性增强，其主动将收入更多的转变为储蓄、理财投资，极大地限制即期消费，2021 年 6 月吉林省金融机构人民币存款余额住户存款为 18243.63 亿元，增速为 14.3%，同比增长 14.3 个百分点。同时，疫情导致居民消费方式发生改变，更加依赖于网络消费，对省内的消费品市场产生更为明显的分流效应。

（二）居民收入整体水平偏低

2021 年上半年，吉林省城镇居民人均可支配收入为 17652 元，同比名义增长 8.2%，与 2019 年同期相比，两年平均增长 4.6%，扣除价格因素，实际增长 8.2%，两年平均增长 2.9%；吉林省农村居民人均可支配收入为 8640 元，同比名义增长 9.4%，与 2019 年同期相比，两年平均增长 7.8%，扣除价格因素，实际增长 8.4%，两年平均增长 4.9%。虽然近年来吉林省居民收入呈现增长的趋势，但是整体水平在全国仍处于偏低的状态，2021 年第一季度吉林省居民人均可支配收入为 7643 元，排在全国第 18 位；辽宁省居民人均可支配收入为 9439 元，排在全国第 10 位；排在全国第 1 位的上海市居民人均可支配收入为 21548 元，约为吉林省的 3 倍。2021 年上半年吉林省居民可支配收入为 13690 元，全国排名下降到第 20 位。较低的居民收入限制了居民的消费支出，2021 年上半年吉林省居民人均消费支出为 9115 元，排在全国第 22 位，与邻省相比，黑龙江省居民人均消费支出为 9439 元，辽宁省居民人均消费支出为 11324 元，吉林省居民人均消费支出处于东北三省中最低的位置。一方面，较低的居民收入水平极大地限制了居民消费需求的增长，收入会严重影响到消费，收入增加则会带动消费自然增长，消费水平如果上不去的话又会反过来影响居民的收入，如此便陷入了恶

性循环；另一方面，吉林省的城乡收入的差距逐年递增，农村居民的收入来源较为单一，消费意愿不是十分强烈，由于物价不断上涨，消费支出又逐年增长，严重制约了农村居民的购买力，限制了全省农村居民的消费需求，而过大的城乡差距将会进一步影响消费意愿。

（三）城乡消费不均衡

2021年前三季度，吉林省城镇消费品零售额为2605.12亿元，占比全省消费品零售额88.68%；乡村消费品零售额为332.60亿元，占比全省消费品零售额11.32%。通过数据可以看到，城镇消费品零售额和乡村消费品零售额占比差距是十分巨大的，这充分说明吉林省城乡消费呈现不均衡的状态，其原因包括以下几点。一是城乡经济生活结构体制存在差异，吉林省城镇地区拥有较为完善的医疗保险、养老保险、商业保险和住房公积金等标准保障体系，农村居民则存在一定的差距，农村尚未实施与城镇统一的社会保障制度，保障体系形式单一，社保覆盖率不高，居民养老多以家庭养老为主要方式，同时，农村居民医保覆盖面较低，无法满足部分农村居民对医疗的消费需求。所以，经济生活结构体制存在的差异造成全省城镇居民和农村居民在消费上拉开距离。二是近年来物价持续上涨，对低收入家庭所带来的影响要远远高于高收入家庭。吉林省政府通过不断调整现行工资的最低标准，进一步提升全省低收入人群的收入水平，但由于物价上涨的速度过快，居民消费品价格、医疗保健价格等逐渐上升，进一步加重了生活负担和成本，很多居民只能在保证基本生活开支外尽可能减少其他方面的消费，所以相对应的农村家庭消费水平和生活质量都随之下降，城镇居民对于物价的上涨相比而言影响较小，从而造成城乡居民消费差距逐渐扩大。三是吉林省城乡收入差距是导致消费差距、不均衡的原因之一，由于农村居民收入的起点相对较低，增长动力不足，限制了全省农村居民的消费需求，消费率处于较低的水平。

（四）居民消费环境亟待改善

良好的消费环境是居民消费需求增长的基础，吉林省为进一步促进居民消费，亟须为居民打造一个较为完善的消费环境。目前，吉林省居民消费环境仍存在一些问题，需要加快改善：一是城乡居民在基础设施、商业网络系统、交通物流、公共服务等方面均存在较大差距，同时，农村的居民消费环境与城镇相差很多，缺乏较为完善的基础设施，综合性大商场和超市分布很少，物流交通在一些地区发展落后，这些因素都极大地降低了农村居民的消费意愿；二是城乡居民消费观念存在较大区别，消费文化的不同造成城镇居民更多地注重享受型消费、即时消费的方式，对自身和子女在文化、娱乐、教育等方面的投入更多，农村居民则是逐渐形成了"重储蓄，轻消费"的传统观念，很少有大额的消费支出，束缚了居民的消费能力；三是在消费市场中经常会出现侵犯消费者合法权益的现象，降低了居民消费时的安全感和信任感，说明全省信用制度建设方面仍存在较大的提升空间，一些不法的生产者和经营者为了获取巨大的利润，制造和销售假冒伪劣产品，为消费者带来巨大的损失和伤害，尤其是在农村消费市场上，由于农村居民相较于商品的质量而言更加重视商品的价格，所以大量的生产商借此大肆生产假冒伪劣产品并投入到市场中，严重破坏了农村消费环境，同时市场监管力度不够，商业网点数量不足，售后服务体系尚不完善，不能及时有效的提供售后服务。

（五）房地产消费后劲不足

随着国家陆续出台一系列房地产相关调控政策，吉林省房地产市场形势也受到了一定的影响。2021 年 1～8 月，吉林省房地产施工面积为 12352.64 万平方米，相比 2019 年下降了 4.11%，房地产新开工施工面积为 2404.26 万平方米，相比 2019 年下降了 18.42%；从各类别房屋来看，办公楼施工面积为 589.78 万平方米，同比减少了 583.39 万平方米，商业营业用房施工面积为 1548.19 万平方米，同比减少了 47.24 万平方米；商品房累计销售面积为 1096.67 万平方米，同比减少了 19.07 万平方米，商品房累计消费额为 780.48 亿元，同比降低 9.5%，减少了 81.81 亿元，商品住宅销售额为 713.59 亿元，同比降低 6.6%。通过房地产施工面积和新开工施工面积的下降，可以看出吉林省房地产投资意愿和开发意愿呈现下降趋势，房地产开发

商保持的是观望的态度。近年来实体经济的下滑，很多实体店由于销售盈利不佳，线下经营又具有较大的费用和成本，所以大量门店关闭或是转为线上销售，进一步导致商品房的需求直线下降，限制了吉林省居民的线下消费活动。房地产市场的低迷状态使建筑、装修、家具以及家电等消费品的消费大幅减少。负担过高的住房贷款也将抑制吉林省居民的消费意愿，住房贷款成为居民家庭贷款的主要来源，居民的家庭债务风险将会集中在房产领域，为避免由于房价下跌而造成的资产缩水风险，居民不得不加大银行的储蓄或是选择购买理财、保险类产品分散风险。

三　吉林省居民消费趋势展望

吉林省委、省政府紧紧围绕全国"十四五"规划中提出的"全面促进消费。增强消费对经济发展的基础性作用，顺应消费升级趋势，提升传统消费，培育新型消费，适当增加公共消费，促进消费向绿色、健康、安全发展，鼓励消费新模式新业态发展"①的战略部署，在国家出台的一系列消费利好政策的背景下，吉林省消费市场将会呈现稳中向好的趋势。一是消费对吉林省经济高质量发展将会发挥持续性推动作用，为吉林省实现全面振兴全方位振兴提供不竭动力。吉林省消费市场活力将进一步充分被激活和释放，实体商业加快恢复。二是消费结构不断升级优化，2021年下半年吉林省冰雪消费、文旅消费、健康消费以及农村消费等业态成为新的消费增长点，为居民消费提供源源不断的动力。三是在疫情防控常态化时期，全省的住宿餐饮消费将会有所回暖。为适应疫情常态化的要求，全省下半年将进一步加强与网络平台合作，推动"互联网＋餐饮"创新经营模式的发展。四是随着房地产相关利好政策的不断出台，吉林省加快推进将住房消费列入2021年促消费扩内需的工作实施办法，不仅加大政策性租赁住房的建设力度，发放

---

① 《中华人民共和国国民经济和社会发展第十四个五年规划和2035年远景目标纲要》，中国政府网，2021年3月13日，http://www.gov.cn/xinwen/2021-03/13/content_5592681.htm。

住房租赁补贴，同时鼓励、引导农民进城购房，进一步拉动城镇住房消费以及装修、家电和家具等相关消费品的零售额，对农民进城购房给予一定的购房补贴和税收减免的优惠政策。五是下半年吉林省汽车消费仍将成为重要的消费增长点，一方面吉林省将会继续深化公务用车改革，组织汽车下乡活动，另一方面积极实施新能源汽车购置的税收优惠政策，不断完善全省充电桩等基础服务设施的建设。吉林省将集中解决汽车消费中存在的问题，出台具有可行性的政策，进一步释放全省汽车消费的潜力。

四　吉林省促进居民消费的对策建议

（一）提高居民收入水平，不断提高居民消费水平

虽然吉林省城乡居民人均可支配收入水平、人均消费支出水平整体呈现逐年上升的趋势，但是在全国仍处于较低的水平，与发达的地区相比还有一定的距离。消费取决于收入，提高城乡居民收入，居民的消费需求和意愿才会增强，才能进一步提高居民消费的水平，同时又有利于吉林省第三产业的转型升级。在增加农民收入方面，吉林省作为农业大省，农民收入提升的关键在于提高农业生产率，提高农业生产率最有效的方式就是长期加大科技投入。目前吉林省的农业科技整体水平有所提高，但仍存在较大的提升空间，且较为前沿的农业技术、生产设备普及率不高，其仅应用在大规模农场，规模较小的农户仍在使用较为原始的生产方式。大力加强农业基础设施的建设，深入落实中央和吉林省制定的惠农政策，充分发挥规模经济的效应，积极组织农民学习各项农业专业技能，加快实现全省农业现代化建设。在增加城镇居民收入方面，在保障基本工资收入的同时增加经营性和财产性收入，使城镇居民收入多元化。进一步扩大城镇居民的就业，不断完善吉林省的就业政策，积极实施保护和留住人才的政策。吉林省政府可以为失业人群提供各种就业技能的培训，加大招商引资力度，加强与企业之间的联系，为就业人员提供与企业面对面交流的机会。同时，积极鼓励青年、大学毕业生自主

创业，为吉林省经济发展贡献自己的力量。加快完善社会保障制度，主要从就业、医疗和养老三个方面入手，吸引更多的优秀企业来吉林省发展，有利于为吉林省提供更多的就业岗位。不断完善城镇和新型农村合作医疗保险相关制度，进一步减轻城乡居民的医疗负担。

（二）培育绿色消费理念，全面推进绿色消费发展

绿色消费又称可持续消费，包括购买绿色产品、物资的回收利用、能源的有效使用等，其本质是绿色生活、环保选购。绿色消费具有可观的经济价值，不仅可以提高消费者的社会福利，同时可以减少废弃物，提高经济效益。目前，吉林省绿色消费的理念尚处于萌芽期，政府的重视程度仍需加强，在专项资金方面出台的相关扶持政策较少，仅仅在长春、吉林等少数城市将绿色消费纳入消费长期发展战略。全面推进全省绿色消费发展需要从政府、企业和消费者三个方面共同发力，一是吉林省各级政府应积极建立有效的监管制度，这就需要工商、税务、卫生防疫等部门协同联合，为绿色消费提供一个开放、规范的市场，加强打击假冒伪劣的绿色产品，营造一个让消费者放心消费的良好市场氛围；根据吉林省自然资源禀赋、劳动力资源方面的比较优势制定绿色产品产业的中长期发展战略，加快推动绿色消费的发展步伐，同时加强绿色产业发展专项资金的落实。二是鼓励企业树立发展绿色经济的理念，转变传统高污染、高能耗的生产方式，将发展绿色产品作为企业未来的战略目标，加大科研资金投入力度，不断进行绿色生产技术突破和创新，培育绿色产品的市场销售人员，进一步拓展吉林省绿色消费品市场，构建绿色产品的专属流通渠道和营销网络。三是积极培养吉林省消费者的绿色消费观，加强对消费者的宣传教育工作，逐渐从城镇到乡村普及居民绿色消费理念，让绿色消费成为每个消费者自愿的行为，绿色产品也将会提高居民的生活质量。

（三）加快消费供给优化，积极提高消费服务品质

加快消费供给优化才能增加居民有效需求，只有高质量的消费供给才会

催生新的市场需求。近年来，居民消费出现以信息化、绿色化、高端化、服务化等为主的新趋势，吉林省需要重点培育新兴消费产业，同时加快传统消费产业转型升级，进一步提升供给的质量。加快推动针对不同消费群体所推出的差异化、个性化的消费服务。逐步释放吉林省汽车消费潜力，出台有效的汽车消费激励政策，加大对新能源汽车的销售补贴，达到提高汽车产能的效果。加快促进农村消费不断升级，引导大型商业龙头企业在乡镇和农村建设综合商场，积极推广"品牌消费、品质消费"的理念。有条件的地区可以对家电"以旧换新"的消费者给予适当的补贴，推动智能、低能耗等高质量家电的销售。深度挖掘吉林省优质特色农产品，加强与直播电商平台的合作，注重品牌培育，加快完善城乡高效配送物流体系的建设。吉林省各级政府部门要进一步转变政府职能，营造更好的营商环境，推动企业创新发展，依托城市有机创新，提高消费服务品质，为下一步推动全省高质量发展、创造高品质生活做出更大的贡献。

（四）拓宽有效消费领域，培育壮大新消费增长点

吉林省应积极培育壮大新的消费增长点，随着居民消费结构的不断升级和调整，文化旅游、养老、绿色等新消费热点对总体消费的贡献率会逐步上升。引导居民转变传统消费观念，建立起合理的新消费理念，鼓励居民重视精神消费市场，不断提高居民消费质量。近年来，吉林省在冰雪消费、文旅消费、教育消费、健康消费和农村消费等服务业消费领域迅速崛起，新业态新模式的新型消费将成为扩大全省消费的重要动力。加快推动互联网与新消费业态的紧密融合，线上与线下消费双向深度融合，强化服务供给能力建设，强化新型消费基础设施的支撑，发展适应疫情常态化的新型消费模式，不断扩大居民消费内需。

（五）完善软硬基础设施，营造高品质的消费环境

消费环境的好坏在一定程度上影响着消费者的消费需求和意愿，对居民的消费方式和消费行为也会产生重要的影响。在较差的消费环境中，当居民

消费遭到商家欺诈后，缺少去维护自身合法权利的意识和行为，这将会继续导致经营者无视消费者利益，制约了消费者消费的积极性。良好的消费环境才会有助于促进居民消费，吉林省应加快完善软硬件基础设施，努力营造高品质消费环境，促进全省居民愿消费、敢消费、能消费。一是完善消费市场的相关法律法规，加强对居民的消费权益法制宣传，持续加大相关部门对市场监管的力度，对经营者生产假冒伪劣产品等欺诈行为进行重点整治，尤其是在食品安全、药品安全方面严惩不贷。二是加强消费基础设施的建设，根据不同区域的实际情况和特点进行合理规划，重点打造具有影响力的大型综合商圈，让消费者可以在商圈内享受到一站式服务，为居民提供更加便捷的消费体验，进一步提高消费者的消费意愿和积极性；继续加大交通、水、电等方面的基础设施建设力度，加快城市物流配送体系的建设。三是鼓励居民适当提前消费，不断完善吉林省个人信贷的监管制度，逐渐规范和完善各种信用制度，根据消费者的资信程度适当降低放贷标准，鼓励居民使用信用消费的方式。

参考文献

徐亚东、张应良、苏钟萍：《城乡收入差距、城镇化与中国居民消费》，《统计与决策》2021 年第 3 期。

张爱萍：《社会保障对城乡家庭消费的影响研究》，《人力资源管理》2017 年第 8 期。

廖波：《消费模式与可持续发展问题研究》，《市场周刊》2018 年第 9 期。

专 题 篇
Special Reports

B.21
吉林省提高粮食生产保障能力对策研究

曲会朋*

摘　要： 吉林省是我国重要粮食主产区和商品粮基地，肩负着保证粮食供给和维护国家粮食安全的重任。吉林省始终坚持毫不放松地抓好粮食生产，持续提高粮食生产保障能力，力争多产粮、产好粮，让中国人的饭碗多装吉林粮，为保障国家粮食安全做出巨大贡献。但是，当前吉林省仍面临化肥过量施用、黑土地透支退化、农业生态环境持续承压、农村人口大量外流等问题。吉林省应采取强化科技支撑、加大黑土地保护力度、加快构建环境友好资源节约的粮食生产模式等应对措施，持续提高粮食生产保障能力，更好维护国家粮食安全。

关键词： 粮食生产　科技支撑　适度规模经营

---

* 曲会朋，吉林省社会科学院农村发展研究所副研究员，研究方向为农业经济。

一 吉林省粮食生产保障能力持续提升

吉林省地处东北黑土区核心区，同时处于黄金玉米带和黄金水稻带核心区域，粮食生产具有得天独厚的区位优势和自然资源优势。吉林省积极落实"藏粮于地 藏粮于技"战略，切实重农抓粮，持续提高粮食生产保障能力。吉林省粮食产量已经连续 8 年稳定在 3500 万吨以上（见表 1），粮食产量居全国第 5 位，粮食单产居全国第 4 位，粮食调出量居全国第 3 位。吉林省利用占全国 1.9% 的土地，占全国 1.7% 的人口，生产了占全国 6.1% 的粮食产量，为维护国家粮食安全做出了巨大贡献。

表 1 2011～2020 年吉林省粮食产量

单位：万吨

年份	粮食总产量	玉米产量	水稻产量
2011	3231.79	2392.76	629.26
2012	3450.21	2714.99	539.9
2013	3763.3	2980.93	573.09
2014	3800.06	3004.17	595.39
2015	3974.1	3138.77	644.26
2016	4150.7	3286.28	670.45
2017	4154	3250.78	684.43
2018	3632.74	2799.88	646.32
2019	3877.93	3045.3	657.17
2020	3803.17	2973.44	665.43

资料来源：2012～2021 年《吉林统计年鉴》。

2021 年，吉林省委、省政府高位统筹，强化政策激励，省级财政拿出 5 亿元资金专门用于奖励粮食产量前 10 名的产粮大县，充分调动了地方政府抓粮和农民种粮的积极性。经统计，吉林省 2021 年粮食播种面积达到 8581.95 万亩，比 2020 年增加 59.28 万亩。其中，高产作物玉米和水稻的播种面积达到 7500 万亩以上。2021 年，吉林省不仅播种面积稳中有升，而且保苗率较高。其中，玉米保苗率达到 96.21%，同比提高 0.15 个百分点；一、二类苗比例 94.78%，同比提高 1.35 个百分点。另外，吉林省通过实施河湖连通工程，扩大农田灌溉面积 55 万亩，支撑高效节水灌溉面积 150 万亩。

为落实国家"藏粮于地"战略，吉林省多措并举力争守住用好黑土地这一耕地中的"大熊猫"，保护好宝贵的黑土地资源。吉林省在梨树县建立保护性耕作试验研发基地，制定全国首个"保护性耕作技术规范"，率先推广保护性耕作技术。2021 年，吉林省落实补贴资金 11.2 亿元，保护性耕作面积达到 2875 万亩，比上年增长 55.2%；启动黑土地保护利用试点和建设项目 230 万亩，试点示范力度加大；新建高标准农田 500 万亩，启动高标准农田示范区 15 万亩。① 聘请 4 名院士和 23 名专家组建黑土地保护专家委员会，成立黑土地保护工作专班；细化完善政策措施，制定 10 个方面 38 条具体措施，推进人才、资金、项目、政策向黑土地聚集；与中科院实施战略合作，扎实推进"黑土粮仓"科技会战。

吉林省积极推广先进高效的农业技术，坚持"藏粮于技"。2021 年，吉林省组织了 9 个指导服务组和 198 个科技小分队，开展各类农业技术培训，已累计培训 226 万人次；主推各类农业技术 49 项，主导品种 115 个；加强干旱、洪涝等自然灾害检测预警，干旱、洪涝、风雹等造成的农作物受灾面积仅为 68.8 万亩，不足上年受灾面积的 4%，抗旱播种能力达到 2500 万亩，累计实施抗旱播种 1.02 亿亩次，抗旱浇灌 481.8 万亩次，排除田间积水 30 万亩次，喷施植物生长调节剂、叶面肥 1267 万亩次；针对中西部轻度旱情，组织浇灌 347 万亩次；落实病虫害防控资金 7210 万元，指导防控病虫害 2471.7 万亩次，主要粮食作物病虫害累计发生 1609 万亩次，同比减少 19.6%，发生及危害程度较低；优化关键技术措施，加强联防联控，全面建立了阻截带，实现吉辽、吉蒙边界 13 个重点县虫情测报

---

① 《吉林坚持藏粮于地、藏粮于技　全力保障国家粮食安全》，北青网，2021 年 4 月 23 日，https://t.ynet.cn/baijia/30696275.html。

灯县级全覆盖、性诱捕器村级全覆盖，有效地遏制了草地贪夜蛾爆发成灾，力争实现"虫口夺粮"保丰收。①

二 吉林省继续提升粮食生产保障能力面临的问题

（一）增加生产要素投入的发展方式已经难以为继

吉林省明显分为东部山区、中部平原和西部草原等三个板块，中部平原的耕地已经基本全部耕种利用，西部地区虽然仍然有待开发利用的土地，但基本都是中低产田，粮食产量不高。因此，吉林省通过增加粮食播种面积来继续提高粮食产量的空间已经不大。另外，吉林省玉米和水稻等高产作物的播种面积占比已达90%，继续提高的空间也十分有限（见表2）。

表2 1978～2020年吉林省粮食播种面积

单位：千公顷，%

年份	粮食总播种面积	玉米和水稻播种面积	玉米和水稻播种面积占比
1978	3603.1	1798.2	49.91
1985	3283.5	2002.1	60.97
1990	3525.9	2673.5	74.80
1995	3576.9	2768.2	77.39
2000	3357.1	2305.0	68.66
2005	4294.5	3729.2	86.84
2010	4492.2	3720.2	82.81
2015	5078	4561.7	89.83
2020	5681.8	5124.3	90.18

资料来源：1979～2021年《吉林统计年鉴》。

---

① 孙博妍：《吉林粮食生产开局好 目标直指800亿斤》，光明网，2021年6月16日，https://m.gmw.cn/baijia/2021-06/16/1302362006.html。

我国提出到 2020 年实现主要农作物化肥施用量零增长的发展目标。从吉林省的统计数据来看，吉林省化肥施用量在 2016 年达到 444.6 万吨的峰值，每公顷化肥施用量在 2015 年达到 744.6 公斤的峰值，之后这两个指标均已开始呈现连续下降的趋势（见表3）。在这样持续加大生态环境保护力度的背景下，吉林省很难再通过增加化肥施用量的方式提高粮食生产能力。

表3　2000～2019 年吉林省化肥施用量

单位：万吨，公斤

年份	化肥施用量（折纯量）	每公顷化肥施用量
2000	281.3	704
2005	306	711
2010	371.7	666.4
2011	391.9	634.8
2012	410.5	634
2013	425.8	640.3
2014	440.1	741
2015	444.4	744.6
2016	444.6	740.6
2017	434.9	715
2018	423.96	697
2019	414.99	678

资料来源：2001～2020 年《吉林统计年鉴》。

因此，这种以增加粮食播种面积、高产作物播种比例和化肥施用量等生产要素投入为支撑的发展方式已至极限，吉林省亟须找到新的发展方式来进一步提高粮食生产保障能力。

（二）黑土地透支退化

黑土地形成极为缓慢，在自然条件下，需要 200～300 年才能形成 1 厘米厚的黑土层。吉林省位于东北平原黑土区的核心区域，肥沃的黑土地被誉为"耕地中的大熊猫"，是粮食生产过程中最重要的基础资源，是吉林省得天独厚的自然资源优势。但是，长期以来，由于重使用轻保护，黑土地已严

重透支退化。一是黑土层由初开发时的60厘米左右减少到30厘米左右，导致黑土地变薄，；二是土壤有机质含量下降30%左右，导致黑土地变"瘦"；三是黑土层理化性质恶化，通透性变差，保水保肥性能减弱，抵御旱涝能力下降，土壤日趋板结，导致黑土地变硬。

（三）农业生态环境持续承压

化肥农药的大量使用，是吉林省提高粮食产量的重要手段，但同时也带来了地力下降、大气污染、地下水及河流湖泊污染等诸多负面效应。可以说，化肥农药等过度施用和不合理使用是造成吉林省农业生态环境恶化的主要原因。另外，吉林省粮食产量较大，每年在粮食生产的过程中产生的秸秆可以达到4000万吨之多，由于缺乏有效地管理和合理地利用，在农村存在秸秆随意丢弃和焚烧的现象，由此产生了资源浪费和环境污染的问题。

（四）"谁来种地"问题日益凸显

改革开放以来，我国在农村实行家庭联产承包责任制，广大农户分到了土地，拥有了自主权，极大地激发了广大农民的粮食生产积极性，这促使吉林省的粮食生产得到快速恢复。但是，经过40多年的发展，吉林省农村人口持续外流，尤其是青壮年人口，通过高考升学、征地拆迁、进城打工等方式逐渐离开乡村进入城市工作生活，实际上已经脱离了粮食生产。第七次全国人口普查数据显示，2021年，吉林省居住在乡村的人口为8994439人，占吉林省总人口的比重为37.36%，与2010年第六次全国人口普查数据相比，减少了3810177人。未来，吉林省"谁来种地"的问题日益凸显。

三 对策建议

（一）提高粮食生产信息化、机械化水平

要充分应用计算机技术、互联网技术、3S技术、北斗卫星定位系统、

物联网技术等现代信息技术成果，力争实现可视化远程诊断、远程控制、土壤检测、粮食质量可追溯、测土施肥、膜下滴灌、灾害预警等智能管理。实施无人驾驶耕地打垄、无人机喷药等智能耕作，重点在玉米、水稻等大田作物生产过程精细管理方面进行试验示范，提升吉林省粮食生产过程中的信息化水平。加快对吉林省农业机械装备结构的调整，引导农户和新型经营主体重点发展大中型农业机械，增加大型农业机械的配套机具数量，并要特别注重与吉林省粮食生产的农艺要求相结合，尽快推动形成功能完备、配套合理的农业机械装备体系，提高吉林省粮食耕种收全程机械化水平。最终实现农业机械对人工体力劳动的替代，把人们从繁重的体力劳动中解放出来，更多地从事粮食生产过程中的管理协调工作。

（二）搭建科研合作平台

发挥吉林大学、吉林农业大学、吉林农业科技学院等众多涉农高校，还有中科院地理所、吉林省农业科学院等农业科研大院大所的科教资源优势和科技带动作用，强化政府、高等院校与科研院所，以及农业专家、农技人员、新型经营主体和广大农户的多边多层合作，推动形成共同研发、科技资源共享、技术示范推广等合作模式，搭建政产学研用多方参与的科研合作平台。另外，可以由涉农高校和科研院所的专家牵头，通过开展高等教育、远程教育、在职研修和短期培训等多种方式，全面提高农业科技工作者的基础理论和技能技术，为农业科技创新培育、培养各类科技人才。同时，可以以各类试验示范园区为载体，以合作社、家庭农场等新型农业经营主体为联结，建立首席专家农业技术服务团队，直接为粮食生产提供科技服务。

（三）坚持和深化科技特派员制度

在高等院校、科研院所、农业龙头企业等机构的科研人员中选拔科技特派员，通过选派有一定科技专业知识、工作经验的专家、教授、研究员等中青年知识分子，发展和壮大科技特派员队伍，长期服务农村、服务农

业、服务农民。深入农村生产一线收集基层农户、新型经营主体等对科技成果和服务的需求，建立需求清单和服务清单，实现科技成果的精准对接。针对关键农时季节和粮食的关键生产环节，到广大农户中间开展一对一的科技指导和科技服务，推广示范新技术、新品种，使科技特派员制度发挥最大效用。

（四）大力发展现代种业

良种是粮食生产的"芯片"，是提高粮食产量和品质的内在决定性因素。探索将现代生物技术与育种相结合，重点支持基因组学、基因编辑技术、合成生物技术等在育种领域的广泛应用，推动传统育种向生物育种转变。充分运用大数据、互联网等信息技术，研发育种信息化软件，加强前沿育种技术的研发，促进种子产业内的信息整合和共享利用。结合吉林省粮食生产的特点和需求，探索建立科研院所与种子企业紧密合作的育种模式，推动种业育繁推一体化进程。加快种业科技创新公司之间的联合和兼并重组，共同抵御市场风险，真正具备自主研发能力，不断研发新种子，并上市推广，实现盈利后继续加强研发投入，最终形成良性循环。同时，政府应该适当增加种业研发的公共财政投入，支持高校科研院所开展育种基础理论及技术的学术研究，做好种质资源的分类保护，实现资源共享，为现代种业发展提供公共服务。

（五）加大黑土地保护力度

要充分运用现代生物技术对秸秆等有机废弃物进行降解还田，补充土壤当中有机质的含量，增加黑土地有机物质，起到培育、加厚黑土层的作用。要改造传统耕作技术，加大对条带旋耕机、免耕播种机等现代农机装备的研发。加快推广秸秆全量覆盖还田、免（少）耕播种等的现代耕作技术，减少耕作对黑土层的扰动，降低黑土地风蚀水蚀的概率，增加土壤保墒能力。

依托已经实施"梨树模式"的合作社、家庭农场、农机大户等建立示范基地，开展宣传培训活动。农民通过在现场观摩技术展示获得直观的感受，之后逐步认可新耕作模式，使"梨树模式"在适宜地区得到更大范围地推广。继续深化与中科院、中国农大等科研院所的合作，支持科研院所在梨树县开展更加深入的研究，探索在不同土壤和气候条件下促进农技与农艺相结合的配套技术，以进一步完善"梨树模式"，并对农民在生产实践中遇到的新问题、新难题提供技术指导。以一个或者多个采用"梨树模式"的新型经营主体为核心，引入农资配送、金融服务、保险、粮食仓储、电商物流、农机租赁等生产性服务环节，构建现代粮食生产单元，最终形成更加易于复制推广的"梨树模式"升级版。

（六）加快建立环境友好资源节约型粮食生产模式

加快调整施肥结构，提高有机肥的比例，扩大测土配方精准施肥规模，提升化肥利用率，减少化肥施用量。减少农药使用，加强粮食生产过程中的清洁化管理和病虫害统防统治、绿色防控，降低粮食生产面源污染和内源性污染。大力发展节水型农业，建设集雨补灌和膜下滴灌设施，推广示范保墒固土、生物节水等农业节水技术，增强抗旱节水能力，提高水资源利用效率。推动建立政府引导、农户广泛参与的农业废弃物和农药包装物回收利用体系，加快建设废旧地膜、灌溉器材回收加工利用项目，防止粮食生产过程中农药包装废弃物中的农药残留污染环境。加大"秸秆变肉"工程和千万头肉牛工程的推进力度，重点支持规模化养殖场、牧业小区建设粪便收集和贮运设施。大力推进畜禽粪便肥料化利用，加快建立粮食生产—粮食—副产品秸秆—养牛—粪便肥料化还田，促进粮食生产的闭合式循环发展模式，通过粪肥还田提升耕地地力。

（七）加快构建符合时代要求的粮食生产经营体系

鼓励引导经济基础好、发展潜力大和带动能力强的粮食生产经营主体发展多种形式的适度规模经营。按照国家关于农村土地承包关系稳定并且长期不变的要求，落实农村承包地"三权分置"制度，在依法保护农村

土地集体所有权和农户承包权的前提下，在充分尊重农民主观意愿的条件下，流转土地经营权，将农民手中的耕地向合作社、家庭农场和种植大户等新型经营主体集中。加强合作社、家庭农场、种植大户等组成联合体，强化耕地统一规划、种子统一品种、生产统一标准、销售统一渠道的规模效应，靠规模化经营提高劳动生产率、土地产出率和粮食商品率，靠规模化经营提高粮食数量、质量和附加值，靠规模化经营让农民通过订单生产、"公司＋新型经营主体＋农户"等形式，融入现代粮食生产经营体系，分享改革成果。

土地托管是指农民把自己的土地委托给供销社、合作社等粮食生产经营组织，由该组织为农民提供若干个或全部环节的生产性服务。与土地流转不同的是，土地流转之后，生产的粮食归土地实际耕种者或经营组织所有，而土地托管之后，供销社、合作社等托管组织只收取一定的托管费用，生产的粮食仍然归农民所有。土地托管能够实现对土地的整合集中，运用现代农业科技和管理方式，降低粮食生产成本，实现规模效应。吉林省应加大宣传推广力度，依托新型经营主体，探索土地托管服务模式。鼓励粮食经营主体结合自身特点和优势，为农民提供农资直供、农机作业、代储代售等服务，尽快构建全省的土地托管服务网络，也可以充分发挥省供销社的引领带动作用，利用供销社在县、市、乡、村的经营网络，鼓励供销社领办创办合作社，培育土地托管服务的骨干力量，实现小农户与现代农业的有效衔接。

在新型经营主体与农户之间，建立资源共享、成果共享、效益共享的利益联结机制。在土地经营权流转后，农户可以以职业农民的身份为新型农业经营主体提供劳务，获得工资收入，使农民失地不失业，增加收入水平。鼓励支持农户参与粮食初加工和销售环节，实现粮食加工环节和销售环节下移，增加农户收入，使广大农户都能共享制度改革成果。以此充分激发农民干事创业的积极性和创造性，不断创建新的粮食生产经营主体，创造产生新的成果和业绩，让新型经营主体和农民在共享共建中实现共同发展。

参考文献

李国祥：《深刻理解农业质量效益和竞争力的内涵》，《中国国情国力》2021 年第 1 期。

程国强：《推进粮食产业高质量发展的思考》，《中国粮食经济》2019 年第 9 期。

罗万纯：《中国粮食安全治理：发展趋势、挑战及改进》，《中国农村经济》2020 年第 12 期。

张秀青：《"双循环"新发展格局下的粮食产业强国建设思路》，《价格理论与实践》2021 年第 1 期。

李光泗等：《高质量视角下粮食产业发展路径与政策建议》，《中国粮食经济》2020 年第 2 期。

颜波等：《我国粮食产业高质量发展研究（上）》，《中国粮食经济》2019 年第 12 期。

颜波等：《我国粮食产业高质量发展研究（下）》，《中国粮食经济》2020 年第 1 期。

B.22
吉林省黑土地保护利用的对策建议

任 鹏 李奉芪*

摘 要： 黑土地是特定区域土壤、植被、地质、地貌、水文等多种自然要
素共同构成的自然综合体，是地球上珍贵的土壤资源，是大自然
给予人类的特殊馈赠，也是重要的生态屏障、天然的生物基因
库、调节温室气体的缓冲器。吉林省地处世界三大黑土地带之一
的中国东北黑土带，合理保护和开发利用黑土地，是实现粮食增
产、农民增收和绿色增效的重要保障，对实现农业农村现代化和
农业高质量发展意义重大。通过建立健全规划体系和法律法规体
系，进一步完善落实黑土地保护规划，因地制宜优化黑土地保护
利用空间格局，肩负起保护利用好黑土地这一"耕地中的大熊
猫"的使命，保障吉林省农业持续稳定发展，夯实国家粮食安
全基础。

关键词： 黑土地保护利用 "梨树模式" 吉林省

　　黑土地是指拥有黑色或暗黑色腐殖质表土层的土地，是因特有的气候和
植被相互作用而形成的土壤类型。每形成 1 米厚的黑土层，需要 3 万~4 万
年的漫长时间。地球上黑土地资源仅分布在中国东北、美国密西西比和乌克
兰大草原三大区域，因其性状好、肥力高，是十分适宜农耕的优质土壤资

---

* 任鹏，吉林农业大学经济管理学院硕士研究生，研究方向为农村发展；李奉芪，吉林省政府
研究室，研究方向为产业经济。

源。加强黑土地保护是党中央、国务院从中华民族永续发展战略布局出发做出的重大决策部署和安排，是贯彻习近平生态文明思想和新发展理念的重大举措，也是国家粮食安全战略的重要保障，关系到我国粮食安全、土地资源永续利用和农业农村现代化的全面实现。吉林省地处享誉世界的"黄金玉米带"和"黄金水稻带"，拥有珍惜的黑土地资源，担负着保证国民经济稳定和粮食生产安全的重要使命。在全面建成社会主义现代化强国的新征程中，农村黑土地保护成为推进吉林省实施乡村振兴、"一主六双"高质量发展和生态强省建设三大战略的重要支撑。

一　吉林省黑土地保护利用的基本情况与发展成效

为深入贯彻习近平总书记关于"采取有效措施保护好黑土地这一'耕地中的大熊猫'"[①]的重要指示精神，吉林省充分保护、合理利用黑土地资源，形成一套符合吉林省实际的保护模式和管理机制。

（一）基本情况

吉林省黑土地总面积9100万亩，占全省耕面积的87%，其中典型黑土区耕地面积6900万亩，占全省耕面积65.8%，占全省黑土耕面积75.8%，黑土资源分布相对集中。全省粮食产量连续8年在700亿斤以上，2021年突破800亿斤，黑土地贡献率超过80%。通过采用秸秆全量覆盖，免耕播种，达到了保持土壤水分、防治土壤风蚀水蚀、培肥土壤肥力、减少土壤耕作、节约成本等多种功效为一体的、环境友好的农业种植技术模式，实现了改善土地、保护环境和提高效益的综合效应。2020年，吉林省耕地质量等级为4.19，比2015年提升1个等级，高于全国平均0.54个等级。其中，东部土壤有机质年均增加0.03个百分点，玉米产量增加8.9%，化肥较常规

[①] 张晓松、朱基钗：《习近平：一定要采取有效措施保护好黑土地》，新华网，2020年7月23日，http://www.xinhuanet.com/politics/leaders/2020－07/23/c_1126274364.htm。

吉林蓝皮书

减施11.3%；中部土壤有机质年均增加0.03个百分点，玉米产量增加10.1%，化肥较常规减施15%；西部土壤有机质年均增加0.02个百分点，水分利用效率提高43.1%，肥料利用效率提高30.2%，增产31.9%。

（二）经验做法

近年来，吉林省黑土地保护工作已取得了显著成效，做到了有"法"可依、有"策"可施、有"技"可循，打响了具有全国影响力的黑土地保护利用品牌。

1. 探索实践"秸秆覆盖、条带休耕"保护性耕作的"梨树模式"

针对东北黑土区春季低温出苗率低、玉米长期连作秸秆量大以及秸秆分解缓慢难以切割的困难，吉林省探索形成了秸秆覆盖少、免耕全程机械化技术体系和土壤综合功能调控模式，使旱作农区形成了适合东北玉米生产的条件，创建了东北黑土区保护性耕作"梨树模式"，形成了黑土地保护系统解决方案。截至2021年，全省"梨树模式"推广面积达到2875万亩，开发了秸秆还田、深耕深松、养分调控等30余项保护技术，玉米秸秆全覆盖保护性耕作技术的研究成果被广泛应用于农业生产之中。总结形成了东部固土保肥、中部提质增肥、西部改良培肥3种保护模式。经过2011～2020年连续10年监测，通过采用"梨树模式"的试验地块土壤含水量增加20%～40%，耕层0～20厘米有机质含量增加12.9%；每平方米蚯蚓数量增加到120余条，是常规垄作的6倍；保护性耕作每年减少秸秆焚烧100万吨以上，每年减少化肥使用量3000吨，有效减轻了农业面源污染，推动实现了播种机械国产化、种植模式生态化、栽培技术系统化、推广体系网络化，促进了现代化和机械化农业生产的快速发展。

2. 实施黑土地保护系统性工程

黑土地保护工程实施以来，吉林省坚持因地制宜、分区施策，一系列保护工程释放了叠加效应。积极开展以保护性耕作、高标准农田建设、黑土区侵蚀沟治理、表土剥离再利用和耕地轮作等为主的黑土地保护系统性工程。2015年，吉林省先后在榆树、公主岭、梨树等11个黑土地保护试点开展深耕深松、有机培肥、养分调控和坡耕地治理等工作，实施面积达 280 万亩，累计推广应用秸秆还田 305.74 万亩次，增施有机肥 71.53 万亩次，深翻深松 184.58 万亩次，养分调控 119.03 万亩次。"十三五"期间，在东部地区推广"玉米大豆"轮作模式，总覆盖面积达 200 万亩，为国家耕地制度轮作试点积累经验。近年来，初步探索形成了"表土剥离、移土培肥、改良耕地、提升质量、保护生态"的吉林模式，已累计实施 1000 多个耕作层土壤剥离项目，剥离量达 3000 万立方米。实施农田土地平整、有机肥播撒、土壤改良、农田防护与生态环境保护、田间机耕路、灌排渠道、桥涵闸、岸坡防护、沟道治理、农田电网等综合设施在内的高标准农田建设，累计建成高标准农田 3530 万亩，耕地质量进一步提升，夯实了粮食安全基础。

3. **形成黑土地保护"十大模式"**

针对不同区域、不同土壤类型，因地制宜精准形成了吉林省黑土地保护"十大模式"，即玉米秸秆条带还田保护性耕作技术模式、玉米秸秆全量还田地力保育技术模式、玉米秸秆深翻还田滴灌减肥技术模式、玉米秸秆还田坐水种保苗增产技术模式、水稻稻草全量粉碎翻压还田技术模式、坡耕地保土提质综合技术模式、玉米秸秆堆沤培肥技术模式、玉米秸秆全量深混还田技术模式、玉米秸秆全量粉耙还田散墒增温技术模式、米豆轮作黑土地保护培肥技术模式，为黑土地保护提供了行之有效的"吉林智慧"。

4. **建立黑土地质量监测体系**

针对黑土地农业发展和生态环境变化过程中的科学问题与生产实际问题，系统地开展了黑土地农田生态系统的水分、土壤、大气、生物、生态系统等要素长期连续定位观测和遥感监测研究。建立农业环境与耕地保育科学观测实验站、作物栽培科学观测实验站、黑土生态环境重点野外科学观测试验站、作物种质资源观测实验站、国家级农作物品种区域试验站等不同类型的观测台站。2021 年，在吉林省土壤肥料站基础上组建了吉林省黑土地质量保护监测中心，建立了耕地质量监测评价体系，建设了黑土区耕地质量大数据平台，设立耕地质量长期定位监测点 199 个，耕地质量调查评价点 1.09 万个，对黑土地质量变化情况实现持续跟踪监测。

5. 完善黑土地保护标准体系

围绕农产品质量安全，率先实现农业现代化和农业高质量发展目标，吉林省组织制定国家、行业、地方、团体标准近700余项，基本实现了农产品"生产有标可依、产品有标可检、执法有标可判"，为农业生产实施标准化提供了技术支撑。开展了秸秆还田、测土配方施肥、轻简化栽培、保护性耕作等绿色生产技术及耕地质量等系列性黑土地保护相关地方标准研制，制定了全国首个保护性耕作技术规范，制定实施了玉米、水稻、大豆三大主粮系列施肥技术、生产技术、秸秆还田、测土配方施肥田间利用率试验、农机保护性耕作、表土剥离等一批系列标准137项，为吉林省扎实推进黑土地保护工作奠定了标准化基础。2021年7月，吉林省黑土地保护与利用标准化技术委员会正式成立，为黑土地保护与利用先进标准制定、修订、转化和采用等工作提供了制度化平台。

6. 推进黑土地保护的规范化

2018年《吉林省黑土地保护条例》颁布实施，这是全国第一部黑土地保护地方性法规，为黑土地保护提供了法律依据。近年来，吉林省启动实施黑土地保护等"农业农村现代化十大工程"，明确提出到"十四五"末期保护性耕作技术实施面积达到4000万亩。2021年，吉林省专项出台了《关于全面加强黑土地保护的实施意见》，其中明确10个方面38条政策措施，部署8项重点工程。与此同时，确定每年7月22日为"吉林省黑土地保护日"，积极引导社会力量参与黑土地保护，有效提高黑土地资源保护的宣传力度。

二　吉林省黑土地保护利用的主要问题

（一）黑土层水土流失，耕地质量功能下降

目前，全省腐殖质层厚度不足30厘米的面积占40%，土壤有机质含量降低，基本为15～30克/千克，黑土区土壤保水保肥性能减弱，抗御旱涝能

力降低。全省黑土区侵蚀沟有 6 万多条，总长近 2 万公里，目前只有 5000 多条得到有效治理。大量坡耕地、沙地、侵蚀沟还没有得到全面整治。分区域看，吉林省东部土壤酸化造成大量氮、磷、钾等金属元素释放，影响了农产品质量安全；西部土壤沙化、盐碱化导致耕地生产能力受阻。

（二）土壤结构变差，面源污染显现

近年来，吉林省粮食产量连续稳定增长，但是从增产方式来看，仍然依靠化肥和农药规模化使用来提高产量，黑土耕地有机质快速下降，特别是部分农药化肥随地表水流入到河流、水库、湖泊污染生态环境，既造成生态环境破坏，又造成地表黑土地土壤板结。同时，大部分黑土地是以传统耕作方式为主，农作物根系无法下伸穿透吸收犁底层下土壤中的有机物，导致土壤日益贫瘠、土壤肥力日趋下降。

（三）缺乏黑土地保护与利用的协同发展机制

从目前发展现状来看，吉林省黑土地保护的生态效益并没有转化为农产品竞争优势和经济收益。黑土质量提升、农业"三减"等生态效益尚未传递到农产品深加工的产业链尾端，没有转化为"寒地黑土""绿色有机""非转基因"农产品品牌产地及相关商标商誉价值链中。因此，农户参与的主动性和积极性还不高。同时，吉林省虽在全国率先开展耕地质量调查工作，但仍缺乏黑土地质量标准和分等定级技术规范，导致黑土地保护性耕作的评价和监督还缺少精准依据。缺少对黑土土壤专项调查和专题研究，对资源状况、演替趋势等持续跟踪监测和评估考核，在一定程度上影响了对黑土地实施科学的质量管理。

（四）缺少黑土耕地系统保护和规模经营的保障体系

吉林省现有农村人口 899.4 万人，乡村总户数达到 423.7 万户，小农户生产仍然是当前主要的农业生产经营方式。一方面，以家庭经营为主的经营体制使小农户保护黑土地有心无力，难以形成大面积的保护规模；另一方

面，一些新型经营主体自我发展能力不强，在黑土地保护上缺乏具有责任担当和懂技术、会操作、肯投入的实施主体。此外，基层农业科技推广体系力量薄弱，社会化服务组织发展缓慢，技术服务难以满足黑土地保护的需求。

三　吉林省优化黑土地保护利用的空间格局

根据区域地貌类型相同性、气候条件共同性、种植制度相似性、土壤退化问题同质性等因素和特点，将全省黑土区划分为东、中、西三个保护区域。针对各区域存在的突出问题，结合区域农业生产特点，针对不同区域黑土地退化的主要因素，因地制宜提出分区保护治理重点。

（一）中部提质增肥保护区

1. 区域概况

中部平原黑土地提质增肥保护区位于松嫩平原东部和南部，主要包括长春、四平、吉林、辽源等地区，以平原为主，属温带大陆性半湿润、半干旱季风气候，雨热同季，夏季集中降雨量占全年降雨量80%，年降水量600～700毫米。中部地区农业生产条件优越，粮食年产量占全省粮食总产量的85%，主要种植玉米和水稻，是重要的"黄金玉米带"。黑土耕地面积超过全省耕地面积的40%，主要土壤为黑土、草甸土、黑钙土、暗棕壤、白浆土。

2. 发展方略与路径

要以提质增肥为主，保持黑土质量、土壤肥力，有效利用畜禽粪便资源，推进保护性耕作，主要对黑土耕地采取"梨树模式""田长制""土地流转制"等用养结合保护模式。因地制宜实施肥沃耕作层培育、改造坡耕地，治理侵蚀沟，完善田间灌排水工程等农田基础设施，实现中厚黑土层暴雨、侵蚀沟损毁耕地复垦。

从实践路径上，一是推进农业机械化。优化耕作制度，推广深翻深松技术、轮作深松免耕秸秆覆盖还田技术，并配套推广与之相适应的先进农机装备，推进土壤深松与增施有机肥、秸秆还田等措施结合应用。二是推进"秸秆变肉"。利用中部地区秸秆丰富的资源优势，提高秸秆饲料开发利用率，加快发展肉牛等草食畜牧业，形成"粮经饲""种养加"融合循环的绿色发展体系。三是提升土壤有机质。合理利用畜禽粪便以及大量剩余秸秆等生产有机肥，对黑土地增施有机肥，通过技术手段和耕作制度优化，提高化肥利用率。四是推行秸秆还田。在适宜地区推广秸秆深翻还田、覆盖还田、堆沤还田、条带耕作相结合，增强土壤蓄水保墒能力，提高土壤有机质含量，促进土壤改良，提高土壤生产能力。五是强化小流域治理。水田推行水稻秸秆粉碎翻、旋、耙（搅浆）还田技术。漫川漫岗坡耕地推行高横坡改垄，改长坡种植为短坡种植。建设大中型侵蚀沟控制工程，修复小型侵蚀沟毁损耕地。六是加强耕地治理监测。重点监测土壤耕作层和有机质变化情况。

（二）东部固土保肥保护区

1. 区域概况

东部山区黑土地固土保肥保护区位于长白山区域，主要包括通化、白山、延边等地区和梅河口市，以丘陵山地为主。气候温和湿润，年降水量700~1000毫米。区域内黑土面积占耕地总面积比例较小，主要种植玉米、水稻和道地药材、小浆果等特色经济作物。侵蚀沟分布密集，水蚀严重，耕作层厚度不足20厘米的占60%，土壤有机质含量低，农田基础设施薄弱。主要土壤为白浆土和暗棕壤。

2. 发展方略与路径

要以固土保肥为主，加强水土流失治理、坡耕地整治、侵蚀沟治理、生态防护林建设和土壤酸化治理，科学配置工程、技术、生物等多种措施，形成小流域综合治理体系，采取以治理水土流失为主的侵蚀沟治理、坡耕地改造、保护性耕作、增施有机肥相结合的保护模式。

从实践路径上，一是实施侵蚀沟治理。建设大中型侵蚀沟控制工程，修复小型侵蚀沟损毁耕地。以防治坡耕地和侵蚀沟水土流失为主，山、水、

田、林、草、路统一配置，完善农田基础设施以及农田林网，加强水土保持林和水源涵养林建设，恢复和改善林草植被。二是改造坡耕地。在适宜地区修建梯田，修建排水沟，改自然漫流为筑沟导流。种植固定生态植被，修筑地埂植物带，较长坡面种植植物防冲带。缓坡地改顺坡垄为横坡垄，改长垄为短垄，等高种植。三是加强耕层质量建设。深入实施耕地质量的保护和提升行动，大力推广秸秆还田，采用秸秆覆盖粉耙还田、条带耕作、增施有机肥与秋整地等集成技术，改善耕层环境，继续推进耕地轮作制度试点，加强高标准农田建设。四是推行玉米—大豆、粮经（果菜、中药材）等轮作制度。五是重点监测水土保持效果和土壤酸碱度。

（三）西部改良培肥保护区

1. 区域概况

西部草原黑土地改良培肥保护区位于科尔沁草原和松辽平原交汇地带，主要包括松原和白城地区，地势平坦、土壤瘠薄、生态脆弱，为障碍土壤区，区域属温带大陆性半干旱季风气候，年平均降水量400毫米左右。区域内黑土耕地后备储备资源较大。近年来，续建配套建设了前郭、白沙滩、洮儿河三个大型灌区和一批中型灌区，实施了一批"节水增粮行动"，嫩干、松干、二松等大江大河和中小河流治理步伐加快，初步形成了防洪、灌溉、供水、湿地保护的总体格局。该地区是实施国家增产百亿斤粮和千亿斤粮战略的主要地区，也是吉林省后备耕地资源的主要承载区。其主要种植玉米、水稻和杂粮杂豆，是畜牧业主产区，风蚀严重，存在西北至东南走向的大小沙丘、沙垄，以中低产田为主，主要土壤为草甸土、盐碱土和黑钙土。耕作层厚度不足20厘米的占50%，盐碱耕地面积1000万亩，占典型黑土区盐碱耕地的86%。

2. 发展方略与路径

要以改良培肥为主，大力推广保护性耕作和节水抗旱栽培技术，完善农田防护林网建设，推进土壤盐碱化改良治理，鼓励种养结合与有机肥利用，采取秸秆还田与节水灌溉设施、水肥一体化相结合的保护模式，实现浅薄黑土层培肥、内涝盐碱改良。

从实践路径上，一是推广秸秆还田。采用秸秆留高茬覆盖还田或秸秆粉碎覆盖还田与免耕播种、碎混还田，配合增施有机肥、轮作培肥、节水灌溉等集成技术，配套病虫草害防治、水肥运用和深松等田间管理技术。二是加强高标准农田建设。推进节水农田建设，改造、提升和新建高标准农田，规范化改造低洼内涝区排水系统，盐碱耕地排水要达到临界水位以下，低洼盐碱区配套脱硫石膏、生物菌群、增施有机肥等盐碱土壤综合改良措施。在有水源的地方发展喷灌、滴灌，建设水肥一体化设施。水田推广控制灌溉技术，控制水稻井灌面积，适度控制地下水开采。三是建设农田林网。在黑土区耕地建设农田林网，种植生物篱带，防风固土，同时改变局部地区小气候，增加土壤含水量，改善当地生态环境。四是采用高性能免耕播种机械，精量播种，确保播种质量，减少土壤扰动，降低土壤裸露，根据土壤情况，可进行必要的深松。五是建立粮豆、粮经、粮饲轮作制度，推行全覆盖、条盖等多种形式的保护性耕作。六是在种养结合区实施畜禽粪污无害化处理、积造堆沤发酵腐熟后还田。七是重点监测土壤有机质变化情况和保护性耕作对耕作层和钙积层的影响。

四　吉林省黑土地保护利用的对策建议

打造以黑土地为主的农业产业链、供应链、价值链和生态圈，推动黑土地保护与利用高质量、高效益发展，引导社会共同参与"市场手段与行政手段"相结合的黑土保护与利用模式，为国家粮食安全和吉林乡村振兴、率先实现农业现代化提供保障。

（一）加大土壤改良科技投入力度

以科技创新统筹协调水、肥、土、气、种等各类要素，系统优化农业工程、农机及农艺技术模式。协同推广黑土地秸秆深耕、"梨树模式"等先进耕作技术，加强农机科技、农业科技等多种智能科技的集成创新与有机融

合。建立"揭榜挂帅"等机制，整合科研机构、大专院校和农业技术推广单位的资源力量，联合开展黑土地保护关键核心技术攻关。以农机合作社、家庭农场等农业新型经营主体为依托，建设一批地块相邻连片的高标准技术应用基地。通过实施黑土地保护项目，加强技术研发，在适宜地区大力推广"梨树模式"。

（二）建立黑土地保护利用协同机制

探索构建互联网、区块链和5G等信息技术场景，以数字化、智能化农业建设为契机，发展一批智慧农场式的黑土地保护利用协同发展示范区。建立黑土地保护专项基金，加强在土壤环境与生命健康、黑土保护与膳食平衡、黑土地利用与保护的若干关键性技术方面的研究，打造"政产学研金服用"一体化发展。建立涵盖全面评价指标的黑土保护量化评估指标体系，将监测和评价结果纳入各级党委政府领导班子绩效考核体系。

（三）健全黑土地法规保障体系

加强黑土地保护法律法规落实和制度建设。《吉林省土地管理条例》《吉林省黑土地保护条例》等相关法律法规的实施和宣传，使土地经营者和社会各界充分认识到黑土地保护的重要性。全面梳理现行有关黑土地的法律、法规和管理体系，提出修订和补充措施，制定相应的法律实施细则、条例和管理办法。加快制定吉林省黑土地保护法规规章，形成与中央配套衔接的法律法规体系。健全黑土地保护标准体系，围绕保障保护性耕作、旱作农业、节水灌溉、深松深翻等关键机具产品质量、关键生产环节作业质量，制定和修订一批相关标准规范和操作规程。加强农机导航与位置服务应用及标准体系研究。根据不同区域、作物特点，优化机械装备整体配置方案。

（四）强化监督考核

制定黑土地保护目标责任制考核办法，将黑土地保护纳入乡村振兴实绩考核和粮食安全责任制考核，按计划开展持续跟踪督查。严格落实地方政府保护黑土地的责任，省市县各级政府要将推进黑土地保护列入年度工作重点，建立黑土地保护目标责任制和考核评价制度，把考核评价结果作为改进政府工作和绩效考核的重要依据，督促各级政府落实保护责任，确保按时保质完成各项任务。建立工作监督专班，强化对黑土地保护的监督检查，及时发现和解决问题，不断探索新机制、发现新典型、总结好经验。设立黑土地保护先进单位和模范带头人表彰奖励项目，对在黑土地保护工作中做出突出贡献的单位和模范带头人给予表彰和奖励。严厉打击违反黑土地保护条例的各种行为。

（五）注重宣传引导

采用传统媒体与新媒体融合报道的形式，加大对黑土地保护成效、经验、模式的宣传力度。提高广大公众对黑土区在粮食生产尤其是优质农产品供保中重要作用的认识，进而强化全社会保护黑土地的意识。把黑土地保护相关政策法规、技术、模式等知识体系整体纳入各级政府有关宣传教育计划，大力科普黑土地保护知识。结合黑土地保护利用国际论坛、长春农博会、农民丰收节、"吉林省黑土地保护日"等重要活动和重要节日，充分利用好"学习强国"等重要网络学习平台，宣传报道《吉林省黑土地保护条例》、"黑土粮仓"科技会战成果、黑土地保护成功经验和典型案例。拍制黑土地保护专题纪录片，增强全社会黑土地保护意识，提高吉林黑土地保护全国知名度和影响力。

B.23
吉林省上市公司发展中的问题
与对策建议

田振兴　杨　晨*

摘　要：　随着经济的不断发展，上市公司在区域经济中的地位和作用日益重要。未来，吉林省将有越来越多的公司进入资本市场上市融资，目前还有几家公司积极准备上市。吉林省上市公司发展研究是一个新的研究领域，以往研究较少，但具有很强的实际应用意义。本报告通过调查研究，分析了吉林省上市公司发展现状和吉林省上市公司的整体质量，并根据吉林省上市公司发展中存在的问题，针对吉林省上市公司的特点提出发展建议，为吉林省上市公司的发展提供依据。

关键词：　上市公司　区域经济发展　吉林省

从20世纪90年代中国证券市场起步以来，上市公司在全国各地区经济发展中的地位和作用日益重要，已经成为带动区域经济发展的"引擎"和中坚力量。近年来，吉林省上市公司在数量和质量上都取得了长足的进步，对全省经济发展起到了重要的推动作用。对于吉林省而言，上市公司和拟上市公司数量多少、质量高低、发展快慢及可持续性，对区域内的经济社会发展、改善民生等具有重大而直接的影响。因此，研究吉

---

* 田振兴，吉林省社会科学院软科学开发研究所研究实习员，研究方向为区域经济；杨晨，吉林省社会科学院朝鲜·韩国研究所助理研究员，研究方向为世界经济。

林省上市公司发展，总结发展过程中出现的问题并找到解决方案具有积极的现实意义。

一 吉林省上市公司发展现状

（一）上市公司数量不断增加，市值规模不断扩大

截至 2021 年 8 月，吉林省辖区共有 A 股上市公司（以下简称"上市公司"）46 家，其中，沪市 18 家，深市 28 家；主板 38 家，创业板 6 家，科创板 2 家，板块总市值超过 5000 亿元。辖区共有新三板挂牌公司 60 家，IPO 在辅导企业 8 家。从全国范围看，吉林省上市公司数量占全国上市公司数量的 1.04%。在上市公司的市值方面，吉林省在全国 31 个省份中排第 24 名。从东北三省来看，吉林省上市公司数量和总市值均位于第二，高于黑龙江省，但低于辽宁省（见表 1）。

表 1　截至 2021 年 8 月全国及东北三省 A 股上市公司数量及市值

单位：家，亿元

	A 股上市公司数量	总市值
辽宁省	76	9403.9
吉林省	46	5095.9
黑龙江省	37	3373.02
全国	4439	844500

资料来源：中国证监会、吉林省金融办。

从吉林省上市公司市值分布看，截至 2021 年 8 月，有 1 家上市公司市值超 1000 亿元，1 家上市公司市值超 500 亿元，11 家上市公司市值为 100 亿 ~ 500 亿元。上市公司整体市值规模多集中在 300 亿元以下。另外，50 亿 ~ 100 亿元的公司数量最多，共 13 家（见图 1）。

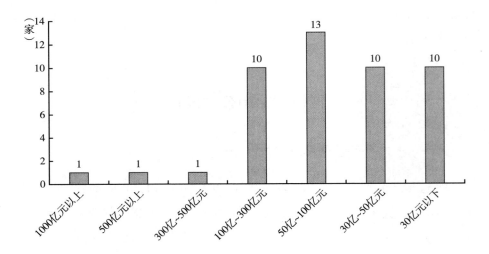

图1　截至 2021 年 8 月吉林省 A 股上市公司市值分布

资料来源：中国证监会、吉林省金融办。

（二）行业分布结构以汽车制造业、生物制造业为主

从上市公司行业分布看，在吉林省 46 家上市公司中，制造业公司最多，其数量占上市公司总数的 61%。信息传输、软件和信息技术服务业占比为11%，与制造业在上市公司中的占比差距较大，这表明制造业是吉林省上市公司分布的最主要行业。电力、热力、燃气及水生产和供应业等其他行业占比均不足 10%，数量差距明显（见图2）。

医药生物制造业、汽车制造业作为吉林省特色和优势领域，在上市公司行业分布中仍处于强势地位。其中，医药生物制造业的企业数量最多，有 8 家，占总数的 17.4%。排名第二的是汽车制造业，有 5 家，占总体的10.9%。电气机械和器材制造业有 4 家公司，排名第三。房地产业、软件和信息技术服务业、燃气生产和供应业各有 3 家公司，其他行业上市公司均少于 3 家。整体来看，吉林省上市企业的发展力量主要集中在医药生物制造与汽车制造业，后续发展实力强劲（见表2）。

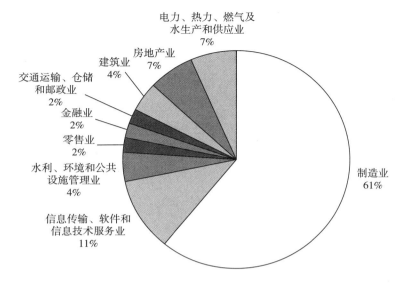

图 2　截至 2020 年 8 月吉林省 A 股上市公司行业门类分布（按上市公司数量分类）

注：行业分类采用证监会上市公司行业门类。

表 2　截至 2021 年 8 月吉林省 A 股上市公司具体行业大类分布

单位：家

所属证监会行业名称	上市公司数量
医药生物制造业	8
汽车制造业	5
电气机械和器材制造业	4
房地产业	3
软件和信息技术服务业	3
燃气生产和供应业	3
电信、广播电视和卫星传输服务	2
酒、饮料和精制茶制造业	2
有色金属冶炼加工业	2
专用设备制造业	2
建筑业	2
计算机、通信和其他电子设备制造业	1
仪器仪表制造业	1
资本市场服务	1
化学原料与化学制品制造业	1
化学纤维制造业	1

续表

所属证监会行业名称	上市公司数量
道路运输业	1
非金属矿物制品业	1
公共设施管理业	1
零售业	1
生态保护和环境治理业	1

资料来源：中国证监会、吉林省金融办。

（三）以长春为中心的分布格局形成

从上市公司区域分布来看，吉林省上市公司主要集中在中部地区，中部地区长春市的上市公司数量最多，共29家，占总体的一半以上，吉林市有7家上市公司，通化市有6家，延边州有2家，辽源市和白山市各有1家。上市公司分布总体呈现中部集中，以长春、吉林两市为中心向周边城市辐射的分布格局（见图3）。

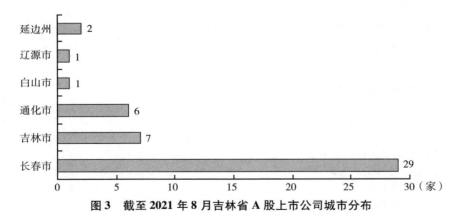

图3　截至2021年8月吉林省A股上市公司城市分布

资料来源：中国证监会、吉林省金融办。

（四）拟上市公司数量与新增上市公司数量实现新突破

从拟上市公司数量看，2020年吉林省IPO数量实现新突破，扭转了

3 年来 A 股"零上市"的局面，2020 年，吉林省新增上市公司 4 家，2 家公司过会，不仅完成了"保 3 争 6"的目标任务，并且创造了 2001 ~ 2020 年以来吉林辖区公司上市及过会数量最多的佳绩，新增企业上市数量和融资额度均居东北三省首位。2021 年，吉林省进一步推动公司上市发展。2021 年前三季度，吉林省新增上市公司数量 3 家，在有上市企业的 28 个省份中位列第三。在东北三省中位列第一（辽宁省 2 家，黑龙江省 1 家）（见图 4）。截至 2021 年 8 月，吉林辖区在辅导企业 8 家。这些后备资源企业多集中在生物制药、新能源、信息技术服务等具有吉林特色与优势的领域。其中，长春市 5 家，四平市 1 家，通化市 1 家，延边州 1 家（见表 3）。

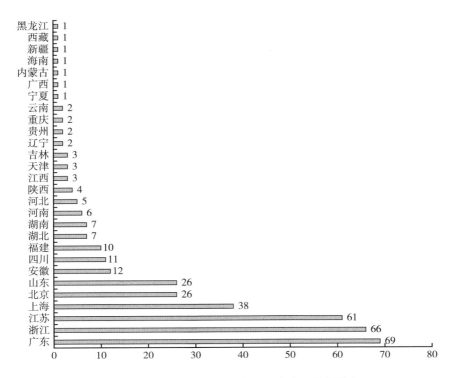

图 4　2021 年前三季度部分省份上市企业数量排名

资料来源：证监会及沪深交易所。

表3 截至2021年8月吉林辖区在辅导企业基本情况

公司名称	所在地区	主营业务
吉林省正和药业集团股份有限公司	通化市	药品生产及销售
长春嘉诚信息技术股份有限公司	长春市	信息技术服务
吉林瑞科汉斯电气股份有限公司	长春市	清洁能源设备生产与销售
长春卓谊生物股份有限公司	长春市	疫苗研发生产与销售
长春博瑞科技股份有限公司	长春市	奶牛饲料生产与销售
吉林省春城热力股份有限公司	长春市	热力供应相关生产与销售
亚联机械股份有限公司	延边州	机械加工及制造
吉林吉春制药股份有限公司	四平市	中药生产及销售

资料来源：中国证监会。

二 吉林省上市公司整体质量情况

（一）上市公司融资规模不断扩大

从市场融资主体来看，2020年吉林辖区企业通过资本市场融资515.20亿元，同比增长74.74%，募集资金额度达2001～2020年最佳水平，领跑东三省。其中，上市企业再融资（含并购重组）涉及金额272.07亿元，是2016～2020年最好的水平，占总体市场融资的52.8%。

（二）多数上市公司营业收入与净利润实现增长

上市公司质量稳中向好，吉林辖区上市公司营业收入、净利润均实现正向增长，其中，6家企业盈利迈入10亿元大关。2021年上半年吉林辖区46家（截至2021年10月22日）A股上市公司披露半年报，营业收入共计为1579.17亿元，同比增长17.45%（2020年上半年吉林地区共有44家），净利润总计为111.31亿元，同比增长56.77%；在46家吉林辖区上市公司中，一汽解放的营业收入最高，为786亿元，同比增长14.2%，占吉林辖区整体上市公司营收的49.77%；与上市企业营业收入同期相比，35家上市公司营业收入提高，11 家上市公司营业收入下降。上半年吉林辖区 46 家上市公司的营业利润率中位数为 9.14%，其中 39 家上市公司营业利润率为正值，7 家上市公司营业利润率为负值。在企业盈利方面，38 家上市公司净利润处于盈利状态，盈利企业占整体企业的 82.6%，只有 8 家上市公司的净利润处于亏损状态，其中，一汽解放净利润最高，为 32.69 亿元。虽然 32 家上市企业上半年净利润皆有所波动，但总体趋于增长。从 2017 年开始，有 3 家上市公司净利润逐年递增，分别是长春高新、金圆股份和吉电股份。

（三）上市公司风险化解取得进展

在上市公司风险化解方面，吉林证监局、吉林省金融办等部门高度重视，经过多措并举、重点攻坚，2020 年初确定的 3 家重点上市公司的风险化解工作均取得实质性进展，力争 2021 年再推动化解 3~5 家重点企业风险工作。2020 年，在吉林省 45 家上市公司中，有 6 家公司被实施 ST（被证券交易所判定暂停上市），占总体上市公司的 13.3%。截至 2021 年 10 月 22 日，ST 公司数量降至 4 家。ST 公司数量比例已不足 10%。其中，一家公司 * ST 鹏起于 2021 年 7 月 14 日被终止上市，另一家公司 * ST 经开则于 2021 年 5 月 10 日起被撤销风险警示，公司股票简称由 " * ST 经开" 变更为 "长春经开"，在 2021 年上半年吉林辖区的 46 家公司中，长春经开的净利润同比增幅最大，增幅为 224.4%。

（四）吉林省推动上市企业高质量发展相关政策不断出台

近年来，吉林省为了能够更好地推动吉林省上市企业高质量发展，鼓励更多企业上市，出台了一系列扶持政策。2017 年 3 月，吉林省人民政府发布《吉林省人民政府关于缓解企业融资难融资贵若干措施的通知》，着力推动企业上市（挂牌）融资。通过启动 "上市驱动工程"，建立地方各级政府企业上市（挂牌）工作考核机制，对完成辅导备案并纳入吉林省年度重点培育计划的拟上市企业，给予上市前期补助等方式推动企业上市。2020 年 2 月，吉林省人民政府印发了《吉林省人民政府办公厅关于进一步推动企业

上市发展的实施意见》，文件中列出十项措施推动企业上市发展，分别是加快重点企业上市培育、强化上市企业风险防范、加强上市企业资源整合、加大财政资金激励、落实税收扶持政策、保障项目用地需求、做好金融综合服务、妥善解决历史遗留问题、发挥区域性股权市场功能、完善组织保障和考评机制等。2021年8月，吉林省人民政府印发《吉林省人民政府办公厅关于进一步提高上市公司质量的实施意见》，要求全省深入实施"上市驱动工程"，推动吉林省上市公司数量稳步增长，支持优质企业上市融资；坚持规范与发展并举，优化上市公司结构和发展环境，全面提高上市公司质量。

三　吉林省上市公司存在的主要问题

（一）地区分布不均衡，行业结构差异性较大

上市公司在吉林省区域分布中呈现发展不均衡的特征。目前，吉林省上市公司主要集中在中部地区，长春为主要城市，其他城市在上市公司数量上远低于长春。西部地区如白城、松原等无上市公司。区域分布的不均衡也不利于推动吉林省经济高质量发展。

从行业结构方面来看，行业分布比较分散，行业差距比较明显。截至2021年8月，吉林省46家上市公司分布在21个行业中，排在第1位的是医药生物制造业，企业数量有8家，列第2位的是汽车制造业，有5家。房地产业、软件和信息技术服务业等其他行业均不超过3家。无论在数量上还是市值上，与前2位行业相比都有较大差距。目前，吉林省上市公司仍然以传统制造业为主，新经济领域数量较少，发展速度相对缓慢，相比于全国同行业发展水平，仍存在不小差距，在全国上市公司缺少竞争优势，影响了吉林省经济结构转型升级。

（二）核心竞争力不强

核心竞争力是企业在日常经营过程中逐步形成的具有独特竞争优势的能

力，与竞争对手相比具有不容易模仿性，能够为企业在竞争中创造超额收益。从具体内容来看，核心竞争力主要包含管理品牌人才以及创新能力等多个方面，吉林省上市公司大多是由国有企业经过改革转制而来的，因此存在明显的产权不清晰、结构不合理、管理制度落后、人员素质较低以及整体竞争水平有限等突出问题。针对这一情形，企业可以通过改革与创新来优化内部结构、提升人员素质、改变体制机制等，努力提高上市公司的核心竞争力，提高上市公司的经营效率，最终获得再融资资格。

在高新技术快速发展、产品更新迅速、产品性能和质量不断提高、新技术和新产品革命性发展的时代，企业的生存和发展在某种意义上与产品创新的能力和速度密切相关。从这个角度看吉林的上市公司，不难发现他们大多从事传统的制造业。技术含量低、附加值低的上市公司产品比重较大，技术含量高、附加值高的上市公司产品比重相对较低。除了受到吉林省生产力水平和科技水平相对落后的环境影响外，这一问题还与企业对市场需求的研究不足以及企业面对瞬息万变的市场机遇缺乏快速的经营和反应能力密切相关。此外，还与上市公司技术开发投资不足有关。上市公司筹集的资金多用于偿还投资贷款和新项目，而用于技术开发的资金少。上市公司的研发费用一般不到销售收入的2%，而许多大型外资公司占8%～10%，这种情况使上市公司一般无法自主开发具有自主知识产权的产品。这直接导致上市公司核心竞争力的弱化，许多上市公司多年来都无法找到自己的定位。

（三）政府引导协调力度不够

当前吉林省各级政府已经充分意识到资本市场在企业发展中的重要作用，能够带动企业产业规模调整以及结构优化，推动民营企业实现经济增长，因此普遍重视上市公司对整体经济发展的主导性作用。但在这一过程中不能忽视对上市企业的规范和引导作用。尽管政府不得干预企业的正常生产经营，但能够从宏观以及政策领域提供必要的引导和协调服务，这对上市公司未来的长远发展起着重要作用。目前，吉林省政府每年都会针对鼓励企业

上市出台相关政策，但是，目前受多种因素影响，相关政策落实较为缓慢，政策出台后效果不强。

四　吉林省上市公司发展的对策建议

（一）增强企业核心竞争力

一是建立健全现代企业制度，规范公司治理结构。上市公司应当按照"权属明晰、权责明确、政企分开、管理科学"的要求，加强现代企业制度建设，使企业董事会、经理会、监事会更加健全。合理分工、个体约束和相互制约，发挥制衡三者的作用，促进企业管理决策科学高效。上市公司应通过规范管理方式努力在市场投资者面前树立吉林省上市公司的良好形象。

二是提升创新能力，创新是经济发展的重要推动力，更是提升企业竞争力的重要手段。在政府方面，政府应制定和完善配套政策，首先，对于企业研发资金的投入，政府除了财政补助资金支持之外，更多地需要运用税收等政策来扶持企业创新，比如专利申请的奖励、高新技术企业认定的奖励、企业所得税减免和创新成果考核的直接挂钩等。在企业自身方面，首先企业应进一步加强一流研发团队的培育和建设，具体实施时可采用"引进"和"培养"并举方法。"引进"可以采取和国内外对应高校进行紧密型校企合作，联合建设研发中心、工作站等，充分借助"外脑"的力量培育企业自身研发能力。其次，企业应以市场为导向，及时收集市场信息，关注行业政策和走向，充分调研和了解消费者和客户的需求，结合自身特点，走集中资源专注于自身具备一定基础优势的某一领域的技术开发和创新路径，把产品或服务做高、做精、做尖，在不太长的时间内产出创新成果。

三是提高管理能力，主动适应市场发展。面对外部市场竞争逐渐趋向于白热化以及整个市场的需求空间逐渐向个性化和差异化方向发展，吉林省上市公司必须注重对资源管理体系的创新与完善，对当前企业流程重新梳理和再造，打造企业快速发展的有效路径，由此来满足更具个性化和差异化的市场需求。注重营销设计的电子化和网络化，突出管理创新在上市公司竞争优势中所发挥的独特作用。

四是强化人力资源培养和引进，着力提升整个员工队伍的综合素质。从根本上来看，企业之间的竞争主要集中在人力资本领域。因此，整个吉林省的上市公司必须强化自身对高层次人才的吸引力，制定更具科学完善的人才培养和引进机制，优化人才结构，提升整个地区人力资源管理水平。在地方产业发展急需的创新型研发人才的引进上给予大力支持。为创新型人才落户、子女入学、人才住房奖励、项目研发启动资金等方面给予最大的便利，吸引八方英才为吉林省经济发展而奋斗。由此带动地区经济能够集聚更大的核心优势，取得突破性发展。

（二）拓宽融资渠道

资本市场在整个经济发展中所担负的重要使命是为上市公司提供充足可持续的融资保障。资本市场所能筹集的资金规模较大，并且成本较低，拥有多元化的融资路径成为这一市场中所占据的融资优势。吉林省必须充分发挥上市公司在整个资本市场中所占据的优势作用，带动经济不断发展，逐步缩小自身与发达省份存在的差距。

一是转变发展理念，强化资本市场发展能力。由于吉林省的发展理念相对落后，在以往失去了诸多重大发展机遇。今后，吉林省将逐步摆脱以往过于传统而僵化的地方保护主义理念，不断提升整个市场的开放性，对当前的各项体制机制进行优化和完善，简化相应的审批流程提高收费项目的规范性，由此打造更具规范性和有效性的市场发展秩序，为更多企业打造良好的投资环境，带动资本人才以及各项竞争要素的有效流动，在整个市场中形成良性发展机制，为吉林上市公司的再融资提供健全完善的外部环境。

二是创建多元化的融资路径。扩大企业债券发行规模。当前吉林省整个债券市场面临着发展水平过于滞后的问题，未来吉林省必须扩大自身在债券市场中的发行规模，充分发挥出债券市场所担负的价值作用，借助增发新股以及完善和优化发行方式的有效路径来吸引更多的投资主体。

三是与各个证券公司打造长期稳定的战略合作关系，充分利用证券公司在整个市场中的融资优势，不断创新融资品种，扩大融资规模。资本市场在企业并购重组以及改制等各个过程中发挥着关键性作用。由于整个吉林省上市企业在资本市场中的融资规模有限，必须强化与各个证券公司的战略合作能力。通过经纪人对吉林省部分潜在企业的精心探索和培育，支持重点行业重点企业的改制上市，推荐吉林省更多优秀企业上市；借助经纪人的帮助，吉林省上市公司促进股票市场的发展，使部分贫困企业上市，使吉林企业的业绩回暖。

（三）合理调整上市公司在地区和产业结构上的布局

在地区布局方面，从地区分布看吉林、长春两地上市公司共有 32 家，占省内 46 家 A 股上市公司的 70%，而白城、四平、松原却没有 1 家公司上市。上市公司数量基本与经济发展程度是一致的，要带动这些地区经济的发展，上市公司的作用是不可忽视的。从目前中国上市公司的实践看，上市公司对本地区经济发展的影响越来越大，对地区经济发展能够起到龙头带动作用。从目前吉林省上市公司地区分布看，应大力促进白城、四平、松原等地区的企业上市，重点培育能够发挥这些地区比较优势的企业和高新技术企业在证券市场上市融资，从而起到带动本地区经济、扩大本地区在全国的知名度，达到招商引资，促进地区经济发展的目的。

在产业结构方面，要做大做强优势产业，发挥区域优势，扬长避短，因势利导。吉林省两大支柱产业为汽车、石化，同时要大力发展食品、医药、电子三大优势产业，积极探索产业资本与知识资本结合的新思路，加快科技成果转化为现实生产力的过程，以增强吉林省经济发展的后劲。吉林省高校资源丰富，且有三大研究所——中科院长春光学精密机械与物理研究所、中科院长春应用化学研究所、中科院东北地理与农业生态研究所，还有国药集团下属的生物制品研究所。应充分利用知识资本，加快科技成果的转化，通过产业资本和知识资本的"联姻"，形成优势互补，加快吉林省高新技术产业的发展步伐。

（四）加强政府扶持和引导力

作为社会经济活动的"总协调人"，政府必须优化上市公司发展的宏观调控结构。一是给予上市企业税收扶持和财政支持，给予总部或主营业务在吉林省的上市企业相应的财政补贴，并保证补贴落实到位，并给予这些上市企业一定程度上的税收减免，或出台一系列延期或暂缓缴税的相关政策。二是对拟上市企业的用地需求给予支持，政府应优先安排拟上市企业募集资金投资鼓励类的项目用地指标，并在项目的预审、报批、供应和办证等多个环节给予优先安排。三是强化上市企业资源整合，积极利用借壳上市和并购重组等相关政策，对拟上市企业进行扶持和引导，引导上市公司进行资源整合。

参考文献

罗俊成、马宇欣：《吉林省上市公司发展困境与建议》，《经贸实践》2017 年第 9 期。

张大庆：《吉林省上市公司发展现状及建议》，《企业改革与管理》2015 年第 6 期。

李思勇、张晶：《吉林省上市公司内部控制信息披露研究》，《长春大学学报》（自然科学版）2017 年第 1 期。

刘斌、陈阳：《东北上市公司与地区经济发展研究》，《中国市场》2017 年第 11 期。

B.24
吉林省人口变动趋势研究

全龙杰*

摘　要： 第七次全国人口普查数据显示 2020 年吉林省总人口为 2407.3
万人，较 2010 年第六次全国人口普查数据减少了 337 万人，
人口负增长已成为吉林省人口长期变动趋势。老龄化与少子化
并行、人口减少与人才流失的双重困境、劳动年龄人口减少阻
碍经济发展是吉林省人口发展面临的主要问题。预计到 2035
年，吉林省 65 岁及以上老年人口将达到总人口的近30%，劳
动年龄人口比 2020 年减少 589 万人左右。吉林省应从针对人
口过程本身和针对人口变动的影响的两类政策着手，从促进人
口增长、应对人口老龄化、劳动力减少影响等方面层层丰富对
策类型、细化对策措施，构建积极应对新时期吉林省人口变动
趋势的政策体系。

关键词： 人口变动　人口预测　超老龄社会　吉林省

《中华人民共和国国民经济和社会发展第十四个五年规划和 2035 年远景
目标纲要》指出我国已进入新发展阶段，发展基础更加坚实，发展条件深
刻变化，进一步发展面临新的机遇和挑战。吉林省作为相对落后地区，欲在
新发展阶段把握机遇、应对挑战，推动东北振兴取得新突破，必须深刻认识
新的发展环境，立足于省情，准确识变、科学应变、主动求变。而一定数量

---

* 全龙杰，吉林省社会科学院社会学研究所助理研究员，法学博士，研究方向为人口与发展。

和质量的人口是任何国家或地区经济社会发展的前提条件。因此，充分把握吉林省的人口变动趋势及其对经济社会的影响，是推动新时代吉林全面振兴全方位振兴实现突破、开辟新局的关键。

一　吉林省人口变动及现状

本报告以第五次、第六次、第七次全国人口普查吉林省人口数据为依托，聚焦 21 世纪以来，特别是 2010~2020 年吉林省人口的现状及变动，对相关人口指标展开分析。

（一）吉林省总人口及地区人口的变动

近年来，持续的人口负增长已成为吉林省人口发展的常态。第七次全国人口普查结果显示，吉林省全省总人口为 2407.3 万人，与 2010 年第六次全国人口普查相比，减少 337.9 万人，10 年间减少 12.31%，年均减少 1.31个百分点。[①]

分地区来看，2020 年在吉林省 9 个市（州）中，人口超过 500 万人的地区有 1 个，200 万~500 万人的地区有 2 个，100 万~200 万人的地区有 4个，少于 100 万人的地区有 2 个。其中，人口居前 3 位的地区合计人口占全省人口的比重为 62.07%。[②] 与第六次全国人口普查相比，9 个市（州）中，仅长春市常住人口有所增加，10 年间净增加 30 万人，其他地区常住人口均有不同程度减少。从人口数占全省总人口的比重来看，也仅有长春市有所增加，从 2010 年的 31.9% 上升为 2020 年的 37.7%（见表 1），这表明人口在省域内进一步向长春市集中。

[①] 《吉林省第七次全国人口普查公报（第一号）》，吉林省统计局网站，2021 年 5 月 24 日，http：//tjj. jl. gov. cn/tjsj/tjgb/pcjqtgb/202105/t20210524_ 8079008. html。

[②] 《吉林省第七次全国人口普查公报（第二号）》，吉林省统计局网站，2021 年 5 月 24 日，http：//tjj. jl. gov. cn/tjsj/tjgb/pcjqtgb/202105/t20210524_ 8079030. html。

表 1　2010 年、2020 年吉林省各市（州）常住人口

单位：人，%

地区	人口数	比重	
		2020 年	2010 年
全省	24073453	100.00	100.00
长春市	9066906	37.66	31.94
吉林市	3623713	15.05	16.08
四平市	1814733	7.54	8.35
辽源市	996903	4.14	4.28
通化市	1302778	5.41	6.23
白山市	951866	3.95	4.72
松原市	2252994	9.36	10.49
白城市	1551378	6.44	7.40
延边朝鲜族自治州	1941700	8.07	8.27
长白山管委会	61146	0.25	—
梅河口市	509336	2.12	2.24

资料来源：《吉林省第七次全国人口普查公报（第二号）》，吉林省统计局网站，2021 年 5 月 24 日，http://tjj.jl.gov.cn/tjsj/tjgb/pcjqtgb/202105/t20210524_ 8079030.html。

（二）吉林省人口生育状况

近年来，吉林省一直是全国范围内生育水平最低的地区之一，持续的低生育水平进一步加剧了人口负增长，值得引起关注。

第七次全国人口普查数据显示，2020 年吉林省出生人口数为 11.6 万人，人口出生率仅为 4.8‰，远低于全国平均的 8.5‰。与 2010 年相比，吉林省的出生人口数减少了 6.1 万人，降幅达 34.5%；人口出生率降低了 2.45‰。从总和生育率来看，2000 年第五次全国人口普查显示，吉林省的总和生育率已降至 0.84 的极低水平，2010 年第六次全国人口普查和 2015 年全国 1% 人口抽样调查数据显示吉林省的总和生育率进一步下降至 0.76 和 0.64，[1] 这样的超

---

① 马宏兴：《人口流动对吉林省生育水平影响分析》，硕士学位论文，吉林大学，2018。

低生育率在全世界范围内都是十分罕见的。虽然目前还无法获得吉林省2020年的总和生育率数据，但其在短时间内出现大幅回升几乎是不可能的，目前应该仍然处于一个极低的水平。

从出生性别比来看，吉林省的生育无明显的男孩偏好。2010年吉林省的出生性别比为115.67，低于全国平均的121.21；2015年1%人口抽样调查数据显示，吉林省的出生性别比降至112.99，亦低于全国平均水平；2020年更是下降至107.31，基本上达到了生物学上出生性别比的正常范围（103～107）。2019年生育状况抽样调查数据显示，吉林省育龄人群理想的子女数平均为1.77个，其中男孩数为0.827个，女孩数为0.946个，理想子女数的性别比仅为87.37，打算生育的子女数平均为1.4个，其中男孩数为0.705个，女孩数为0.697个，打算生育子女数的性别比为101.07。这两项性别比都低于生物学上出生性别比的正常范围，因此仅从此项调查数据来看，吉林省甚至出现了女孩偏好的倾向。这样的生育观在客观上加剧了吉林省生育水平的下降。

（三）吉林省人口年龄结构的变动

吉林省人口年龄结构最主要的特点是老龄化程度高且速度快，同时伴随严重的少子化，导致人口年龄结构失衡。

从老龄化的情况来看，第七次全国人口普查数据显示2020年吉林省有65岁及以上老年人375.7万人，占全省总人口的15.6%，高于全国平均的13.5%，已率先进入深度老龄社会①；老年抚养比为21.5%，也高于全国平均的19.7%。同时，吉林省老龄化的速度很快，自2003年正式步入老龄化社会以来，65岁及以上老年人口的比重从7%上升到14%仅用了17年的时间，而全国范围内完成这一进程预计需要24年。从少子化的情况来看，2020年吉林省0～14岁少年儿童人口的比重仅为11.7%，远低于全国平均

---

① 一般认为65岁及以上老年人口的比重达到7%为老龄化社会，14%为深度老龄化社会，20%为超老龄社会。

的18%。虽然这一比重较2010年的12%未出现较大的下降，但少年儿童人口绝对数在11年间减少了47.3万人。

老龄化和少子化的共同作用，对吉林省的人口年龄结构产生了深刻的影响。从2020年吉林省的人口金字塔可以看出，吉林省人口的整体年龄结构已严重老化，年龄中位数高达46岁，人口众数集中在50～54岁的中高年龄组，而持续的少子化进程导致金字塔的底部出现了明显萎缩，在55岁以下的部分呈现出倒金字塔状分布（见图1）。

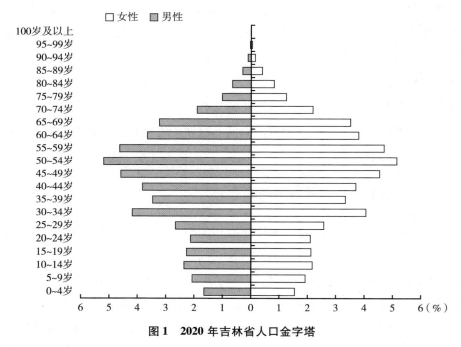

图1 2020年吉林省人口金字塔

资料来源：吉林省统计局。

（四）吉林省人口的空间分布

从人口密度来看，吉林省人口空间分布很不均衡，显著特征是由东西两端向中部集中。2020年吉林省平均人口密度约为125人/公里²，略低于全国平均水平。其中，长春市的人口密度最高，达到了367人/公里²，其次是辽源市和四平市，分别为 194 人/公里^2 和 176 人/公里^2；两侧的吉林市、松原市和通化市的人口密度都在 200～100 人/公里^2；东西两端的白城市、白山市、延边朝鲜族自治州的人口密度最低，均不足 100 人/公里^2，其中延边朝鲜族自治州的仅有 45 人/公里^2，为全省最低。长春市的人口密度是延边朝鲜族自治州的 8.2 倍。

从人口的城乡分布来看，2020 年第七次全国人口普查数据显示吉林省城镇人口为 1507.9 万人，占全省人口的比重（城镇化率）为 62.64%；乡村人口为 899.4 人，占全省人口的比重为 37.36%。与 2010 年第六次全国人口普查相比，吉林省的人口城镇化率上升了 9.28 个百分点。[1] 分地区来看，吉林省人口城镇化率最高的地区是白山市和延边朝鲜族自治州，分别高达 79.32% 和 76.48%；其次是长春市和吉林市，分别为 65.94% 和 63.51%；其余市（州）的人口城镇化率均在全省平均水平以下，其中通化市、辽源市、白城市和四平市的人口城镇化率为 50%～60%，松原市仅有 46.89%，为全省最低。

（五）吉林省人口流动状况

第七次全国人口普查数据显示，2020 年吉林省人口中，人户分离人口[2]为 1035.1 万人，其中，市辖区内人户分离人口为 239.9 万人，流动人口[3]为 795.1 万人。在流动人口中，跨省流入人口为 100.1 万人，省内流动人口为 695 万人。与 2010 年第六次全国人口普查相比，人户分离人口增加 588.9 万人，增长 131.96%；市辖区内人户分离人口增加 108.7 万人，增长 82.86%；流动人口增加 480.1 万人，增长 152.42%。

根据历年《吉林统计年鉴》数据推算，2014 年、2015 年吉林省的迁入

---

[1] 《吉林省第七次全国人口普查公报（第一号）》，吉林省统计局网站，2021 年 5 月 24 日，http://tjj.jl.gov.cn/tjsj/tjgb/pcjqtgb/202105/t20210524_8079008.html。
[2] 人户分离人口是指居住地与户口登记地所在的乡镇街道不一致且离开户口登记地半年以上的人口。
[3] 流动人口是指人户分离人口中扣除市辖区内人户分离的人口。

人口和迁出人口尚能趋于平衡，此后就开始持续的人口净流出状态，2016～2019年，共净流出人口61.85万人，年均15.46万人。在全省范围内，2014年以来只有长春市的流入人口大于流出人口，但净流入人口数量为2000人左右。

二　吉林省人口发展趋势预测

人口预测是把握人口发展趋势最直观有效的方式。本报告利用Spectrum 4.0软件，采用队列要素法对吉林省未来人口进行场景预测。囿于数据的可获得性，在各项参数设置有据可循的原则下，仅进行短期预测。预测结果仅对吉林省未来的人口发展提供趋势性的参考，无法完全代表实际情况。

（一）预测参数设定

起止年份：2020～2035年。

模型生命表：寇尔—德曼模型生命表中的西区模式。

起始人口：根据2020年第七次全国人口普查中吉林省分年龄分性别的人口数据计算各5岁年龄组分性别人口，开口年龄为80岁。

总和生育率：假设2020年的总和生育率为0.84（目前无法获得2020年吉林省真实的总和生育率数据，故假设在全面二孩政策实施后，吉林省的总和生育率恢复到2000第五次全国人口普查所显示的水平，即0.84），2035年回升至1.3（2020年全国平均水平），其间采用内插法计算。

年龄别生育率：假设年龄别生育率维持2015年1%人口抽样调查结果显示的吉林省的水平不变。

出生性别比：2020年为107.31，假设2035年进一步下降至正常水平的106，其间采用内插法计算。

人均预期寿命：2015年吉林省人均预期寿命为男性74.1岁，女性78.4岁，参考《"健康吉林2030"规划纲要》目标，假设2035人均预期寿命增长至男性77.9岁，女性82.7岁，其间采用内插法计算，则2020年吉林省人均预期寿命为男性 75.1 岁，女性 79.5 岁。

　　人口流动：起始人口流动设定为近年平均的负 15.46 万人，假设男女各一半，且到 2035 年人口流动维持不变。

（二）预测结果

　　预计到 2024 年，吉林省总人口将减少到 2297 万人左右，此后继续减少，到 2034 年前后跌破 2000 万人大关，到 2035 年将减少到 1929 万人左右（见图 2）。从人口年龄结构看，未来吉林省 0～14 岁少年儿童的比重仍会继续缓慢下降，到 2025 年下降到 10% 以下，2035 年下降到 7.4% 左右；15～64 岁劳动年龄人口比重将大幅下降，到 2025 年下降到 70.5% 左右，2035 年下降到 60.2% 左右；65 岁及以上老年人口比重将大幅上升，到 2025 年上升到 19.8% 左右，在 2026 年左右突破 20%，步入超老龄社会，到 2035 年上升到 32.5% 左右（见图 3）。也就说，预计到 2035 年，吉林省每 3 个人中就有 1 个是 65 岁及以上的老年人；届时，吉林省的老年抚养比将达到 54% 左右，总抚养比将达到 66.3% 左右。

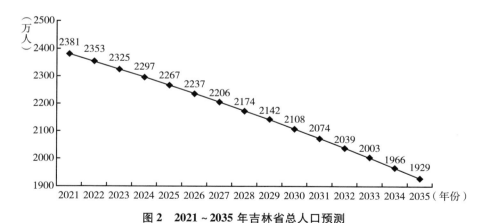

图 2　2021～2035 年吉林省总人口预测

　　根据预测结果绘制吉林省 2035 年的人口金字塔，可以更直观地看出吉林省人口在老龄化与少子化的共同作用下，顶部迅速膨胀、底部持续萎缩的变化趋势。随着目前人口众数所集中的 45～59 岁年龄组的人口相继步入老

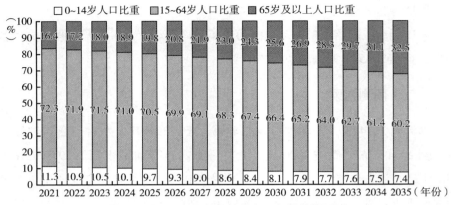

图 3　2021～2035 年吉林省人口年龄结构预测

年，吉林省老龄化的进程在未来一个时期会出现明显的加速。人口整体的老化更加明显，70 岁以下分年龄的人口完全呈现出倒金字塔结构，年龄中位数将从目前的 46 岁逐步上升至 2035 年的 56 岁左右（见图 4）。同时，虽然本报告较为乐观地预测吉林省的总和生育率会在未来出现回升，但由于人口总体老化和育龄人口减少等因素的共同作用，吉林省的出生人口在未来一个时期仍将继续减少。

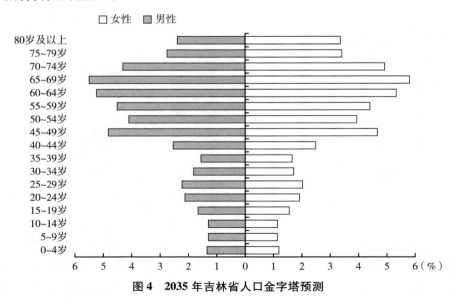

图 4　2035 年吉林省人口金字塔预测

三 吉林省人口发展面临的主要问题

（一）人口负增长已成为吉林省人口长期趋势

由于人口惯性的存在，预计在未来一个时期，吉林省人口仍将维持负增长的态势。从人口的自然增长层面来看，吉林省的生育水平下降得过低，早已深陷"低生育率陷阱"，生育水平很难在短期内恢复到较高水平，加之吉林省人口整体老化，育龄人口不断减少，因此未来吉林省的出生人口规模将继续萎缩，而这种萎缩又会进一步加剧老龄化程度。另外，随着老龄化不断加深和老年人口的迅速膨胀，未来吉林省的人口死亡率将会出现较大的上升。生育水平低下与死亡率上升的作用相叠加，会导致吉林省人口自然增长率不断走低。从人口的机械变动层面来看，在全国范围内都在实施户籍制度改革、各地纷纷放开落户限制的情况下，人口流动的大趋势必然是从落后地区向发达地区流动，因此吉林省在未来一个时期将面临人口净流出常态化的局面。人口的自然增长率和机械增长率都长期为负，因此人口负增长已经成为，并且在未来相当长的一段时期都将是吉林省人口发展的主要趋势。

（二）超老龄社会为吉林省社会经济发展带来巨大压力

吉林省作为相对落后地区，老龄化的进展却明显快过全国平均水平，2020 年 65 岁及以上老年人口比重已超过了 14%，率先步入深度老龄社会。可以说是国内"未富先老"地区的代表。根据本报告的预测，吉林省 65 岁及以上老年人口比重将在 2026 年达到 20% 以上，正式步入超老龄社会。到 2035 年，吉林省的老年抚养比将达到惊人的 54%，直观地考虑，即每 2 名劳动年龄人口就需要供养 1 名以上老年人，这无疑会为吉林省社会保障、养老服务供给、地方财政、医疗卫生服务等方方面面带来巨大的挑战。

即便不借助人口预测，仅观察 2020 年吉林省的人口金字塔也可以直观地判断，人口年龄众数的 45~59 岁中高年龄组将从 2025 年开始相继达到 65

岁,梯次步入老年阶段。因此,从 2025 年开始,吉林省的老龄化进程将会进一步加速,65 岁及以上的老年人口将出现一波"井喷式"的增长。吉林省必须在"十四五"期间做好准备,应对即将到来的超老龄社会的冲击。

(三)吉林省面临人口减少和人才流失的双重困局

前文提到吉林省人口净流出将是未来常态化的局面,同时,流出的人口大多数正值青壮年,这部分人口既是育龄人口,又是劳动年龄人口。因此,这部分人口的净流出会进一步拉低吉林省的生育水平、加剧老龄化程度、提高老年抚养比。

从吉林省流动人口的构成来看,一方面,流入人口中购房、投靠落户仍是落户的主体,专业人才、高校毕业生、投资和企业招工等优质人口落户的比重较低。即便是最大的城市长春市,2016 ~ 2019 年各类人才落户 4421人,院校毕业生落户 9725 人,投资落户 242 人,企业招工落户 3124 人,仅占迁入人口的 11%。另一方面,在良好的发展机遇和优越的工资条件的吸引下,省内高校毕业生大量外流,已有高端人才也不断受到冲击,省内高校及研究机构的科研人员跳槽的现象日渐普遍。以吉林大学 2017 届本科毕业生的就业统计数据为例,仅有 23.2% 毕业后在省内就业,这一比例甚至远低于该届毕业生省内生源比例的 28.2%。因此,吉林省所面临的不只是人口减少的困局,亦是人才流失的困局。

(四)吉林省劳动年龄人口减少阻碍经济发展

在老龄化、少子化及人口净流出的共同作用下,未来吉林省劳动年龄人口的绝对数量和比重都将持续降低。2020 年吉林省 15 ~ 64 岁劳动年龄人口有 1749.8 万人,占全省总人口的比重为 72.7%,这一比重尚略高于全国平均的 68.6%[①]。但这并不意味着吉林省的劳动力相对于全国丰富,因为当前

---

① 《第七次全国人口普查公报(第五号)——人口年龄构成情况》,国家统计局网站,2021 年 6 月 28 日,http://www.stats.gov.cn/tjsj/tjgb/rkpcgb/qgrkpcgb/202106/t20210628_1818824.html。

吉林省人口年龄中位数已高达 46 岁，远高于全国平均的 38.7 岁，几乎与日本、意大利等老龄化最严重的国家持平。这意味着吉林省现有劳动力内部的老化也十分严重，随着中高龄劳动者在未来相继步入老年，吉林省的劳动年龄人口将加速萎缩，其速率将远高于全国平均水平。预测到 2035 年，吉林省 15~64 岁劳动年龄人口将降至 1161 万人，减少了 30% 以上；劳动年龄人口比重也将降至 60% 左右。有研究表明，人口年龄结构的变动与经济增长之间存在长期的协同关系,[①] 劳动年龄人口的大幅下降，会拉低 GDP 增长率，抑制潜在经济产出。[②]

四　应对吉林省人口变动趋势的建议

针对吉林省人口变动趋势采取的对策，应从以下两个大的方面展开：其一是针对人口变动过程本身所采取的措施，旨在恢复合理的人口规模和人口结构，可以称其为第一类对策；其二是针对人口变动的影响采取的措施，旨在维持社会在现有人口形势下平稳运行，可以称其为第二类对策。在第一类对策下进一步讨论促进人口自然增长和机械增长的对策；在第二类对策下进一步讨论应对老龄化、少子化和劳动力减少等带来的影响的对策。层层丰富对策类型、细化对策措施，最终形成积极应对新时期吉林省人口变动趋势的政策体系。

（一）构建婚育友好型社会，应对低生育问题

吉林省的生育水平下降得过低，早已深陷"低生育率陷阱"，很难在短期内得到恢复。因此，提升生育水平，仅靠开放二孩、三孩，鼓励生育的政策是不够的，必须通过一系列整体性的配套措施，营造让未婚的年轻人乐于

---

① 王晓峰、马学礼：《老龄化加速期人口因素对日本经济增长的影响——以人口、经济的双重拐点为视角》，《现代日本经济》2014 年第 5 期。

② 王晓峰、全龙杰：《少子化与经济增长：日本难题与中国镜鉴》，《当代经济研究》2020 年第 5 期。

结婚，已婚的年轻人乐于生育的社会环境。一是加大财政投入，降低生育、育儿成本，减轻育龄人群和育儿家庭的经济压力；彻底实施"双减"政策，加大对公办托儿所、幼儿园及义务教育的投入，促进义务教育资源均等化，降低教育成本。二是构建工作和家庭能够兼顾的社会环境，减轻育儿家庭，特别是双职工家庭照料孩子的压力，可以导入弹性出勤制度、鼓励企事业单位自办职工子女托儿所、完善中小学校车制度、鼓励中小学设置课后教室等对策措施。三是构建女性可以安心就业的社会环境，一方面要引导男性更多地参与家庭劳动，分担家庭照料责任，另一方面政府要帮助女性分担因生育产生的机会成本，提高生育保险待遇，并针对育儿期女性提供灵活的就业形式。发动多元社会主体共同参与，从整体上构建婚育友好型的社会环境。

（二）优化留才引才机制，应对人口净流出

进入新发展阶段，面对全国日益激烈的人才竞争形势和人口持续净流出的常态，吉林省必需高度重视留才、引才工作，优化人才政策，积极营造"拴心留人的良好环境"。吉林省现行人才政策主要存在三个方面的问题：一是整体上优惠力度不大，吸引力与其他省份的人才政策相比明显不足；二是目标人群与相应政策匹配度低；三是政策粗放，不够细化、量化，不利于实际落实。优化吉林省留才引才机制，一是要加大投入，让各类人才在最关心的现实问题上切实得到实惠；二是明确目标人群，提高各类政策对不同类型人才的针对性和匹配度，如人才子女基础教育阶段的相关政策作用于 A 类（国内外顶尖人才）和 B 类（国家级领军人才）人才显然就属于错配，应该更向下兼容其他类型的人才；三是细化、量化各类人才政策，并聚焦畅通政策落地"最后一公里"，建立健全政策落实机制和人才公共服务体系，确保政策务实管用，初级政策落地落实。

（三）加速完成老龄事业布局，应对超老龄社会

"十五五"时期，吉林省将正式步入超老龄社会，并集中迎来一大批新增的 65 岁及以上的老年人口。因此，吉林省必须在"十四五"期间加速完

成老龄事业的全方位布局，方能应对接踵而至的超老龄社会的挑战。吉林省在全国范围内属于典型的"未富先老"地区，经济相对落后，但老龄化进程领先于全国，因此加速完成省内老龄事业布局，需要优先确保有限的资源向普惠型、兜底型养老服务倾斜，迅速完善养老、医疗、照护等硬件设施及软件条件，确保省内养老服务体系经受住5年后老年人口激增的冲击。其次，吉林省农村老年人口数量巨大，需要基本养老服务和基本公共卫生服务向农村地区倾斜，提高乡镇医疗机构的医护服务水平，加强基层老龄事业队伍建设。再次，大力开发老龄人力资源，一方面可以提高老年人的生活质量，另一方面"十五五"到2035年吉林省巨大的低龄老年人口规模在一定程度上可以填补劳动年龄人口锐减产生的空缺。为确保应对超老龄社会，吉林省财政也需积极进行准备，确保加速老龄事业布局获得足够的财政支持。

B.25
吉林省工业遗产保护与开发研究[*]

徐　嘉[**]

摘　要： 随着城市更新脚步的加快，老工业区搬迁改造再利用的工作持续推进，工业遗产的妥善安置处理问题再度成为热点。工业遗产是工业文化的物质实体表现，也是城市建设扩张过程中亟待解决的问题，更关系到城市未来的规划布局与发展建设。在研究城市更新的过程中，对工业遗产的保护与开发的研究有着重要的意义，在分类界定的基础上，挖掘其自身价值，给予资金、政策等方面的支持，加大保护开发力度，使其在城市更新中焕发活力，创造新价值。

关键词： 工业遗产　产权主体认定　吉林省

　　立足"十四五"规划和 2035 远景目标，对城市更新行动、城区的旧城搬迁改造提出了进一步要求，而作为其中重要环节的工业遗产的保护与开发再利用，再次提上日程。随着《推动老工业城市工业遗产保护利用实施方案》的正式出台，国家对现存工业遗产予以重视，加大合理利用开发力度，让老工业城市焕发新活力，助力城市的工业废旧遗迹从"锈迹斑斑"向"生机勃勃"转型升级。

---

　[*]　本报告为 2021 年吉林省社会科学院一般项目"吉林老工业基地工业遗产保护与开发再利用研究"的阶段性研究成果；2021 年度吉林省哲学社会科学智库基金招标项目"吉林省城市形象品牌化研究"（项目编号：2021JLSKZKZB065）的阶段性研究成果。
　[**]　徐嘉，吉林省社会科学院城市发展研究所副研究员，研究方向为城市发展、产业发展。

一　吉林省工业遗产资源现状

（一）吉林省现存工业遗产发展历程

在对吉林省工业产业历史进行考察的过程中，发现吉林省的工业遗产历史较长且种类丰富。工业遗产历史可以追溯到清末，在20世纪中末期发展壮大，业界对于如何认定工业遗产，以及工业遗产的分类及属性，有着诸多标准与认定规则，根据现行国际评定标准，[①] 吉林省的现存工业遗产大致可以按时间线总结为以下两个阶段。

首先是近代工业历史阶段，主要涵盖了从清末至1949年整个近代工业的发展历程，从东北经历的近代工业初步产生，有相应的门类陆续出现，到近代工业缓慢发展，外资投资建厂，再到私营合营资本工业在吉林省自由发展。其经历了两个高峰，一是清末民初时期，一个是东北沦陷时期。清末民国初期工业企业遗留的工业遗产主要有裕昌源火磨、夹皮沟金矿、天兴福面粉厂、吉林机器局、吉海铁路总站等。[②] 东北沦陷时期的工业遗产充斥着殖民统治色彩，以当时工业发展较好的"新京"长春为代表，日本殖民统治过程中进行的工业化与城镇化建设，体现在工业发展的较多领域，涵盖了机械、冶金、纺织、化工等类别。从工业遗产遗存的工业企业名称就可以看出当时日本在华工业企业针对资源疯狂攫取的势头：伪满阜新炭矿株式会社、伪满南岭净水厂等。铁路工业也是这一阶段工业遗产的代表，中东南满铁路支线四平段机车修理库、伪满吉林铁路局办公

---

① 国际上对工业遗产的评定有如下标准：早期建设的具有开创性的工业景观，标志某工业门类在中国的发端；与重大历史或政治事件相关联；规模和技术上在同行业中曾经占据主导地位，代表当时生产力的先进水平；标志工业生产技术变革或管理形式创新；对促进地区经济增长和城市化产生深远影响；体现某时期工业生产衍生的特定审美取向。依据国际惯例，一个工业遗存如果符合以上标准三条或三条以上，就可以认定为是工业遗产。根据以上标准就可以对吉林省内各个历史时期的工业遗存分析和对照。

② 韩楠：《吉林省工业遗产保护与利用研究》，硕士学位论文，东北师范大学，2014。

楼都是铁路工业遗迹的组成部分，至今留存较为完整，特别是四平段机车修理库，不仅有较高的历史价值，是侵略建筑佐证，也是近代工业被侵略的历史见证。同样见证重要煤炭资源被掠夺的外资经营的西安炭矿株式会社，最终在抗战胜利后转变身份，成为新中国成立后吉林省内大型煤炭基地，成为跨越不同历史阶段的工业遗产。其次是现代工业历史阶段，主要是1949年新中国成立至今，先是新中国成立初期的社会主义工业恢复与发展，再经历了工业曲折发展的10年，后面进入改革开放新时期。吉林省目前主要涉及的现代工业遗产主要还是围绕着新中国成立后，随着"一五""二五"社会主义工业初步发展直至改革开放前的大部分工业遗迹、景观、技术、人文非物质文化遗产等。吉林省作为新中国重工业基地，共和国机械、化工、汽车等工业行业领军企业所在地，不仅打造了全国支柱产业的核心企业，也向全国各地源源不断地输送技术与人才。这一阶段的工业遗产也较为丰富："一五"期间建设的产出了第一辆解放与红旗的长春第一汽车制造厂、"中国客车摇篮"长春客车厂、东北光学仪器厂、吉林柴油机厂等，"二五"期间冶金工业体系的冶炼厂、钢厂、化工厂、橡胶厂等。

（二）吉林省城区老工业区搬迁改造持续推进

近年来，随着城市更新与城区老工业区搬迁改造的持续推进，对工业遗产的保护与开发，主要是针对城区老工业区现有已经废弃或维持原始状态继续运行价值不大的工业遗产而进行的，而具体的认定，自2014年国家针对城区老工业区搬迁改造发布了具体指导意见以来，按照国家确定的老工业区范围和标准，吉林省城区老工业区涉及7个城市的11个城区，要在将近8年的时间内完成改造项目，并实现功能转型升级。很多典型的工业遗产项目包含在其中，可以说遍布这7个城市，例如亚乔辛火磨、裕昌源火磨、天兴福面粉厂、福顺厚火磨、宽城子火车站等位于长春宽城老工业区内，位于四平铁东老工业区内的中东南满铁路支线四平机车修理库、昊华工业文化遗产项目、中东铁路遗产园保护建设项目，位于辽源西安老工业区内的西安炭矿株式会社，白城铁东区麻纺厂和造纸厂旧厂房旧设备的再利用项目，通化江东老工业区内的长白山药文化展览馆、通化葡萄酒工业遗产项目，位于白山市浑江区的板石国家矿山公园等。

（三）吉林省工业遗产获得认定情况

目前，国家有两个相对权威的工业遗产认定名单，一个是中国科协调宣部主办的"中国工业遗产保护名录"，截至 2019 年 4 月，一共公布了两批次的名单，每批各 100 个，共 200 个；另一个是由工信部 2017～2020 年，连续 4 年公布了四批"国家工业遗产名单"。这两个名单具有一定的权威性，对各地认定工业遗产的标准及后续保护开发利用的准则，都具有参考价值。

吉林省的工业遗产在不同名单的入围情况如下：2018 年"中国工业遗产保护名录（第一批）"吉林省有 4 处入围；2020 年工业和信息化部公布的"国家工业遗产名单（第四批）"吉林省有 2 处入围。综合两份名单，吉林省 2018～2020 年共有 6 处入围（见表 1）。

表 1　2018～2020 年吉林省工业遗产名单认定情况

序号	地址	名称	核心项目
1	黑龙江省、吉林省、辽宁省、内蒙古自治区	中东铁路（始建于 1897 年）	站房、机车库、机车厂；铁路俱乐部、铁路医院、工程师办公楼、机车乘员公寓、教堂、俄式木屋等
2	吉林省长春市绿园区东风大街 68 号	第一汽车制造厂（始建于 1953 年）	一号门门前广场，有毛泽东手书的"第一汽车制造厂奠基石"；苏式厂房、生活区；亲历人；技术档案
3	吉林省通化市前兴路 28 号	通化葡萄酒厂（始建于 1937 年）	厂房、地下贮酒窖、橡木桶（1942）
4	吉林省吉林市丰满区丰电街 2 号	丰满电站（始建于 1937 年）	水坝、电站；丰满万人坑

序号	地址	名称	核心项目
5	吉林省长春市朝阳区	长春电影制片厂	长影主办公楼,长影小白楼,厂门,毛主席雕像;洗片、接片、配光、磨片、编辑、缩片等设备42台;混合录音棚,第三摄影棚,第三录音室,第四录音室;洗印车间,第五放映室,十二放映室;电影胶片5000本;档案资料(1949~1980年),伪满映主楼建筑设计档案1套
6	吉林省吉林市桦甸市	夹皮沟金矿	洪沟铺天盖原矿场,下戏台矿,三道岔矿,苏式运输处厂房,生产调度办公楼,东风楼公寓,苏式职工电影院,老牛沟碉堡;变压器组,淘金工具(1945年之前);大金牛商标

资料来源:"中国工业遗产保护名录""国家工业遗产名单"。

(四)吉林省工业遗产开发模式

1. 主题博物馆模式

该模式旨在放大工业遗产的历史文化功能,特别是工业遗存的人文价值。东北工业化进程开展较早,城市建设也相对完善,因此,当年很多工业区的地理选址都处在城市的三环、二环甚至是核心区,建筑厂房的建筑工艺与技术相对完善,建筑质量较高,厂房无论是规模还是建筑形式,都具有坚实的基础,且具备二次改建、扩建的条件,建筑风格与建造设计水平都具有相当高的水准。因此,在这些建筑停产停工、废弃使用后,楼体与建筑本身并不一定只有拆除留地这一种方式可以选择。以再利用不浪费为原则,根据建筑物广阔空间的特点,可以延伸出诸多灵活新颖的设计理念。比较典型的一处是长春电影制片厂打造的工业遗产展示区就是在旧址博物馆,还有一处就是长春汽车工业博物馆,全馆分区进行工业产品与遗迹及发展历程的展示,包括新中国成立初期下线的实物汽车类型展示、珍贵史料展示、文物档案图片影像等一应俱全,全方位展现了新中国汽车工业的发展历程与取得的成就。其中,还有承载着重要产业工人记忆的各种机器设备、劳动工具、文件胶片图纸等，可谓"一汽"车与人的工业记忆传承宝库。①

2. 创意文化街区模式

在吉林省内，以省会长春市为代表，在城市升级扩容的过程中，老城区工业区的搬迁、旧城改造等，都是与新城建设齐头并进的内容，是城市更新不可绕过的必经环节。城区老工业区往往占据城市传统主城区的核心地段，利用好工业遗产的历史文化属性，引入文化创意产业与优质的消费服务业，提升老城区的潮流价值，开发核心地段的崭新功能，打造新的消费服务文化创意集聚区，使其根据市场需求向城市中心集聚。打造功能更加合理，成本更加低廉的区位综合体或街区，获得全新的改造价值，提升产业附加值，激发区位活力，这是在全国各地已经取得诸多成果的模式之一。长春电影制片厂围绕着旧址厂房开发电影院、放映厅、展览馆以及周边创意综合体街区；2021年长春市二道区再度提出针对辖区内的吉林柴油机厂工业遗产进行升级改造，由万科集团打造具有工业特色、遗存内涵、景观设计的另类建筑风格和文化气质街区；具有特色的街区，如著名的一汽街区，位于长春的汽车产业开发区，既具有居住商业的普通社区功能，同时因其道路规划、环境设施及极具苏俄特色的红墙绿瓦建筑群的独特魅力，形成了中俄建筑风格的融会贯通，打造出全国独具一格的中西合璧建筑风情街区，同时还饱含强烈的汽车工业风格特色，具有很高的观赏游览价值。

3. 景观公园模式

将废旧老工业区建筑和景观开发改造为新特色建筑的成功案例在国内比比皆是。从艺术与文化内涵出发，把潮流、时尚、新奇与年轻融合在一起，把已经衰败的老旧厂区和新奇特潮流文化进行碰撞交融，激发诸多艺术家建筑设计团队的艺术灵感，让拥有艺术价值的工业景观、工业园区、厂房等都重新焕发激情与张力。在这方面吉林省也有资源可以进行尝试，如吉林市哈达湾园区的铁轨工业遗迹的改造，其占园区面积过大，既要保持原汁原味的工业遗址风貌，又要尽最大可能开发利用，就可以参考国内较为典型的案

---

① 韩楠：《吉林省工业遗产保护与利用研究》，硕士学位论文，东北师范大学，2014。

例。中山岐江景观中的步行道就是根据造船厂铁轨改建而成，实物兼具美感与实用价值，同时也彰显了造船工业的震撼力量。另外，白山板石国家矿山公园也具有扩建景观公园的资源优势，作为已经获批的国家级矿山公园，其内部根据矿业作业分布的六大景区，如选矿、尾矿库等，进行合理规划设计后，将形成有特色、有看点、有吸引力的公园景点。

4. 工业遗址旅游模式

工业遗迹与其他历史古迹一样具有旅游开发价值，把工业遗址、工业技艺遗存与旅游相结合，探索省内工业旅游的新方向。开发现存保存较为完整、具有旅游价值，同时交通便捷、基础设施相对完善的遗址，整体开发利用成为景区，打造工业遗产旅游线路。地处老工业区的诸多工业遗产区有别于其他风景名胜古迹，其与城市的兴衰、产业的更迭、时代的工业体系发展、经济水平的提升息息相关，可谓从一个厂子的兴衰，见证一个行业的兴衰，例如铁东麻纺厂、通化葡萄酒业、长春机车厂、丰满发电站、大泉源"清宝泉涌酒坊"遗址、夹皮沟金矿等，都是工业遗产的历史印记，也是工业建设年代整个城市的记忆，更是一代甚至几代产业工人的光辉岁月，这些物质遗存上有着深深的历史记忆与时代烙印，是产业工人一代甚至几代人的共同回忆，有着丰富的人文价值。

二　吉林省工业遗产保护与开发的瓶颈

（一）工业遗产产权主体认定积极性不高

由于现存的工业遗产普遍具有一定的区位价值优势，受到经济利益的驱使，有相当一部分工业遗产的产权所有单位或个人，不愿意主动申报工业遗产认定，甚至在有相关工业遗产认定工作人员的走访与动员的前提下，仍旧不愿意参与其中。造成这种情况主要有以下原因：其一，文物遗产保护意识不强，特别是对近现代工业遗产的历史文物价值认识不足；其二，怕麻烦，不愿意进行烦琐的申报流程；其三，由于我国现阶段工业遗产认定后，其经济效益并不是立竿见影，有些产权方认为工业遗产认定的弊大于利，一旦认定，得不到多少补贴，反而可能因为成为遗产而面临保护投入，拆迁困难等情况。因此，在工业遗产的申报动员过程中，需要进行大量细致有效的工作来打破现阶段瓶颈。

（二）工业遗产大众层面宣传力度较弱

与传统的历史遗迹、名胜古迹相比，工业遗产本身的普及率就不高，在普通大众中的认知率也远不如前者。随着城市更新步伐加快、城区工业遗产搬迁改造进程加快，对工业遗产的保护及重视程度亟待提升。要避免出现其他省市盲目腾退、集中拆迁、全部清空的现象，甚至来不及认证与规划，就简单粗暴地夷为平地，特别是社会主义建设阶段的工业遗产，相对于新中国成立前的遗址，更容易被忽略，不容易形成其需要保护的意识，其历史价值和人文价值得不到应有的尊重。

（三）工业遗产开发模式不丰富

吉林省现存的工业遗产包括 11 个城区老工业区搬迁改造的项目，其工业遗产的项目规划设计模式较为单一，仍停留在最简单、最基本、最省时省力的博物馆、展览馆、教育基地等形式。工业遗产开发利用体制机制尚不健全，规划管理尚不完善，工业遗产项目基本等同于房地产开发项目和园区建设项目，没有专门的具有技术与历史文化的深层次解读，就不能够针对工业遗产进行资源深入挖掘，不能因地制宜地进行丰富专业的开发再利用，造成"千城一面"，缺乏开发个性。

（四）工业遗产保护与开发体制机制不健全

工业遗产除了工信部和科协组织公布的两个遗产名单以外，近年来，针对工业遗产的认定标准尚存在一些争议，始终没有具体不变的、衡量一致的等级核准指标。因此，吉林省对工业遗产的认定保护等相关标准的衡量，也存在同样的问题。一方面，围绕着如何认定，面对同质化的工业遗产如何划

分等级及保护准则，针对不同城市的同类型工业遗产如大泉源和通化葡萄酒，相同城市的同类型工业遗产主体单位如"长客"、"长拖"与"一汽"等，开发利用的操作标准和适用原则范围等，都尚待明确，也需要根据吉林省近现代工业遗产分类情况，因地制宜地制定开发标准与保护范围。另一方面，全省针对工业遗产的法律制度层面的管理与监督标准也不够健全，政策制定、行政管理、职责权限的明确、执法监管要求等方面也亟待完善。另外，在工业遗产开发的合作机制、资金的筹措、税费政策、土地政策等方面的政策制定与管理机构的责权确认等方面，都尚有较大的提升与完善空间。

（五）工业遗产相关管理部门重视程度不足

全省的工业遗产保护与开发工作缺乏整体性、全局性、长期性的战略规划与开发布局，往往是拆到哪里才解决哪里，走一步算一步，没有整合意识与集中优势合力开发的观念意识。没有形成系统性的明确保护与开发的任务清单与时间表，特别是针对省内分阶段、分类别、分职能的保护开发利用目标与实施效果等，尚待相关职能部门进一步组织相关专家学者加快认定保护步伐，加强与国家相关认定机构的沟通与协调，提升吉林省工业遗产整体的保护与开发质量。

三　吉林省工业遗产保护与开发的对策建议

（一）加强沟通合作，保护与开发齐头并进

需要工业遗产认定部门，进行细致有效的走访、动员工作，与产权所有单位常互动交流，从根本上破除他们的认定顾虑，积极投入到工业遗产认定与申报工作中来。一是让他们意识到保护与开发并不矛盾。根据不同类别、不同价值等级工业遗产的具体情况，进行适当的保护与开发，保护的意义并不是绝对的维持原状，会根据实际情况，商定保护的等级和开发的程度，在资金相对薄弱的前提下，也可以考虑个体开发，但整体保护。二是强调认定

开发的优势。认定后有专家团队和技术支撑，会提供一定程度的帮助，纳入当地统一的城市规划后会在整体和个体之间寻求最佳方式，在资金充足的情况下，开发再利用的方式就是搭配工业遗产所处的整体区域进行统一规划设计，吉林省内也有此类较为成功的例子。通化江东老工业区内的葡萄酒工业遗产项目，在开发工业遗产的过程中，充分考虑到酒业文化的历史价值，与企业达成共识，形成了当地独具特色的旅游文化、酒业文化和人文风貌特色活动。还考虑将厂址附近街路规划为酒业一条街，吸引全国各地的旅行者，突出不同档次、不同特色的葡萄酒酒坊，开发葡萄园采摘、葡萄酒酿造工艺展示等，让葡萄酒厂带动周边成为通化一个极具特色的旅游街区，既保护了工业遗产的个性特色，也可以积极参与当地区域规划设计，服务于经济社会发展。

（二）加大宣传力度，普及工业遗产知识

让更多的人认识到工业遗产，重视工业遗产的保护与开发。一是提升宣传意识。针对工业遗产多集中于城市老城区或核心地段，有较高的知名度和人群认知率，要加大工业遗产概念的宣传力度，运用群众身边的实例打破认知瓶颈。二是重视新媒体、自媒体宣传。依靠新媒介，跳出传统的文化建设地区性樊篱，实现工业遗产资源知名度资源跨部门、跨领域和跨系统的认知共享。充分运用新媒体平台，使工业遗产文化"普及化""大众化"。打造抖音、微博与微信公众号等，利用新媒体将其整合。三是利用智慧城市宣传。有条件的城市应加大对全媒体宣传投入力度，重视民间资本的作用，从身边细微的生活环境入手，利用好开发商、社区街道、小区物业、快递驿站等载体，利用智慧城市 Wi-Fi 和 5G 技术，覆盖到社区公共宣传区大屏、电梯大堂等出入点等。四是要贴近群众社交环境。充分利用身边举办的各种线下社交活动，如亲子活动、老年大学、街道排练，利用游戏、短视频拍摄、沙画、广场舞等不同媒介形式进行宣传，利用工业遗产所在园区附近的文化艺术交流活动、展览参观活动、文艺表演、知识竞赛等，加强互动化，让工业遗产保护与开发深入人心。

（三）深入挖掘工业遗产价值，因地制宜开发

综合考虑吉林省老工业区各地的不同情况，需要根据不同遗产遗址特色，深入挖掘其自身独特价值与内涵，寻求最大限度地展现区域魅力。不能都围绕博物馆、展览馆简单布局，也不能都进行商业化房地产开发，简单追求土地出让价值，同样也不能都转型强行搞旅游景点开发。一是统一规划，既要考虑到工业遗产的文物保护属性，也要充分结合所在地的经济社会发展需要，更要统一纳入当地的城市区域规划。在开发前要积极进行资源价值、开发可行性论证，综合考虑开发的时间周期与资金技术等情况，确保开发项目顺利推进。二是开发留有余地。在论证不充分，资金不充足的情况下，不要盲目腾退出售，可适度的针对专家鉴定相对有价值的工业遗产项目进行圈地保留，和开发企业商谈，以最小代价进行保护，为今后开发利用保留余地。三是因地制宜挖掘多种模式。根据当地的经济发展情况和人才储备情况、企业聚集情况和产业规模情况综合考虑创意文化产业、工业旅游产业和城市综合体的模式等，如四平老工业区在昊华文化遗产项目园区规划中，为中东铁路遗产园保护建设中东铁路满铁路机车展览，但同样包含中东铁路遗产的其他地区，松原市部分地区和长春市部分地区就没有采取整合式，而是以重点文物保护单位的形式展示。

（四）加快普查与认定，健全保障机制

一是普查认定。在全省开展深入、细致、全面的工业遗产登记、清点与普查，查清楚全省城区内，属于工业遗产的园区或建筑物的基本情况，主要包括其分布区域、建成年代、保存情况、遗产数量、园区规模、分类和等级等，以便未来进行有序地、有针对性地保护与开发。通过大规模的工业遗产普查工作，建立完整而细致的吉林省工业遗产清单。二是制定法规行政条例。根据遗产清单确定保护等级，明确利用范围，严格执行等级制度。对工业遗产改造的资金来源、使用过程进行监督管理，避免虚假开发和洗钱活动，避免烂尾工程毁坏工业遗产。建立相应的管理机构，对已经签订开发再

建的工业遗产项目，严格建立档案资料与评价图，慎重考察需拆除项目，要有相关机构的评估认定。三是资金筹措。可以参考国外成功经验，因地制宜进行改造，建立专项资金，设立各种投融资优惠政策鼓励民间投资。建立公益性项目，提供社会服务，与企业共同经营等多种形式，实现多赢。

（五）完善政府职能，加快保护与开发战略规划

全省的工业遗产保护与开发工作不是一朝一夕能够完成的，需要长久地进行下去，因此要针对省内工业遗产进行长期与短期的分阶段规划设计，要形成分地区、分阶段的工业遗产系统性保护与开发战略。根据吉林省现存工业遗产的类别属性及价值与区位情况，请国内外专家进行整体认证筛选、设置保护等级与开发难易等级，根据各地区经济发展情况与遗产保存情况，制定详尽的时间表与任务目标。在国家工业遗产认定工作方面，要继续扎实细致推进，选取一些吉林省区别于东北其他地区的、有自身特色、有竞争优势的遗存，完善政府相关机构的职能，吉林省相关部门要灵活制定政策，积极开拓思路，变通合作机制，做好沟通协调，动员产权主体单位积极申报，在国家级工业遗产认定过程中，实现长期稳定地有来自吉林声音的目标，力争取得突破性进展。

参考文献

肖竞、曹珂：《城市工业遗产资源潜力与更新途径研究》，转型与重构——2011中国城市规划年会，南京，2011年9月2日。

李和平、张毅：《与城市发展共融——重庆市工业遗产的保护与利用探索》，《重庆建筑》2008年第10期。

皮 书

智库成果出版与传播平台

❖ 皮书定义 ❖

皮书是对中国与世界发展状况和热点问题进行年度监测，以专业的角度、专家的视野和实证研究方法，针对某一领域或区域现状与发展态势展开分析和预测，具备前沿性、原创性、实证性、连续性、时效性等特点的公开出版物，由一系列权威研究报告组成。

❖ 皮书作者 ❖

皮书系列报告作者以国内外一流研究机构、知名高校等重点智库的研究人员为主，多为相关领域一流专家学者，他们的观点代表了当下学界对中国与世界的现实和未来最高水平的解读与分析。截至 2021 年底，皮书研创机构逾千家，报告作者累计超过 10 万人。

❖ 皮书荣誉 ❖

皮书作为中国社会科学院基础理论研究与应用对策研究融合发展的代表性成果，不仅是哲学社会科学工作者服务中国特色社会主义现代化建设的重要成果，更是助力中国特色新型智库建设、构建中国特色哲学社会科学"三大体系"的重要平台。皮书系列先后被列入"十二五""十三五"国家重点出版规划项目；2013~2022 年，重点皮书列入中国社会科学院国家哲学社会科学创新工程项目。

皮书网

（网址：www.pishu.cn）

发布皮书研创资讯，传播皮书精彩内容
引领皮书出版潮流，打造皮书服务平台

栏目设置

◆ **关于皮书**
何谓皮书、皮书分类、皮书大事记、
皮书荣誉、皮书出版第一人、皮书编辑部

◆ **最新资讯**
通知公告、新闻动态、媒体聚焦、
网站专题、视频直播、下载专区

◆ **皮书研创**
皮书规范、皮书选题、皮书出版、
皮书研究、研创团队

◆ **皮书评奖评价**
指标体系、皮书评价、皮书评奖

◆ **皮书研究院理事会**
理事会章程、理事单位、个人理事、高级
研究员、理事会秘书处、入会指南

所获荣誉

◆ 2008 年、2011 年、2014 年，皮书网均
在全国新闻出版业网站荣誉评选中获得
"最具商业价值网站"称号；
◆ 2012 年，获得"出版业网站百强"称号。

网库合一

2014年，皮书网与皮书数据库端口合
一，实现资源共享，搭建智库成果融合创
新平台。

皮书网

"皮书说"
微信公众号

皮书微博

权威报告·连续出版·独家资源

皮书数据库
ANNUAL REPORT(YEARBOOK)
DATABASE

分析解读当下中国发展变迁的高端智库平台

所获荣誉

- 2020年，入选全国新闻出版深度融合发展创新案例
- 2019年，入选国家新闻出版署数字出版精品遴选推荐计划
- 2016年，入选"十三五"国家重点电子出版物出版规划骨干工程
- 2013年，荣获"中国出版政府奖·网络出版物奖"提名奖
- 连续多年荣获中国数字出版博览会"数字出版·优秀品牌"奖

皮书数据库

"社科数托邦"
微信公众号

成为会员

　　登录网址www.pishu.com.cn访问皮书数据库网站或下载皮书数据库APP，通过手机号码验证或邮箱验证即可成为皮书数据库会员。

会员福利

- 已注册用户购书后可免费获赠100元皮书数据库充值卡。刮开充值卡涂层获取充值密码，登录并进入"会员中心"—"在线充值"—"充值卡充值"，充值成功即可购买和查看数据库内容。
- 会员福利最终解释权归社会科学文献出版社所有。

数据库服务热线：400-008-6695
数据库服务QQ：2475522410
数据库服务邮箱：database@ssap.cn
图书销售热线：010-59367070/7028
图书服务QQ：1265056568
图书服务邮箱：duzhe@ssap.cn

中国社会发展数据库（下设 12 个专题子库）

紧扣人口、政治、外交、法律、教育、医疗卫生、资源环境等 12 个社会发展领域的前沿和热点，全面整合专业著作、智库报告、学术资讯、调研数据等类型资源，帮助用户追踪中国社会发展动态、研究社会发展战略与政策、了解社会热点问题、分析社会发展趋势。

中国经济发展数据库（下设 12 专题子库）

内容涵盖宏观经济、产业经济、工业经济、农业经济、财政金融、房地产经济、城市经济、商业贸易等 12 个重点经济领域，为把握经济运行态势、洞察经济发展规律、研判经济发展趋势、进行经济调控决策提供参考和依据。

中国行业发展数据库（下设 17 个专题子库）

以中国国民经济行业分类为依据，覆盖金融业、旅游业、交通运输业、能源矿产业、制造业等 100 多个行业，跟踪分析国民经济相关行业市场运行状况和政策导向，汇集行业发展前沿资讯，为投资、从业及各种经济决策提供理论支撑和实践指导。

中国区域发展数据库（下设 4 个专题子库）

对中国特定区域内的经济、社会、文化等领域现状与发展情况进行深度分析和预测，涉及省级行政区、城市群、城市、农村等不同维度，研究层级至县及县以下行政区，为学者研究地方经济社会宏观态势、经验模式、发展案例提供支撑，为地方政府决策提供参考。

中国文化传媒数据库（下设 18 个专题子库）

内容覆盖文化产业、新闻传播、电影娱乐、文学艺术、群众文化、图书情报等 18 个重点研究领域，聚焦文化传媒领域发展前沿、热点话题、行业实践，服务用户的教学科研、文化投资、企业规划等需要。

世界经济与国际关系数据库（下设 6 个专题子库）

整合世界经济、国际政治、世界文化与科技、全球性问题、国际组织与国际法、区域研究 6 大领域研究成果，对世界经济形势、国际形势进行连续性深度分析，对年度热点问题进行专题解读，为研判全球发展趋势提供事实和数据支持。

法律声明

"皮书系列"（含蓝皮书、绿皮书、黄皮书）之品牌由社会科学文献出版社最早使用并持续至今，现已被中国图书行业所熟知。"皮书系列"的相关商标已在国家商标管理部门商标局注册，包括但不限于LOGO（▧）、皮书、Pishu、经济蓝皮书、社会蓝皮书等。"皮书系列"图书的注册商标专用权及封面设计、版式设计的著作权均为社会科学文献出版社所有。未经社会科学文献出版社书面授权许可，任何使用与"皮书系列"图书注册商标、封面设计、版式设计相同或者近似的文字、图形或其组合的行为均系侵权行为。

经作者授权，本书的专有出版权及信息网络传播权等为社会科学文献出版社享有。未经社会科学文献出版社书面授权许可，任何就本书内容的复制、发行或以数字形式进行网络传播的行为均系侵权行为。

社会科学文献出版社将通过法律途径追究上述侵权行为的法律责任，维护自身合法权益。

欢迎社会各界人士对侵犯社会科学文献出版社上述权利的侵权行为进行举报。电话：010-59367121，电子邮箱：fawubu@ssap.cn。

社会科学文献出版社